This work was supported by the Seed Program for Korean Studies through the Ministry of Education of the Republic of Korea and the Korean Studies Promotion Service of the Academy of Korean Studies (AKS-2017-INC-2230005).

本书获 2017 年韩国教育部、韩国学研究院（韩国学振兴事业团）的"海外韩国学萌芽"基金项目的资助 (AKS-2017-INC-2230005)。

漫漫朝天路

明末朝鲜使臣海路使行研究
（登州卷）

王珂 [韩]韩钟镇 [韩]唐润熙 著

中国社会科学出版社

图书在版编目（CIP）数据

漫漫朝天路：明末朝鲜使臣海路使行研究. 登州卷／王珂，（韩）韩钟镇，
（韩）唐润熙著. —北京：中国社会科学出版社，2021.8
ISBN 978 - 7 - 5203 - 8558 - 9

Ⅰ.①漫… Ⅱ.①王…②韩…③唐… Ⅲ.①中朝关系—国际
关系史—研究—明代 Ⅳ.①D829.312

中国版本图书馆 CIP 数据核字（2021）第 110840 号

出 版 人　赵剑英
责任编辑　刘　芳
责任校对　郭若男
责任印制　李寡寡

出　　版　中国社会科学出版社
社　　址　北京鼓楼西大街甲 158 号
邮　　编　100720
网　　址　http://www.csspw.cn
发 行 部　010 - 84083685
门 市 部　010 - 84029450
经　　销　新华书店及其他书店

印　　刷　北京君升印刷有限公司
装　　订　廊坊市广阳区广增装订厂
版　　次　2021 年 8 月第 1 版
印　　次　2021 年 8 月第 1 次印刷

开　　本　710×1000　1/16
印　　张　19.25
字　　数　312 千字
定　　价　98.00 元

目　　录

前　言

朝鲜使臣在记录使行中国的《朝天录》（亦称《燕行录》）中，不仅如实地记录了明清时期中国与朝鲜之间外交活动的具体样态，而且以较为自由而生动的视角记述了朝鲜文人对当时中国的认识、明朝同女真（后金）及朝鲜与日本之间的战争情形、中国与朝鲜半岛之间的经贸往来、文化与人员交流的情况等丰富而多样的历史事实。换言之，反映明清时期中国与朝鲜间多方位立体交流的《朝天录》可谓庞大记录文化的结晶。使行中国为朝鲜文人体验和接受中国先进文化提供了互动的空间，仅就此而言，朝鲜使臣的使行路线和使行途经地不仅是交通路线或物理性场所，更是值得中朝、中韩人民共同珍视和铭记的文化遗产。

在明朝的绝大多数时间内，朝鲜使臣是利用陆路，途经辽东地区，往返明朝与朝鲜的。但在明朝初年（洪武、建文年间，即1369—1402）和明朝末年（天启、崇祯年间，即1621—1636），朝鲜使臣则是利用海路使行明朝，两次海路使行的目的地分别是南京和北京。自朝鲜半岛三国时期开始，海路就是朝鲜半岛诸国与唐、宋等朝往来的重要路径。当时，在山东登州等地还设立专门接待朝鲜使臣的新罗馆、渤海馆、高丽馆等官方驿馆。进入明朝末期，即朝鲜王朝初期，辽东地区的后金势力不断壮大。天启元年（1621）三月，后金军队攻占了辽东重镇沈阳与辽阳，明朝与朝鲜之间的陆路使行路线被阻隔。在此背景下，朝鲜使臣只能选择乘船，利用海路抵达登州（崇祯二年后改为觉华岛）后，再经陆路前往北京。崇祯十年（1637）正月，在同后金（清）签订《丁丑盟约》后，朝鲜与明朝断绝外交关系，只向后金（清）的都城沈阳派遣使臣。崇祯十七年（1644），清军占领北京，明朝灭亡，朝鲜对清朝的使行路线再次变更为途经辽东地区的陆路路线。

本书将明末海路使行文献作为研究对象的原因主要有以下三点。其一，明末海路使行文献不同于明初海路使行文献。明初的海路使行文献主要以朝天诗为主，而明末的海路使行文献则以纪行文为主。明末海路使行文献记述使臣在使行途中的所见所闻，并收录了相关的外交文书及书信。此外，明末使行文献中还有采用地理志体例来详细记录使行各途经地的文献。具体而言，明末海路使行文献如实地记录了当时官方使行活动的历史场域，使臣与途经地文人或当地人交流的情况；沿途各地的民间风俗、自然风光等珍贵内容。其二，现有《朝天录》（《燕行录》）的研究更多侧重研究《热河日记》《老稼斋燕行日记》《湛轩燕记》等使行文献。这些清代的使行文献记述朝鲜使臣利用陆路，途经辽东使行中国的内容。现阶段整体探究海路使行的研究相对较少。其三，朝鲜王朝之前的新罗、高丽等都将海路使行看作正式朝贡的路径，故关于朝鲜时期海路使行的研究日后可成为研究新罗、高丽时期海路使行的辅佐资料。

基于此，本书在整体爬梳相关明末朝鲜使臣海路使行文献的基础之上，从人文地理学的角度出发，通过考证各时期相关方志等历史文献，采访地方史研究者及当地居民，实地考察使行途经地等多种方法，梳理并考证相关地名的历史演变，重构明末朝鲜使臣的使行路径。此外，本书还通过分析使行文献中收录的诗歌与文章，还原了明末朝鲜使臣与中国当地文人、居民的文化交流活动，进而从整体上观照了明末朝鲜使臣的中国文化空间。

明末，朝鲜使臣自朝鲜半岛的平安道前方海域起航，沿朝鲜半岛西侧和辽东半岛南侧的诸岛屿航行，在旅顺口（今辽宁省大连市老铁山）附近海域折向西南，横渡渤海，经登州（今山东省烟台市蓬莱区）的诸岛屿（今庙岛群岛）后在登州府蓬莱县登陆。其后，按朝鲜使臣郑斗源《朝天记地图》的记载，朝鲜使臣依次途经黄县、黄山驿、朱桥驿、莱州（掖县）、灰埠驿、昌邑县、潍县、昌乐县、青州（益都县）、金岭驿、长山县、邹平县、章丘县、龙山驿、济南府（历城）、齐河县、禹城县、平原县、德州（以上为今山东境内的途经地）、景州、阜城县、富庄驿、献县、河间府（河间县）、任丘县、莫州、雄县、新城县、涿州、良乡县、帝京（以上为今京津冀区域内的途经地）。本书作为今后计划陆续出版的明末朝鲜使臣海路使行研究系列丛书的第 1 卷，是有关朝鲜使臣海路使行路线中登州（蓬莱县）、黄县、黄山（馆）驿段的阶段性研究成果。

本书是在中韩两国学者的共同努力下完成的研究成果。韩国教育部下属的韩国学中央研究院韩国学振兴事业团资助了本书的出版经费及研究经费；烟台市蓬莱区政府地方史志办公室、烟台市龙口市政府地方史志办公室等部门的研究人员及当地民间地方史研究人员不仅带领笔者一行前往相关的遗迹（遗存）处考察，还将私人收集的珍贵资料无偿地提供给笔者，这为本书的顺利完成提供了莫大的帮助。

本书从人文地理学的角度出发，还原了明末朝鲜使臣视域中的中国文化空间，期待能够为日后《朝天录》（《燕行录》）的进一步纵深研究打开新的篇章。

因笔者水平有限、经验不足，书中必定会有不少舛错之处，恳请专家、学者斧正。

王珂

2019. 11. 14 于潍坊

绪　　论

　　朝鲜使臣往返明朝的路线主要有陆路和海路两种。陆路主要是经由辽东地区，往返明朝。朝鲜使臣利用海路出使明朝的时间主要是在明初（洪武、建文年间，即 1369—1402）和明末（天启、崇祯年间，即 1621—1636）。明初海路使行的目的地为南京，在此过程中，仅有郑梦周（1337—1392）、郑道传（1342—1392）、权近（1352—1409）等朝鲜使臣留下了数量极少的使行文献。换言之，依据明初朝鲜使臣遗留的少数使行文献，无法整体地还原历史真相。明末海路使行的目的地是北京，在此过程中，（截至目前）有二十余位朝鲜使臣留下了多达三十余种海路使行文献（亦称《朝天录》）。通过分析这三十余种海路使行文献，可以如实地再现并重构明末朝鲜使臣海路使行的全貌。因此，本书以明末朝鲜使臣遗留的海路使行文献为主要研究对象，从人文地理学的角度出发，结合实地田野考察、采访各地地方史志研究者和普通民众、考证文献等多种手段，重构明末朝鲜使臣的使行路线。在此基础之上，分析使行文献中官方（外交活动等）和私人（与中国文人、当地民众的文化交流等）的记述，以期全面、如实地再现朝鲜使臣视域中的中国文化空间。

一　明末朝鲜海路使行的历史背景

　　明万历二十一年（1593），努尔哈赤（1559—1626）统一了建州女真，①迈出了统一女真部落的第一步。此后，努尔哈赤以赫图阿拉（今辽宁省新

---

　　①　明代，依居住地域的不同，女真族大致可分为建州女真、海西女真、东海（野人）女真。建州女真居住在长白山、牡丹江、绥芬河区域，即今吉林省珲春市和黑龙江省宁安市一带，并较早从事农业耕作。海西女真居住在松花江下游，即今吉林省扶余市和黑龙江省哈尔滨市阿城区一带。东海（野人）女真所居之地在黑龙江中下游两岸和乌苏里江东岸一带。

宾满族自治县永陵镇）为根据地，兼并了辽东地区的诸女真部落。万历四十四年（1616），努尔哈赤以兴京（赫图阿拉）为都城，建立后金，年号天命。万历四十六年（1618）四月，因党争激化等原因，明朝在辽东的防线形同虚设。为解决后金内部物资不足等问题，努尔哈赤颁布"七大恨"①诏书，向明朝宣战。因后金军队接连攻陷抚顺、清河（今辽宁省本溪满族自治县北35千米附近）等地，沈阳与辽阳等辽东重镇处于危境之中。意识到事态严重性的明廷任命杨镐（？—1629）为"兵部左侍郎兼督查院右佥都御史，经略辽东"②，正式着手准备针对后金的军事行动。

明朝在准备大规模军事行动的同时，以"再造之恩"③的名义，要求朝鲜共同出兵抗金。虽明朝早在万历四十三年（1615）就已向朝鲜提出派兵的要求，但当时朝鲜国王光海君以国内困难无法派遣军队为

---

① "壬寅巳时，帝将步骑兵二万征明国。临行，书七大恨告天。其书曰：'吾祖父于明国禁边，寸土不扰，一草不折，秋毫未犯。彼无故生事于边外，杀吾父祖。此其一也。虽有父祖之仇，尚欲修和好，曾立石碑，盟曰：'大明与满洲，皆勿越禁边，敢有越者，见之即杀；若见而不杀，殃及于不杀之人。'如此盟言，大明背之，反令兵出边卫叶赫。此其二也。自清河之南，江岸之北，大明人每年窃出边，入吾地侵夺。我以盟言，杀其出边之人。彼负前盟，责以擅杀，拘我往谒都堂使者纲孤里、方吉纳二人，挟令吾献十人，于边上杀之。此其三也。遣兵出关，为叶赫防御，致使我已聘之女转嫁蒙古。此其四也。将吾世守禁边之钗哈（即柴河）、山七拉（即三岔）、法纳哈三堡（即抚安），耕种田谷，不令收获，遣兵逐之。此其五也。边外叶赫是获罪于天之国，乃偏听其言，书种种不善之语以辱我。此其六也。哈达助叶赫侵吾二次，吾返兵征之，哈达遂为我有，此天与之也。明国又助哈达，必令反国。后叶赫将吾所释之哈达掳掠数次。夫天下之国，互相征伐，合天心者胜而存，逆天意者败而亡。死于锋刃者使更生，既得之人畜令复返，此理果有之乎？天降大国之君，宜为天下共主，何独构怨于我国？先因呼伦部（即前九部）会兵侵我，我始兴兵，因合天意，天遂厌呼伦而佑我也。明国助天罪之叶赫，如逆天然，以是为非，以非为是，妄为剖断。此其七也。凌辱至极，实难容忍，故此以七恨兴兵。'祝毕，拜天焚表。"（《清实录·清太祖实录》卷4，天命三年四月十三日，中华书局1985年影印本，第198—201页）简言之，"七大恨"是指明朝杀死努尔哈赤的祖父觉昌安及父亲塔克世等历代建州女真与明朝结怨的七件事情。

② 《明实录·明神宗实录》卷569，万历四十六年闰四月庚申，台湾"中研院"历史语言研究所1962年校印本，第10702页。

③ "再造之恩"意为像救了自己性命那样大的恩德。语出《宋书》卷75《王僧达传》："内虑于己，外访于亲，以为天地之仁，施不期报，再造之恩，不可妄属。"在万历朝鲜战争（朝鲜称为壬辰倭乱，1592—1598）初期，汉阳沦陷，朝鲜国王宣祖（1567—1608）避难至明、朝边境的义州，朝鲜处于风前残烛的危机之中。其后，明军将领李如松率领援军前往朝鲜援朝抗倭，并在平壤战役［明万历二十一年（1593）正月六日至八日］中取得胜利，扭转了不利的战势。在明、朝联军的共同努力下，最终击败了入侵朝鲜的倭寇，取得了万历朝鲜战争的胜利。因明朝保护了朝鲜的宗庙和国家社稷，故以宣祖为首的朝鲜统治阶层认为明朝对朝鲜有"再造之恩"。此外，"再造之恩"的思想也契合了当时朝鲜国内统治阶层追求的政治目的，即防备朝鲜国内的民心背离宣祖和统治阶层，向以李舜臣为首的救国英雄和义兵倾斜。故万历朝鲜战争之后，"再造之恩"成为朝鲜对明外交的主要纲领。此后，在明朝与后金爆发萨尔浒之战（1619）时，明朝以再造之恩的名义，要求朝鲜出兵。朝鲜克服国内诸多困难，派遣了一万三千名援军。

由，拒绝了明朝的要求。① 万历四十七年（1619）二月，朝鲜派遣了包括都元帅姜弘立（1560—1627）指挥的五千名火枪兵在内的一万三千名朝鲜士兵，② 援明抗金。同年二月，十余万明、朝联军兵分四路向后金都城——兴京进发。三月，因后金军队采取"各个击破"的战术，明军在萨尔浒（今辽宁省抚顺市东大伙房水库附近）惨败。与此同时，朝鲜军队在阿布达里岗（今辽宁省桓仁满族自治县西北及新宾满族自治县西南一带）被后金军队包围。因兵力寡殊，朝鲜军队向后金投降。③ 四月二日，后金释放了被抓的五名朝鲜军队将领，并向朝鲜送去和亲国书。④ 虽朝鲜国王光海君向明朝隐瞒了此事，但明朝依然怀疑朝鲜军队是故意向后金投降。六月，有明朝大臣上疏认为，要阻止后金与朝鲜勾结，应派遣使臣监护朝鲜。⑤ 与此同时，朝鲜光海君派遣多位朝鲜使臣出使明朝，以消除明朝的疑虑。此后，明朝多次要求朝鲜出兵共同抗金，但未得到朝鲜的响应。光海君认为，萨尔浒之战后，军事优势正从明朝向后金倾斜，希望在后金占据绝对军事优势之前，通过改善与后金的关系来降低朝鲜卷入战争的风险。光海君的这种判断与当时统治阶层的主流舆论不同，即士大夫阶层非常重视明朝的"再造之恩"。换言之，这种分歧弱化了光海君的统治基础。另外，万历四十八年（1620）八月十八日，明神宗朱翊钧（在位时间1572—1620）驾崩，明光宗朱常洛（年号泰昌）在即位仅仅29天后，就因"红丸案"而暴毙身亡。其后，明熹宗朱由校（年号天启，在位时间1620—1627）即位，但因宦官专权与党争加剧，明朝局势愈加混乱。

---

① 参见《朝鲜王朝实录·光海君日记》卷80，光海君六年七月八日。本书中的《朝鲜王朝实录》参见韩国国史委员会构建的"《朝鲜王朝实录》DB"（http：//sillok. history. go. kr）。

② 参见《朝鲜王朝实录·光海君日记》卷137，光海君十一年二月一日、二月二日、二月二十一日。

③ 参见《朝鲜王朝实录·光海君日记》卷138，光海君十一年三月十二日、三月二十五日；《朝鲜王朝实录·光海君日记》卷139，光海君十一年四月二日；［朝鲜］李民寏：《栅中日录》，《紫岩集》卷5，朝鲜英祖十七年（1741）刊行本，第2页a—6页a。

④ 参见《朝鲜王朝实录·光海君日记》卷139，光海君十一年四月二日；《清实录·清太祖实录》卷5，天命四年三月二十一日，中华书局1985年影印本，第1册，第253—254页。

⑤ ［韩国］韩明基：《壬辰倭乱与韩中关系》，韩国历史批评史社2001年版，第269—271页。

萨尔浒之战后，明朝任命熊廷弼（1569—1625）为辽东经略，重振军备。在熊廷弼的经营下，辽东明军虽暂时击退了后金军队的进攻，但因宦官魏忠贤的诬陷，熊廷弼被免职，沈阳与辽阳先后被后金军攻占。此后，后金军队持续西进，对明朝京师的安全构成了直接的威胁。天启元年（1621），明朝重新启用熊廷弼为辽东经略，并任命王化贞（？—1632）为辽东巡抚，负责广宁（今辽宁省北镇市）的防卫。王化贞属于以魏忠贤为首的阉党一派，而熊廷弼属于东林党，二人之间存在着不可调和的矛盾。天启二年（1622）努尔哈赤带兵横渡辽河，进攻西平堡，在平阳桥（今辽宁省大虎山一带）全歼王化贞麾下的明军。因王化贞的失利，辽东经略熊廷弼不得不把明军撤回山海关内。伴随着明军的撤退，后金夺取了包括广宁在内的四十余座城堡，占领了山海关外的大部分区域，并于同年迁都辽阳。辽东失守后，王化贞和熊廷弼被问罪下狱。天启元年，因被后金军队追赶，王化贞旧部——辽东都司毛文龙（1576—1629）率领残部越过鸭绿江，进入朝鲜平安道，并驻扎在铁山和宣山之间。其后，后金军队越过鸭绿江，进入朝鲜境内，袭击毛文龙部的事情时有发生。次年，即1622年，朝鲜国王光海君劝说毛文龙，使其在朝鲜平安北道铁山郡附近的椵岛设镇。[①] 天启三年（1623），明朝在椵岛设置都督府，任命毛文龙为都督，并将椵岛之镇命名为东江镇。

天启三年三月，朝鲜绫阳君李倧，以光海君犯下违背对明义礼、同后金和亲、废母杀弟等罪名[②]为由，发动武装政变，推翻光海君的统治，登上王位。绫阳君李倧即朝鲜第十四任国王仁祖（在位时间1623—1649），此次政变即为"仁祖反正"。光海君是明朝万历皇帝正式册封的朝鲜国王，但朝鲜并未在发动"仁祖反正"前通知明朝，并取得同意。由此，明朝政府认为"仁祖反正"是对明朝权威的挑战，并担心朝鲜与后金暗中勾结。[③] 为消除明朝的疑虑，新登基的仁祖和参与政变的西人派摒弃了光海君所采取的中立外交政策，奉行基于"再造之恩"的亲明外交路线，对后金采取敌对态度。丢掉广宁城的明朝

---

① 参见《朝鲜王朝实录·光海君日记》卷183，光海君十四年十一月十一日。

② 参见《朝鲜王朝实录·仁祖实录》卷1，仁祖元年三月十四日，《王大妃下教书》。

③ 参见［朝鲜］李庆全《在玉河馆秘密状启》，《石楼先生遗稿·朝天录》，韩国成均馆大学尊经阁藏本。

为保卫京师的安全，倾尽全力守卫山海关。天启三年（1623），袁崇焕
（1584—1630）被任命为兵备检事，负责山海关的防卫。袁崇焕为固守
山海关，在天启三年至天启四年（1624）间，扩建了山海关北侧的宁
远城，① 并装备了名为"红夷炮"的西洋新式大炮。朝鲜国王仁祖为解
决与明朝之间微妙的外交问题，并尽早完成册封，向明朝派遣了多批使
臣。天启四年二月，明朝终于承认了朝鲜国王仁祖的册封请求，颁布敕
书，② 并在天启五年（1625），派遣使臣前往朝鲜，向仁祖颁赐诰命和
冕服，完成册封程序。③

　　天启六年（1626），占据辽东的努尔哈赤亲率大军，渡过辽河，进
攻宁远城。袁崇焕以优势兵力，击退了后金军队的进攻，史称"宁远
大捷"。"宁远大捷"是后金对明宣战之后，明朝取得的初次胜利。与
此同时，驻屯在椵岛的毛文龙不仅向明朝廷谎报战果，还经常向朝鲜索
要军粮和武器。如若朝鲜未满足其要求，毛文龙就会通过各种方式掠夺
朝鲜，并离间明朝与朝鲜之间的关系，使之成为敏感的外交问题。④ 在
宁远之战中，因被红夷炮所伤，努尔哈赤死于当年九月。此后，皇太极
（1592—1643），即清太宗即位，并在天启七年（1627）再次派兵攻打
宁远城和锦州城，但仍以失败告终。战场上接连的失败促使后金认识到
要取得对明的胜利必须先消除战场后方的威胁，即驻扎在椵岛的毛文龙
部和奉行"对明事大"外交政策的朝鲜。⑤ 天启七年正月，后金四大贝
勒之一的阿敏（1586—1640）率领三万后金军进攻朝鲜。中国称此次
战争为"丁卯虏乱"（朝鲜称为"丁卯胡乱"）。二月九日，到达朝鲜
黄海道黄州的阿敏派遣副将刘海前往江华岛，提议后金与朝鲜和亲。三
月三日，后金在与朝鲜签订所谓的兄弟盟约，即《丁卯条约》后撤军。
"丁卯虏乱"之后，后金消除了后顾之忧，确保了后方的安全，并通过

----

① 参见《明史》卷259，《列传第一百四十七·袁崇焕》，中华书局1974年影印本，第
6708页。

② 参见《朝鲜王朝实录·仁祖实录》卷5，仁祖二年四月十五日、四月二十日。

③ 参见《朝鲜王朝实录·仁祖实录》卷9，仁祖三年六月三日。

④ 参见《朝鲜王朝实录·仁祖实录》卷13，仁祖四年六月二十一日、仁祖四年六月
十七日。

⑤ 参见《清实录·清太宗实录》卷2，天聪元年正月丙子，中华书局1985年影印本，
地2册，第31页。

与朝鲜的贸易，补充物资，完成对明作战的准备。与之相反的是明朝宦官专权，阉党与东林党之间的党争愈演愈烈。天启七年（1627），因魏忠贤等人的诬陷，袁崇焕辞官回乡，但在明思宗（年号崇祯，在位时间 1628—1644）即位后，被重新启用。崇祯二年（1629），深受崇祯皇帝信赖的袁崇焕怀疑朝鲜与毛文龙勾结，并未经朝廷许可，在登州海域擅自进行贸易。故袁崇焕下令将朝鲜使行路线由登州—北京变更为觉华岛—北京。① 东江镇都督毛文龙受宦官魏忠贤的庇护，长期在辽东地区专横跋扈，培养自己的势力。六月五日，袁崇焕以私通后金为借口，在宁远卫召见毛文龙并将其处死。随后，袁崇焕任命徐敷奏接替毛文龙，把椴岛作为收复辽东的前沿阵地。

此后，袁崇焕要求朝鲜协助明朝征伐后金，朝鲜虽以《丁卯条约》为借口，婉拒了袁崇焕的出兵请求，但同意日后如有明朝征伐后金的情况，将派兵协助。② 崇祯二年十月，皇太极率领后金军队绕过宁远城和山海关，绕行蒙古地区，进犯明朝京师。驻守宁远城的袁崇焕急忙带兵回防，解除了北京之围，史称"己巳之变"。后金退兵至北京近郊，向明思宗提出和亲的要求，并买通宫内的宦官，使其诬陷袁崇焕私通后金蓄意谋反。十二月，因后金的离间，袁崇焕因谋逆被问罪下狱。在明朝内讧之际，崇祯三年（1630）五月，后金军队再次入侵，但在锦州总兵祖大寿等人的抵抗下，再次以失败告终。同年九月，袁崇焕被磔刑处死。崇祯四年（1631），以李自成为代表的各路农民起义军在全国各地不断出现，明朝陷入了极度的内忧外患之中。

从崇祯四年八月的大凌河之战开始，后金通过持续的战争，彻底扫除了明军在山海关外的势力。但在凌河之战时，耿仲明（1604—1649）、孔有德（1602—1652）等人带领援军前往支援，在吴桥（今河北省沧州市吴桥县）发生兵变，引兵东进，接连占领临邑、商河等城，并于崇祯五年（1632）正月攻占了登州。此次兵变阻碍了辽东地区明军兵力的集

---

① 参见《朝鲜王朝实录·仁祖实录》卷20，仁祖七年闰四月二十一日；《朝鲜王朝实录·仁祖实录》卷20，仁祖八年一月二十七日。崇祯二年（1629）二月五日，明朝向当时停留在北京的朝鲜冬至兼圣节使团（正使宋克礽）下达了将原登州使行路线变更为觉华岛路线的敕令（参见［朝鲜］申悦道《懒斋先生文集》卷3，《朝天时闻见事件启》，韩国国立中央图书馆藏本，第42页a）。

② 参见《朝鲜王朝实录·仁祖实录》卷21，仁祖七年七月二十八日、九月六日。

中。此外，对明军更为不利的是，登州城内有新式火器［在葡萄牙传教士陆若汉（Joao Rodriguez）的帮助下铸造而成］红夷炮二十门，西洋火炮三百门。崇祯六年（1633）四月，处于守势的耿仲明和孔有德通过海路逃跑、向后金投降，并将这些火器和诸多舰船献给后金。因接受了这批西洋火器和舰船，曾饱受西洋火器打击之苦的后金军队最终赢得对明战争决定性的契机。此后，后金效仿明朝的制度，整顿国家机构，并强化了以太宗（皇太极）为中心的中央集权。

崇祯三年（1630），"己巳之变"时，即明朝京师被后金军队围困的消息传到朝鲜，曾有官员提议"今者既不能出兵赴援，又不能及时奔问，揆以大义，曷胜痛恨？请于进慰之行，我方物以兵器，一以为临阵助战之用，一以示不忘仇敌之意"①。换言之，朝鲜向明朝派遣援兵为时已晚，且当时朝鲜国内亦已无余力兴兵援明。"丁卯虏乱"之后，后金不仅时常要求朝鲜提供军粮和舰船，还常常跨过鸭绿江，肆意掠夺朝鲜平民的财物。此外，后金还向朝鲜提出了诸多不平等的要求。如，将"丁卯虏乱"时，双方签订的"兄弟盟约"改为"君臣盟约"；将之前要求朝鲜进贡黄金白银一万两、战马三千匹变为岁币与精兵各三万。因后金过分的要求，朝鲜国内充斥着"斥和排金"的声音。

崇祯七年（1634）七月，后金军再次越过北京北部的长城，攻占了上方堡、居庸关、保安、万全左卫等地，八月撤军。崇祯八年（1635），后金军又入侵并占领了大陵河地区。崇祯九年（1636）二月，高永祥、李自成等人带领农民起义军进入河南各地，并与明军展开激战，七月"闯王"高永祥被抓并被处死后，李自成继称"闯王"，成为农民军首领。崇祯九年，即清崇德元年（1636）五月皇太极称帝并改元崇德，改国号为"大清"，改"女真"为"满洲"，对外宣布征伐明朝。七月七日，清军越过白马关长城袭击昌平州。②九月一日至四日，清军用八百多辆畜力车装载着掠夺而来的物品，经冷口关返回沈阳。清军对明的此次征伐，与其说是正式的征伐战争，倒不如说是清军征伐朝鲜之前的一次准备。即，清朝意在打压明朝的势力，使其在清军征伐朝鲜时，无法分兵援助

---

① 《朝鲜王朝实录·仁祖实录》卷22，仁祖八年三月二十六日。
② 参见《清实录·清太宗实录》卷30，崇德元年七月辛酉，中华书局1985年影印本，第2册，第385页。

朝鲜。同年十二月，清太宗率军亲征朝鲜。清军此次对朝鲜用兵表面上看是因"朝鲜败盟逆命"①，即违背《丁卯条约》，对明事大，冷待和监禁清朝使臣，但实际是清为促使朝鲜屈服，让朝鲜进贡岁币，以解决自身长期物资不足的问题，并为征伐明朝消除后顾之忧而发动的军事行动。十二月十日，清军越过鸭绿江。十二月三十日，清军接受朝鲜国王仁祖的投降。此次清军对朝鲜的征伐史称"丙子虏乱"（韩国称"丙子胡乱"）。"丙子虏乱"后，朝鲜向清朝称臣表明朝鲜对明朝事大的结束，取而代之的是朝鲜与清朝结盟。崇祯十年（1637）四月，在撤兵途中，清军同朝鲜军队一起进攻了驻扎在椵岛的明军，消除了后方的威胁。

二　明代朝鲜海路使行概况

朝鲜派遣到明朝的使行种类可以分为两类，一类为定期使行，一类为非定期使行。据《通文馆志》记载，② 定期使行主要有正朝使（亦称贺正使）、圣节使、千秋使、冬至使等。非定期使行是发生特定的外交事件时朝鲜向明朝派遣的使臣，根据事件类型的不同，大致有谢恩使、奏请使、进贺使、陈慰使、进香使、辨诬使③、参核使、进献使、赍咨使等。具体而言，谢恩使是朝鲜有事特谢明朝时派遣的使臣；奏请使是朝鲜向明朝请求或汇报某事时，派遣的使臣；进贺使主要是明朝皇室中有庆事发生，即皇帝登极④、册封皇太子或皇后、击败外敌等事情发生时派遣的使臣；陈慰使或进香使是明朝皇室有丧事时派遣的使臣；辨诬使是有关朝鲜王室或国家的事情在中国被误传，为辩解此类误传而派遣

---

① 《清实录·清太宗实录》卷32，崇德元年十一月己未，中华书局1985年影印本，第2册，第406页。

② 参见《通文馆志》卷3《事大（上）·赴京使行》，朝鲜古书刊行会大正二年（1913）刊本，第29页。正朝使为正月初一向明朝皇帝呈送新年贺礼而派遣使臣；冬至使是进贺冬至的使臣；圣节使是朝贺皇帝或皇后万寿的使臣；千秋使是朝贺皇太子生日的使节。朝鲜中宗二十六年（1531）之前为一年三使，即正朝使、圣节使、千秋使，但1531年之后，朝鲜取消正朝使，增加了冬至使（［韩国］郑恩主：《明清交替期对明海路使行记录画研究》，《明清史研究》2007年第27辑，韩国明清史学会，第195页）。

③ "辨诬使"同"辩诬使"。据《朝鲜王朝实录》DB的检索结果，朝鲜时期官方记载原文中皆为"辨诬使"，为还原史实，本书使用"辨诬"及"辨诬使"二词。

④ "登极"同"登基"，皆指帝王即位或即帝王位。因使行文献中出现的词汇仅为"登极"一词，为还原史实，本书亦使用"登极"一词。

的使臣；参核使是在中国发生朝鲜人犯罪，需两国官员共同审查、处理
的特殊事件时，派遣到中国指定场所的临时使节；赍咨使并不是朝鲜正
式派遣的使臣，是选派务实的外交官员携带相关外交咨文，呈送给礼部
或辽东、登州等地方官衙，以达到具体的外交目的。虽然原则上一个使
臣团不能兼行，即不能派遣一行使臣团完成两个或多个使行任务，但在
明末，使行路途艰险，故常出现使臣团兼行的情况。此外，仅就明末朝
鲜使臣海路使行而言，有时也会出现两行使臣团同时出发，共同完成全
部或部分使行的情况。据韩国学者考证，① 朝鲜派遣使臣团前，主要会
经过如下几个阶段。即 1. 依据外交事件，确定外交目的。2. 在挑选出
使官员的同时，完成外交文书的制作，并根据文书的名称，确定使臣人
选及使行的名称。3. 综合考虑使行的目的和周边的局势，确定使臣发
行时间和使行总时间。4. 分析辽东的形势，确定使行路线。

　　朝鲜时期的对明使行主要是由外交目的（使行目的）、外交文书、使行
名称、使臣人选、发行时间和使行总时间、使行路程、北京滞留期间的正
式日程等要素构成。进一步而言，朝鲜对明使行主要以明太祖（在位时间
1368—1398）制定的朝贡制度为基础，并根据具体的事由，确定使行的具
体事项。外交文件分为向皇帝呈送的文书和向六部提交的文书两大类。向
皇帝呈送的文书主要有表文、笺文、奏文等；向六部提交的文书主要有咨
文、呈文、单子等。② 依据外交事件的不同，作为代表性外交文书的表文可
以分为贺表、方物表、谢恩表、进贺表、陈慰表、起居表、告讣表等。③ 外
交文书决定了使行团的等级、构成、使行目的地及使行路线。即，外交文
书决定了担任使臣团正使官员的官阶以及使行团的规模。使臣团的构成是
由正官、有赏从役、无赏从役构成。正官三人，即正使、副使、书状官。

　　① 参见［韩国］金琼录《朝鲜时代朝贡体制与对中国使行》，《明清史研究》2008 年第
30 辑，韩国明清史学会，第 108—109 页。

　　② 参见［韩国］金琼录《朝鲜后期外交文书的种类与性格》，《韩国文化》2005 年第 35 辑，
奎章阁韩国学研究所，第 185—192 页。表文是从汉代开始出现的文体，是大臣向皇帝汇报事实和
主张的文章。自唐宋起，表文只用于陈谢、庆贺、尽献。国家有事要庆祝时，群臣向皇帝呈送使用
骈俪体书写的贺表。元代时，称贺表文为表章，皇帝万寿和元旦时，五品以上的官吏都要呈送表
章，以表进贺。明朝时，除作为庆贺文书的表文以外，还添了笺文。明代在皇帝万寿、元旦、冬至
等节日，所有官员都会呈上表和笺，以表庆贺。向皇帝和皇太后呈送的文书称为表，向皇后呈送的
文书称为笺。

　　③ ［朝鲜］具允明编：《典律通补》卷 6《别编·事大文字式》，朝鲜正祖十年（1786）刊行
本。方物表是呈现给明朝皇帝，详细记录朝鲜进贡物品的表文。起居表是向明朝皇帝问安而呈送的
表文。

有赏从役，即接受赐赏的随团官员，共三十人，具体而言，有大通官（亦称通事，负责翻译）三人，护贡官（主要有写字官、押物官、医员、其他随行官员）二十四人等，无赏从役则无人数限制。① 到达北京后，使行团会开始正式的外交活动。朝鲜使臣一般会在北京停留约四十余天。在此期间，朝鲜使臣要在朝天宫习仪，即熟悉朝贺的顺序和仪式后，参加冬至贺礼、夏节礼、朝参仪等典礼；通过礼部，呈送所携带的表文、咨文、岁币、方物等物品；在下榻的玉河馆参加下马宴、领赏、谢赏礼、辞朝等仪式。与清代不同，在明代，使行团除了正式的官方活动外，难以离开暂住之处。

综上所述，朝鲜对明使行的一般程序可以总结如下：1. 确定使行目的；2. 选拔出使官员并组织随行人员；3. 制作外交文书；4. 在朝鲜慕华馆内举行"拜表仪式"后，出发前往明朝；5. 自朝鲜义州出发时，使臣团派人向辽东都司，通报，并拿到在使行途中使用的通行票文；6. 途经辽东八站、辽东都司，由山海关进入关内；7. 到达京师；8. 入住玉河馆或会同馆；9. 向礼部通报使行日程；10. 呈送表笺文；11. 参加各种典礼；12. 接受赏赐；13. 开市；14. 派遣先来通事，即先于使臣归国的通事（译官）；15. 自京师归国；16. 返回朝鲜后，三位正官向朝鲜国王汇报（正使和副使需面见国王汇报，书状官则需书面汇报）。

明洪武元年（1368），明太祖朱元璋刚建立明朝时，因定都南京，当时的高丽使臣是利用登州海路出使明朝。明洪武八年（1375），因高丽使臣团在航行途中遭遇风暴致使三十九人丧生，使行路线由海路变更为陆路。② 此后，朝鲜使臣的使行路线变为海路与陆路并用。据《殊域周咨录》记载，③ 明永乐十九年（1421）明太宗迁都北京后，使行路线由海路、陆路并用变为陆路，即从朝鲜义州出发，渡过鸭绿江穿越明、朝国境、途经凤凰城、沈阳、山海关后，到达京师。其后，因辽东地区的建州女真势力不断壮大，朝鲜向明朝提出保障使行安全的要求，明成化年间，明朝在"辽东八站"以南开辟新的驿道，修筑城堡，以保护

---

① 参见《大清会典》卷56《礼部·朝贡》，文渊阁四库全书本，第3页b；《通文馆志》卷3《事大（上）·赴京使行》，朝鲜古书刊行会大正二年（1913）刊本，第29页。

② 参见《明实录·明太宗实录》卷75，洪武五年八月癸卯日，台湾"中研院"历史语言研究所1962年校印本，第1393—1394页；《明实录·明太宗实录》卷106，洪武九年五月壬午日，台湾"中研院"历史语言研究所1962年校印本，第1768页。

③ 严从简撰：《殊域周咨录》卷1《东夷·朝鲜》，明万历刻本，第24页a。

往来使臣团的安全。明弘治二年（1489），"辽东镇巡等官奏凤凰城及镇东镇夷二堡已如原拟筑完"①，至此新驿道修筑完成。使臣自朝鲜都城汉阳至义州需行一千一百八十六里，自义州至明朝京师需行两千零一十二里。②

　　进入17世纪，特别是后金在萨尔浒之战取得胜利，占领了辽东重镇沈阳和辽阳，并迁都辽阳后，途经辽东的陆路使行路线被切断。故天启元年（1621）以后，明"改朝鲜贡道，自海至登州，直达京师"③，即朝鲜使臣利用旅顺口—登州海上路线出使明朝。具体而言，朝鲜使臣自朝鲜平安道海岸出发，沿海岸线向西北行船，途经黄海北部—辽东半岛南部的诸岛屿、辽东半岛西端的旅顺口，再折向西南，经庙岛群岛到达登州，其后自登州经陆路到达北京。崇祯二年（1629）二月，兵部尚书兼右副都御史，督师蓟辽兼督登、莱军务的袁崇焕因怀疑朝鲜与毛文龙勾结，且双方在未经朝廷允许的情况下，在登州海域擅自进行贸易，故下令将朝鲜使行路线由登州—北京变更为觉华岛—北京。自朝鲜至旅顺口之间，两条路线并没有什么不同。相对于"登州—北京"路线，朝鲜使臣利用"觉华岛—北京"路线到达旅顺口后并不改变航向，而是沿着渤海湾沿岸继续航行，在觉华岛的宁远卫登陆。崇祯二年（1629）六月，冬至使尹安国（书状官郑之羽）与陈贺兼谢恩使李忔一同乘船起航，利用"觉华岛—北京"路线前往北京。但在前往觉华岛的途中，冬至使尹安国所乘船只沉没，④尹安国溺亡，仅李忔与书状官郑之羽于九月十九日平安到达觉华岛。⑤觉华岛路线比登州路线更长，水流更为湍急，且礁石众多，途中几乎没有可供船舶停靠的岛屿，⑥再加上觉华岛物资较为匮乏，

---

　　①　参见《明实录·明孝宗实录》卷30，弘治二年九月壬申，台湾"中研院"历史语言研究所1962年校印本，第674—675页。

　　②　《通文馆志》卷3《事大（上）·海路路程》，朝鲜古书刊行会大正二年（1913）刊本，第58—59页。

　　③　《明会要》卷77，《外蕃（一）·朝鲜》，中华书局1956年影印本，第2册，第1496页。

　　④　参见《朝鲜王朝实录·仁祖实录》卷22，仁祖八年二月六日；［朝鲜］李忔：《雪汀先生朝天日记》，韩国国立中央图书馆藏本。

　　⑤　［朝鲜］李忔：《雪汀先生朝天日记》，韩国国立中央图书馆藏本。

　　⑥　参见《通文馆志》卷3《事大（上）·海路路程》，朝鲜古书刊行会大正二年（1913）刊本，第58—59页。

陆路交通也极为不便。故此后，朝鲜一直要求将使行路线再次变更为登州路线，但明朝并未同意。崇祯三年（1630），以毛文龙之死为契机，朝鲜在未经明朝同意的情况下，派遣陈慰使郑斗源和冬至使高用厚利用登州路线前往北京，但最终也未能得到明朝变更使行路线的应允。崇祯四年（1631），"吴桥兵变"后，耿仲明、孔有德等人带领叛军东进，在次年正月占领登州。换言之，此时的"登州—北京"路线已不再安全。故自此至朝鲜对明使行结束，即崇祯九年（1636），朝鲜使臣只能利用觉华岛路线出使明朝。

三　明末朝鲜使臣海路使行的相关背景

明万历四十八年（1620）八月十八日，明神宗万历帝驾崩的消息传到朝鲜，朝鲜决定派遣陈慰使和进香使前往明朝吊问并在殡殿内为明神宗举行祭奠。两行使臣皆由陆路前往明朝京师。明光宗泰昌帝在即位仅仅二十九天后，就因"红丸案"驾崩，故在同年十月，朝鲜再次派遣陈慰使前往明朝。[①] 十二月，出使明朝的陈慰使朴彝叙（副使康昱、书状官郑应斗）和进香使柳涧（副使李必荣、书状官李祗先）自朝鲜发行，前往明朝京师。[②] 天启元年（1621），陈慰使朴彝叙和进香使柳涧在北京停留期间，后金军队攻占了辽东重镇沈阳和辽阳。这致使朝鲜使臣归国路途受阻。使臣团不得已先从北京由陆路到达登州，再乘船归国。归国途中，即天启四年（1624）四月，在今旅顺口老铁山附近海域，陈慰使朴彝叙、副使康昱、书状官郑应斗以及进香使柳涧遭遇海难，众人溺亡，抑或病死，[③] 仅进香副使李必荣勉强保住性命归国。因认为海路使行明朝是高风险的事，故朝鲜文臣"皆规避，多行赂得免"[④]。此外因担心朝鲜与后金暗中勾结，要求朝鲜出兵共同抵抗后金，

---

① 参见《朝鲜王朝实录·光海君日记》卷 157，光海君十二年十月十日。

② 参见《朝鲜王朝实录·光海君日记》卷 157，光海君十二年十月十六日；《朝鲜王朝实录·光海君日记》卷 158，光海君十二年十一月十三日；《朝鲜王朝实录·光海君日记》卷 159，光海君十二年十二月二十七日。

③ 参见《朝鲜王朝实录·光海君日记》卷 164，光海君十三年四月十三日；《朝鲜王朝实录·光海君日记》卷 165，光海君十三年五月二十九日；《朝鲜王朝实录·光海君日记》卷 170，光海君十三年十月二十一日。

④ 《朝鲜王朝实录·光海君日记》卷 56，光海君十三年四月十三日。

于天启元年（1621）二月，明朝以向朝鲜宣告明光宗即皇帝位为名，任命刘鸿训与杨道寅作为"登极诏使"的正使和副使出使朝鲜。四月十二日，刘鸿训与杨道寅一行经辽东地区到达朝鲜都城汉阳，并在昌德宫的正殿——仁政殿内举行开读之礼。① 在汉阳停留期间，辽东驿道被后金军队占领，刘鸿训与杨道寅一行无法按原路返回明朝。为使明朝使臣通过海路平安回国，朝鲜为其提供船只并选派护送人员。此外，吊问明光宗驾崩的陈慰使权尽己（书状官柳汝恒）、感谢明朝派遣登极诏使的谢恩使崔应虚（书状官安璥）两行使臣随明朝使臣乘船一同前往明朝。②

天启元年五月，明朝诏使与朝鲜两行使臣从朝鲜平安道的安州起航。③ 具体的海上航线为使臣自朝鲜平安道海岸出发，沿海岸线向西北航行，途经黄海北部—辽东半岛南部的诸岛屿、辽东半岛西端的旅顺口，再折向西南，经由庙岛群岛到达登州后，由陆路到达北京。此路线是明初即高丽末期，朝鲜初期时曾使用的海上贡道，因明成祖朱棣迁都北京，使行路线由海路转为陆路。为防止海路途中可能出现的意外，并保护明朝、朝鲜使臣的安全，朝鲜共派遣了二十二艘船只前往登州。即便在如此充足的准备下，使臣船队在行进到旅顺口铁山嘴附近海域时遭遇风暴，有九艘船只沉没。但万幸的是，两国使臣死里逃生并于六月十九日，平安到达登州。④ 据书状官安璥的《驾海朝天录》记载，⑤ 九月十六日，陈慰使权尽己与谢恩使崔应虚两行使臣在北京完成使行任务后，辞朝离京。天启二年（1622）十月九日，两行朝鲜使臣先后自登州起航归国，十一月七日，平安到达朝鲜平安道郭山。

天启二年四月二十九日和七月，朝贺明熹宗登极的登极使吴允谦

---

① 参见《朝鲜迎接都监都厅仪轨》，明天启元年刻本，第3页a。

② 参见《朝鲜王朝实录·光海君日记》卷165，光海君十三年五月二日；［朝鲜］安璥：《驾海朝天录》，美国哈佛大学燕京图书馆藏本，第1页。

③ 据安璥《驾海朝天录》中天启元年（1621）五月二十日的记载，明登极副使杨道寅与明登极诏使刘鸿训、两行朝鲜使臣分别于五月十八日和五月二十日从平安道安州清川江起航（参见［朝鲜］安璥《驾海朝天录》，美国哈佛大学燕京图书馆藏本，第2页）。

④ 参见《朝鲜王朝实录·光海君日记》卷166，光海君十三年六月二十五日。

⑤ 参见［朝鲜］安璥《驾海朝天录》，美国哈佛大学燕京图书馆藏本，第50页a。

（副使边瀹，书状官柳应元）和冬至兼圣节使李显英先后从郭山郡宣沙浦起航。① 吴允谦所乘船只虽在朝鲜宣川海域搁浅，但有惊无险，于五月二十五日到泊登州。② 九月六日，吴允谦顺利完成使行任务后，自北京发行，九月二十六日到达登州，十月三日自登州起航归国，十月十五日回到朝鲜宣沙浦。③ 天启三年（1623）五月之前，冬至使李显英携带明天启帝所赐的数万斤硝石返回宣沙浦。④

天启三年三月，朝鲜绫阳君李倧，发动武装政变，推翻了光海君的统治，登上王位，即仁祖。因担心明朝将此政变，即"仁祖反正"看作对其权威的挑战，也担心明朝认为朝鲜同后金暗中勾结，故朝鲜派遣奏请使（奏闻使）向明朝解释"仁祖反正"的正当性，并向明朝提出册封仁祖的请求。五月二十四日，奏请（奏闻）使臣团正使李庆全（副使尹暄，书状官李民宬）一行自旋槎浦，即宣沙浦起航，六月十三日到达登州。⑤ 因李庆全一行在北京停留期间并未取得较为显著的外交成果，故借感谢天启二年（1622）天启帝下赐数万斤硝石之事的名义，⑥ 朝鲜国王仁祖派遣谢恩使赵濈（书状官任赍之）前往北京，帮助李庆全等人共同完成请封的外交任务。天启三年（1623）九月一日，赵濈一行自朝鲜宣沙浦起航，九月二十六日到达登州。⑦ 赵濈与李庆全等人在北京汇合后，共同向明朝朝廷解释"仁祖反正"的正当性，并保证朝鲜国王仁祖会奉行"亲明排金"的外交路线。十二月十八日，在李庆全、赵濈等人的努力下，明朝终于同意了朝鲜的册封请求。⑧ 天

① 参见［朝鲜］吴允谦《海槎朝天日录》，《楸滩集》，韩国首尔大学奎章阁藏本，第 1 页 a；《朝鲜王朝实录·光海君日记》卷 177，光海君十四年五月十四日，六月二十六日。

② 参见《朝鲜王朝实录·光海君日记》卷 177，光海君十四年七月二十二日。

③ 参见《朝鲜王朝实录·光海君日记》卷 182，光海君十四年十月二十日。

④ 参见《朝鲜王朝实录·仁祖实录》卷 2，仁祖元年六月二日。

⑤ 参见［朝鲜］李民宬《敬亭集续集》卷 1，《癸亥朝天录》，韩国首尔大学奎章阁藏本，第 27 页 a。

⑥ 参见《朝鲜王朝实录·仁祖实录》卷 2，仁祖元年六月二日。

⑦ 参见［朝鲜］赵濈《燕行录一云朝天录》，［韩国］林基中编《燕行录全集》第 12 册，韩国东国大学出版部 2001 年版，第 253—254、277—278 页。

⑧ 参见《明史》卷 22《本纪第二十二·熹宗》，中华书局 1974 年影印本，第 302 页；《明实录·明熹宗实录》卷 42，天启三年十二月癸巳，台湾"中研院"历史语言研究所 1962 年校印本，第 2183—2187 页；［朝鲜］李民宬《敬亭集续集》卷 3，《癸亥朝天录》，韩国首尔大学奎章阁藏本。

启四年（1624）二月十七日，李庆全等人拿到了颁赐的册封诏书。① 三月二十五日，奏闻兼辨诬使李庆全同冬至、圣节兼谢恩使赵澂两行自登州起航归国。四月六日，诸使臣平安到达朝鲜宣沙浦。四月二十日，朝鲜国王仁祖前往朝鲜慕华馆恭迎册封诏书。② 但，仅有明朝下赐的册封诏书，意味着明朝对朝鲜国王的册封还未完成，还需要明朝下赐的诰命与冕服。故，为感谢明朝对朝鲜国王册封，并催促明朝尽快下赐诰命与冕服，七月，朝鲜选派谢恩兼奏请使李德泂（副使吴翿，书状官洪翼汉）出使明朝。同时，决定派遣冬至圣节使权启（书状官金德承）出使明朝。③ 八月四日，两行使臣同时自朝鲜宣沙浦起航，八月二十三日到达登州，十月十二日到达北京。虽然当时明朝同意册封朝鲜国王仁祖，但朝廷内对是否下赐诰命与冕服争议颇多。李德泂一行甚至采用了非正常途经来说服明朝权臣，以完成使行任务。即，朝鲜使臣等候在明朝权臣上朝的必经之地——西长安门外，向诸阁老呈文，极请册礼。经过李德泂等人的不懈努力，明天启帝允诺当年十二月将派遣诏使前往朝鲜，颁赐诰命与冕服。天启五年（1625）二月二十五日，李德泂一行在完成使行任务后，辞朝离京。三月十四日到达登州，三月二十日自登州起航，四月二日到达朝鲜宣沙浦。④ 六月三日，明朝诏使太监王敏正、胡良辅到达汉阳，向朝鲜国王仁祖颁赐诰命与冕服，⑤ 至此明朝完成了对朝鲜国王的册封。

天启五年七月和八月，朝鲜先后决定派遣谢恩兼陈慰使朴鼎贤（副使郑云湖，书状官南宫樬）和冬至圣节使全湜（书状官李莯）两行使臣出使明朝。⑥ 据全湜《槎行录》中的记载，⑦ 九月一日，全湜一行乘

①　参见［朝鲜］李民宬《敬亭集续集》卷3，《癸亥朝天录》，韩国首尔大学奎章阁藏本，第37页b。

②　参见《朝鲜王朝实录·仁祖实录》卷5，仁祖二年四月二十日

③　参见《朝鲜王朝实录·仁祖实录》卷6，仁祖二年五月十六日、七月十八日；［朝鲜］洪翼汉：《花浦先生朝天航海录》卷1，韩国国立中央图书馆藏本，第1页a。

④　参见［朝鲜］洪翼汉《花浦先生朝天航海录》卷1，韩国国立中央图书馆藏本。

⑤　参见《朝鲜王朝实录·仁祖实录》卷9，仁祖三年六月三日。

⑥　参见《朝鲜王朝实录·仁祖实录》卷9，仁祖三年七月三十日；《朝鲜王朝实录·仁祖实录》卷12，仁祖四年五月五日。

⑦　参见［朝鲜］全湜《槎行录》，《沙西集》卷5，韩国韩国学中央研究院藏书阁藏本。

四船，自朝鲜宣沙浦发行。九月三十日到达登州，十一月三日到达北京，天启六年（1626）三月九日离京，三月二十四日到达登州，三月二十七日自登州起航归国，四月十五日到达宣沙浦。在归国途中，一艘船只遭遇暴风沉没，四十名随行人员丧生。

　　因朝鲜并未满足提供军粮和武器的要求，东江镇都督毛文龙常越过鸭绿江，肆意掠夺朝鲜平民，并向明朝廷诬陷朝鲜暗中勾结后金。① 面对这样的诬陷朝鲜认为必须要向明朝申辩，以使朝鲜沉冤得雪。天启六年闰六月二十八日，朝鲜派遣圣节兼陈奏使金尚宪（书状官金地粹）前往明朝陈奏、辩解此事。与此同时，朝鲜还派遣了冬至使南以雄与金尚宪同行。为解释毛文龙上疏为诬陷，圣节兼陈奏使金尚宪三次向明朝兵部和礼部呈文，最终在当年十二月十九日，得到了表明朝鲜清白的圣旨。两行使臣在北京一直停留至天启七年（1627）的清明。在此期间，"丁卯胡乱"（后金渡过鸭绿江，入侵朝鲜）的消息传到北京，两行使臣又向明朝请求派兵，救援朝鲜。圣节兼陈奏使金尚宪和冬至使南以雄应是在天启六年八月十六日左右②到达登州，并于天启七年五月十八日返回朝鲜汉阳。此外，因"丁卯胡乱"的发生，朝鲜紧急决定向明朝派遣奏请使权怗（书状官郑世矩），请求明朝派兵。天启七年三月左右，权怗一行自汉阳出发前往宣沙浦乘船。③ 但因后金势力不断扩张，原始发港——宣沙浦位于后金与朝鲜的交界附近，使臣的安全难以保障，加之物资与人员也难以运抵，朝鲜将始航地由宣沙浦变更为石多山。因途中毛文龙的扣留，奏请使权怗一行在八月才到达北京。但此时传来了明熹宗驾崩的消息。崇祯元年（1628）二月，奏请使权怗一行抵达朝鲜甑山郡的石多山。在权怗往返明朝期间，即天启七年三月三日，后金在与朝鲜签订了所谓的兄弟条约即《丁卯条约》后撤军。

　　天启七年五月，朝鲜按照惯例向明朝派遣圣节兼冬至使边应璧（书

---

　　① 参见［朝鲜］金尚宪《礼部兵部呈文》，《朝天录》，韩国国立中央图书馆藏本，第37页a—40页b。

　　② 参见［朝鲜］金尚宪《八月十五日，登庙岛城楼玩月，次春城韵》，《朝天录》，韩国国立中央图书馆藏本。

　　③ 参见《朝鲜王朝实录·仁祖实录》卷15，仁祖五年三月十八日。

状官尹昌立）一行。朝鲜还希望通过此次使行，向明朝解释朝鲜是在不得已的情况下同后金和亲，并告知明朝，朝鲜将继续在外交上谋求与明朝的合作。同年九月十四日，在前往登州的途中，书状官尹昌立所乘坐的船只与另一艘船只在广鹿岛海域遭遇台风并沉没，七十九名随行人员遇难。① 九月二十三日，正使边应璧到达登州。崇祯元年（1628）五月，边应璧一行返回汉阳。

天启七年（1627），明熹宗驾崩的消息传到朝鲜，朝鲜国内讨论派遣陈慰进香使②和朝贺明思宗即皇帝位的登极使③出使明朝。崇祯元年二月，朝鲜决定派遣陈慰兼进香使洪霶（书状官姜善余）、登极使韩汝㳖（副使闵圣徽，书状官金尚宾）两行使臣一同出使明朝，④三月，决定派遣冬至使宋克讱（书状官申悦道）前往明朝。⑤ 因使行检查、接待便利等原因，自陈慰兼进香使洪霶和登极使韩汝㳖两行使臣以后，朝鲜将始发港由甑山郡的石多山变更为平阳郡大同江流域。⑥ 九月，进香兼陈慰使洪霶一行先行到达汉阳。十一月，登极使韩汝㳖带着崇祯帝所赐敕书，返回朝鲜汉阳，并向朝鲜国王仁祖复命。⑦ 在敕书中，崇祯帝要求朝鲜协助明朝攻打后金，并叮嘱朝鲜攻略后金的后方。⑧ 在向明朝廷上奏的题本⑨中，登莱巡抚孙国桢怀疑朝鲜与日本勾结，担心出现倭寇尾随朝鲜使臣到达登莱，并侵扰登莱地区的情况。得知此事后，朝鲜命冬至使宋克讱前往北京时，向明朝朝廷解释此事。崇祯元年七月，冬至圣节兼辨诬使宋克讱一行自汉阳出发。据申悦道《朝天时闻见事件启》中的记载，⑩ 崇祯元年

---

① 参见《朝鲜王朝实录·仁祖实录》卷17，仁祖五年十二月五日。
② 参见《朝鲜王朝实录·仁祖实录》卷17，仁祖五年十二月八日。
③ 参见《朝鲜王朝实录·仁祖实录》卷17，仁祖五年十二月二十九日。
④ 参见《朝鲜王朝实录·仁祖实录》卷18，仁祖六年二月三日。
⑤ 参见《朝鲜王朝实录·仁祖实录》卷18，仁祖六年三月十五日。
⑥ 参见《朝鲜王朝实录·仁祖实录》卷18，仁祖六年六月二十二日。
⑦ 参见《朝鲜王朝实录·仁祖实录》卷19，仁祖六年九月二十九日。
⑧ 参见《朝鲜王朝实录·仁祖实录》卷19，仁祖六年十一月十二日。
⑨ "……朝鲜与倭交和。万一倭奴窃附贡使而来，国家之患，不在山海，而在登、莱；不在奴酋，而在贡使矣。……"《朝鲜王朝实录·仁祖实录》卷19，仁祖六年七月十日。
⑩ 参见［朝鲜］申悦道《朝天时闻见事件启》，《懒斋先生文集》卷3，韩国国立中央图书馆藏本。

（1628）九月十日，宋克切一行到达登州，十一月八日到达北京。崇祯二年（1629）四月十五日辞朝离京，闰四月四日到达登州，闰四月七日起航归国，闰四月十八日到达朝鲜石多山。据《朝鲜王朝实录·仁祖实录》记载，[①] 崇祯二年五月，宋克切一行带着诏书与敕书，抵达朝鲜汉阳。作为惯例，明思宗登极后，要派遣使臣前往朝鲜，向朝鲜国王下赐登极诏书。但在向崇祯帝陈奏朝鲜国内艰难的处境后，宋克切直接带着登极诏书返回朝鲜。宋克切所带敕书则为宣告明皇太子出生消息的文书。

崇祯二年六月五日，辽东经略袁崇焕以私通后金的罪名，将东江镇都督毛文龙处死。袁崇焕怀疑朝鲜勾结倭寇，纵容后金，并在登州海域私自进行贸易，遂改定"贡路，由觉华岛"[②]。六月，朝鲜派遣冬至使尹安国（书状官郑之羽）以及担负朝贺皇太子出生，向明朝辩解、消除明朝疑虑任务的进贺兼谢恩辨诬使李忔两行使臣前往明朝。两行使臣向朝鲜国王仁祖奏请将始发港由平阳郡大同江流域变更为甑山郡的石多山。仁祖部分同意了两行使臣的请求，即同意正官（正使、副使、书状官）从石多山起航，剩余随行人员从大同江流域起航。[③] 八月十日，两行正官自石多山启程前往明朝。在前往觉华岛的途中冬至使尹安国所乘船只沉没，尹安国溺亡。[④] 据李忔《雪汀先生朝天日记》记载，[⑤] 九月十九日，陈贺兼谢恩使李忔与冬至使臣团书状官郑之羽到达觉华岛。但崇祯二年十月，发生"己巳之变"，即皇太极带领后金军队绕过重兵把守的宁远城和山海关，经蒙古进攻北京。在如此混乱的局势中，十月十八日，书状官郑之羽先行前往北京。十月二十八日，李忔一行动身前往山海关。但因北京附近局势不

---

① 参见《朝鲜王朝实录·仁祖实录》卷20，仁祖七年五月三日。

② 《朝鲜王朝实录·仁祖实录》卷20，仁祖七年闰四月二十一日；《朝鲜王朝实录·仁祖实录》卷22，仁祖八年元月二十七日。据申悦道《朝天时闻见事件启》崇祯二年（1629）二月五日的记载，崇祯二年（1629）二月，明朝朝廷向当时滞留在北京的冬至兼圣节使宋克切一行下达了更改使行路线的命令。

③ 参见《朝鲜王朝实录·仁祖实录》卷20，仁祖七年六月二日。

④ 参见《朝鲜王朝实录·仁祖实录》卷22，仁祖八年二月六日；［朝鲜］李忔：《雪汀先生朝天日记》，韩国国立中央图书馆藏本。

⑤ 参见［朝鲜］李忔《雪汀先生朝天日记》，韩国国立中央图书馆藏本，第12页b。

明，李忔一行只能在沿途等待局势安定后，再前往北京。其后，在不得已的情况下，李忔一行只能东出山海关，返回觉华岛。崇祯三年（1630）三月九日，李忔一行自觉华岛起航，乘船驶向天津，三月二十四日，终于到达了北京的玉河馆，与书状官郑之羽汇合。在北京停留期间，李忔顺利完成了辨诬的使行任务，并于四月二日接到了崇祯皇帝的圣旨。因使行途中感染痢疾，六月九日，李忔病逝于北京玉河馆。此后的一个月内，使臣团随行人员为李忔举办了葬礼。七月七日，两行使臣团离京，从觉华岛乘船归国。在归国途中遭遇暴风，万般无奈之下，前往登州避风。九月三日，到达登州。十月三日，驶离登州。十月十八日到达朝鲜甑山郡石多山。

据《朝鲜王朝实录·仁祖实录》记载，[①] 在处死毛文龙后，辽东经略袁崇焕向朝鲜送去咨文，要求朝鲜派兵，共同征讨后金。崇祯二年（1629）八月，朝鲜决定派遣赍咨使崔有海前往明朝，同袁崇焕共商讨伐后金之事。九月，赍咨使崔有海一行乘船驶离朝鲜，前往觉华岛。途中遭遇风暴，使臣船只前往登州避风。在到达登州后，崔有海得知因朋党之争，辽东经略袁崇焕辞官，故不能面见袁崇焕完成使行任务。崔有海只能长时间地滞留在登州，等待朝鲜国王新的旨令。崇祯三年（1630）七月，崔有海自登州起航归国。

崇祯二年十一月，明朝京师被后金围困。此消息在次年正月十八日才传到朝鲜。[②] 朝鲜随即决定派遣使臣前往明朝陈慰[③]，并打算向明朝进献兵器，[④] 同时分别任命郑斗源与李志贱为正使和书状官，但李志贱称病拒绝登船，其后，李志贱被捕，未能成行。[⑤] 除了陈慰的

---

① 参见《朝鲜王朝实录·仁祖实录》卷 21，仁祖七年八月二十七日、仁祖八年七月十八日。

② 参见《承政院日记》卷 27，仁祖七年八月二十七日。本书中的《承政院日记》参见韩国国史委员会构建的"《承政院日记》DB"（http：//sjw. history. go. kr）。

③ 在郑斗源向明朝礼部、兵部呈献的奏本中自称"朝鲜国陈慰兼进贺陪臣吏曹判书郑"，参见［朝鲜］郑斗源《朝天记地图》，朝国成均馆大学尊经阁藏本。需要注意的是，如前所述，陈慰使是朝鲜在明朝皇室有丧事时派遣的使臣，但崇祯二年陈慰使的陈慰之事则是"己巳之变"，故此处的陈慰应有宽慰之意。

④ 参见《朝鲜王朝实录·仁祖实录》卷 22，仁祖八年三月二十六日。

⑤ 参见《承政院日记》卷 31，仁祖八年九月二十四日。

任务以外，郑斗源还担负着向明朝奏请将使行路线变更为登州路线以及朝贺明朝册封皇太子的外交任务。① 崇祯三年（1630）八月，郑斗源与冬至使高用厚（书状官罗宣素）② 一同从石多山起航，九月二十日，到达登州。③ 因此次使行是朝鲜使臣团在未征得明朝同意的情况下，擅自利用登州路线到达登州，故郑斗源请求登莱巡抚孙元化上书明朝廷，允许朝鲜使臣在登州港登岸。孙元化同意了郑斗源的请求，并选派官员陪同郑斗源一行前往北京。④ 此外，郑斗源从石多山起航后，一直与冬至使高用厚同行。因擅自利用登州航线，两行使臣认为，由得到登陆许可的郑斗源先行前往北京的做法较为妥当，故两行使臣约定，郑斗源先行，间隔一段时间后，高用厚再从登州出发。崇祯三年十一月，郑斗源一行抵达北京，并向明朝再次提出变更使行路线的请求，但并未得到明崇祯帝的同意。⑤ 崇祯四年（1631）四月十二日，郑斗源一行离开北京玉河馆，六月二十四日抵达朝鲜石多山。⑥

根据本节的论述，明末朝鲜使臣海路（登州路线）使行的相关背景按时间顺序列表如下（表 0 – 1）。

---

① 参见《承政院日记》卷 30，仁祖八年七月一日。

② 据《朝鲜王朝实录·仁祖实录》卷 22，仁祖八年三月二十一日的记载："以韩明勖为冬至使兼圣节使，金秀南为书状官，郑斗源为进慰使，李志贱为书状官。"但是，此后史料中并无韩明勖、金秀南二人完成使行任务归国或向朝鲜国王复命的相关记载。但《朝鲜王朝实录·仁祖实录》卷 22，仁祖八年七月十四日记载，"备局启曰：'洪武二十三年，奏请符验元数七部内，柳涧、朴彝叙、尹安国之行，已湣失三部，只余四部，而一部则李忔赍去未还，一部则郑斗源，一部则高用厚今当赍去，而时存者只一部。前头如复有使行，则事极难便，宜以补赐三部之意，具奏于赴京之行。'上从之。"换言之，高用厚与郑斗源共同出使明朝的事实明确无误。由于使臣的汇报是朝鲜掌握辽东及明朝动向的重要途径，如若韩明勖成行，必定会留下相关的记录。此外，因海路使行先期准备工作较为繁杂，所需时日较长，故在史料中会留下关于使行准备过程的相关记录。但史料中并未见关于韩明勖一行前期准备的相关记录。故恐在准备使行的过程之中，高用厚代替了韩明勖出使明朝，而韩明勖并未成行。

③ 参见［朝鲜］高用厚《呈登州军门状》，《晴沙集》卷 2，韩国首尔大学奎章阁藏本，第 38 页 b—41 页 a。

④ 参见［朝鲜］韩致奫《海东绎史》36，《交聘志四·朝贡四》，朝鲜古书刊行会明治四十四年（1911）刊本。

⑤ 参见［朝鲜］郑斗源《军门前呈文》，《朝天记地图》，韩国成均馆大学尊经阁藏本。

⑥ 参见《承政院日记》卷 33，仁祖八年七月一日。

表 0—1

明末朝鲜使臣海路（登州路线）使行一览

出使年度	归国年度	使行名称	使行团正官		使行缘由及使行目的
明泰昌元年（朝鲜光海十二年，1620）十二月	明天启元年（朝鲜光海十三年，1621）四月	陈慰	正使	朴彝叙	陈慰：万历四十八年（1620）七月二十一日，明神宗驾崩，朝鲜派遣使臣前往吊问。进香：在殡殿内为明神宗举行祭奠
			副使	康昱	
			书状官	郑应斗	
		进香	正使	柳涧	
			副使	李必荣	
			书状官	李祗先	
明天启元年（朝鲜光海十三年，1621）五月	明天启二年（朝鲜光海十四年，1622）十一月	陈慰	正使	权尽己	陈慰：明泰昌元年（1620）九月一日，明光宗驾崩，因"红丸案"，朝鲜派遣使臣前往吊问
			副使	—	
			书状官	柳汝恒	
	明天启二年（朝鲜光海十四年，1622）十月	谢恩 冬至圣节	正使	崔应虚	谢恩：为感谢明熹宗向朝鲜派遣登极诏使，朝鲜派遣使臣前往朝谢恩
			副使	—	
			书状官	安璥	
天启二年（朝鲜光海十四年，1622）四月		登极	正使	吴允谦	登极：1620年九月六日，明熹宗即皇帝位。朝鲜派遣使臣进贺
			副使	边潝①	
			书状官	柳应元	

① "翰以武人充使"（《朝鲜王朝实录·光海君日记》卷62，光海十四年七月二十二日）

续表

出使年度	归国年度	使行名称	使行团正官		使行缘由及使行目的
明天启二年（朝鲜光海十四年，1622）七月	明天启三年（朝鲜仁祖元年，1623）五月之前	冬至圣节	正使	李显英	—
			副使	—	
			书状官	—	
明天启三年（朝鲜仁祖元年，1623）五月	明天启四年（朝鲜仁祖二年，1624）四月	奏闻（请封）辨诬	正使	李庆全	奏闻（请封）兼辨诬：因担心明朝将"仁祖反正"看作对其权威的挑战，且误认为朝鲜派遣朝臣向明朝解释说明金暗中勾结，朝鲜向明朝释疑，并向明朝请求册封"仁祖反正"的正当性
			副使	尹暄	
			书状官	李民宬	
明天启三年（朝鲜仁祖元年，1623）九月	明天启四年（朝鲜仁祖二年，1624）四月	冬至圣节谢恩	正使	赵濈	谢恩：天启二年（1622），冬至兼圣节使李显英带回明天启帝所赐的数万斤硝石，对此朝鲜派出使臣进行感谢。谢恩仅仅是朝鲜出使臣的原因之一，更为重要的缘由是李庆全一行在北京停留期间，兼辨诬取得较为显著的外交成果，故朝鲜国国王派遣赵濈前往北京，帮助李庆全等人共同完成请封的外交任务
			副使	—	
			书状官	任赉之	
明天启四年（朝鲜仁祖二年，1624）八月	明天启五年（朝鲜仁祖三年，1625）四月	谢恩奏请	正使	李德泂	谢恩：感谢明朝。奏请：请求明朝颁造冕服
			副使	吴翿	
			书状官	洪翼汉（曾名洪霅）	
		冬至圣节	正使	权启	—
			副使	—	
			书状官	金德承	

续表

出使年度	归国年度	使行名称	使行团正官		使行缘由及使行目的
明天启五年（朝鲜仁祖三年，1625）七月	未详	谢恩 陈慰	正使	朴鼎贤	未详
			副使	郑云湖	
			书状官	南宫樴	
明天启五年（朝鲜仁祖三年，1625）九月	明天启六年（朝鲜仁祖四年，1626）四月	冬至 圣节	正使	全湜	—
			副使	—	
			书状官	李莯	
明天启六年（朝鲜仁祖四年，1626）六月	明天启七年（朝鲜仁祖五年，1627）五月	圣节 陈奏	正使	金尚宪	陈奏：因朝鲜并未满足提供军粮和武器的要求，东江镇都督毛文龙常遣过鸭绿江，肆意掠夺朝鲜平民，并向明廷诬陷朝鲜暗中勾结后金。天启六年（1626）闰六月二十八日，朝鲜派遣使臣前往明朝上书，解释此事
			副使	—	
			书状官	金地粹	
		冬至	正使	南以雄	—
			副使	—	
			书状官	—	
明天启七年（朝鲜仁祖五年，1627）三月	明崇祯元年（朝鲜仁祖六年，1628）三月	奏请	正使	权怗	奏请：天启七年（1627）正月，后金入侵朝鲜，即丁卯胡乱，朝鲜紧急决定向明朝派遣使臣，请求明朝派兵
			副使	—	
			书状官	郑世矩	
明天启七年（朝鲜仁祖五年，1627）七月左右	明崇祯元年（朝鲜仁祖六年，1628）五月	圣节 冬至 辩诬	正使	边应璧	辩诬：向明朝解释朝鲜是在不得已的情况下才同后金和亲，并告知明朝，朝鲜将继续在外交上谋求与明朝的合作
			副使	—	
			书状官	尹昌立	

续表

出使年度	归国年度	使行名称	使行团正官		使行缘由及使行目的
明崇祯元年（朝鲜仁祖）三月左右	明崇祯元年（朝鲜仁祖六年，1628）十一月	进香陈慰	正使	洪雾	陈慰：天启七年（1627）八月，明熹宗驾崩。崇祯元年（1628）二月，朝鲜决定派遣使臣前往明朝吊问。
			副使	—	进香：在殡殿中为明熹宗举行祭奠
			书状官	姜善余	
		登极	正使	韩汝溮	登极：朝贺明思宗即皇帝位
			副使	闵圣徽	
			书状官	金尚宾	
明崇祯元年（朝鲜仁祖六年，1628）七月	明崇祯二年（朝鲜仁祖七年，1629）闰四月	冬至圣节辩诬	正使	宋克讱	辩诬：在向明朝廷上奏的题本中，登莱巡抚孙应元疑朝鲜与日本勾结，并心出现倭寇尾随朝鲜使臣到达登莱，并侵扰登莱地区的情况。朝鲜派遣使臣前往明朝，向明朝廷解释此事
			副使	申悦道	
			书状官	尹安国	
		冬至	正使	郑之羽	—
明崇祯二年（朝鲜仁祖七年，1629）八月	明崇祯三年（朝鲜仁祖八年，1630）十月	进贺谢恩辩诬	正使	李忔	进贺：朝贺明皇太子的出生。辩诬：崇祯二年（1629）六月五日，辽东经略袁崇焕通以私通后金的罪名，将东江镇都督毛文龙处死。并在登州疑朝鲜私自结勾，纵容袁崇焕怀疑朝鲜海域私自进行贸易，遂改定"贡路"，由觉华岛，李忔一行负着向明朝解释、消除明朝负疑惑的外交任务
			副使	—	
			书状官	—	

续表

出使年度	归国年度	使行名称	使行团正官			使行缘由及使行目的
明崇祯二年（朝鲜仁祖七年，1629）九月	明崇祯三年（朝鲜仁祖八年，1630）七月	赍咨	正使	崔有海		赍咨：在处死毛文龙后，辽东经略袁崇焕向朝鲜送去咨文，要求朝鲜派兵，共同出兵征讨后金。崇祯二年（1629）八月，朝鲜决定派遣使臣同袁崇焕共商讨伐后金之事
			副使			
			书状官			
明崇祯三年（朝鲜仁祖八年，1630）八月	明崇祯四年（朝鲜仁祖九年，1631）六月	陈慰 奏请 进贺	正使	郑斗源		陈慰：崇祯二年（1629）十月，明朝京师被后金围困。此消息在崇祯三年（1630）正月十八日才传到朝鲜。朝鲜随即打算向明朝进献兵器。奏请：因觉华岛路线异常危险，朝鲜向明朝请奏将使行路线变更为登州路线。进贺：朝贺明朝册封皇太子
			副使	—		
			书状官	—		
		冬至	正使	高用厚		—
			副使	—		
			书状官	罗宣素		

四　明末朝鲜使臣海路（登州路线）使行文献

（一）天启年间

天启元年（1621）谢恩、冬至兼圣节使臣团书状官安璥[①]（1564—?），籍贯顺兴（今韩国庆尚北道荣州市），字伯温，号芹田。万历三十一年（1603）进士及第，历任懿陵参奉、艺文馆奉教、掌令、金郊察访等职。崇祯九年（1636）“丙子虏乱”时，为强硬的斥和派。天启元年（1621），为感谢明熹宗向朝鲜派遣登极诏使，朝鲜派遣谢恩使崔应虚、书状官安璥使行明朝。书状官安璥留有使行文献《驾海朝天录》。在《驾海朝天录》中，安璥用日记体的形式，详细地记载了自天启元年五月二十日开始至十一月七日结束的使行全过程。其中包括朝鲜使臣与登州文人交流时留下的笔谈以及抒发使行感兴的诗篇等。《驾海朝天录》是朝鲜时期最初的海路使行文献（《朝天录》）。19 世纪，安璥的第十代孙安正焕抄写的手抄本《驾海朝天录》被美国哈佛大学燕京图书馆（Harvard-Yenching Library）收藏（TK3051—5483），为今存世孤本。燕京图书馆藏本共有九十三页，每页有二十列，每列有二十二个字。

明天启二年（1622）登极使臣团正使吴允谦（1559—1636），籍贯海州（今朝鲜黄海南道海州市），字汝益，号楸滩、土塘。万历十年（1582）进士及第，历任英陵参奉、奉先殿参奉、平江知县、弘文馆副修撰、吏曹佐郎、知制教、副校理、佥知中枢府事等职。因天启二年出使明朝有功，升任右参赞。泰昌元年（1620）九月六日，明熹宗即皇帝位。朝鲜派遣登极使吴允谦（副使边潝，书状官柳应元）前往明朝朝贺。天启二年四月二十九日，吴允谦一行自朝鲜宣沙浦起航，同年十月十五日，回到朝鲜宣沙浦。登极使吴允谦留有使行文献《海槎朝天日录》。吴允谦在此文献中记录了使行途中每天的日期、天气、所做之

① 本章节的人物信息参见韩国学中央研究院自建的“韩国历代人物综合信息系统（한국역대인물 종합정보시스템）”数据库（数据库网址：http：//people. aks. ac. kr/index. aks）。

事、所行路程里数，但因途中生病期间，无法记录，故有部分时间①没
有记载。在《海槎朝天日录》中，吴允谦用客观冷静的笔调，将使行
途中的所见内容如实地记录下来并未对记述内容予以置评。此外，《海
槎朝天日录》中，未包含吴允谦在使行途中所作的诗作。与书状官撰
写并向朝鲜备边司汇报的正式文书不同，《海槎朝天日录》虽带有很强
的私人日记的特点，但在叙述外交史实时，叙述主体通常会将"我"
变为"使臣"，故可以将其看作对书状官撰写的正式文书的补充。使行
途中吴允谦所作的诗作合集《朝天诗》被单独收录在吴允谦个人文集
《楸滩集》中。

　　《海槎朝天日录》原名《楸滩东槎朝天日录》。《楸滩东槎朝天日
录》中还包含记载吴允谦使行日本内容的《东槎日录》。恐在流传前
期，《楸滩东槎朝天日录》与吴允谦的个人文集《楸滩集》作为两种版
本而流传于世。《楸滩东槎朝天日录》共有五十八页，其中前三十二页
是记录吴允谦使行日本的《东槎日录》；自三十三页至五十八页是记载
吴允谦出使明朝的《海槎朝天日录》。此后，吴允谦的个人文集《楸滩
集》被增补为《楸滩先生集》《楸滩先生遗稿》。《东槎日录》与《海
槎朝天日录》被单独收录在附录中。《楸滩集》收藏于韩国国内许多
地方。

　　天启三年，即朝鲜仁祖元年（1623），因担心明朝将"仁祖反正"
看作对其权威的挑战，并为了消除明朝对朝鲜同后金暗中勾结的担忧，
朝鲜向明朝派遣奏闻兼辨诬使李庆全（副使尹暄，书状官李民宬），解
释说明"仁祖反正"的正当性并请求册封仁祖。天启三年（1623）五
月二十四日，李庆全一行自朝鲜宣沙浦起航，天启四年（1624）四月
六日，平安返回朝鲜宣沙浦。

　　正使李庆全（1567—1644），籍贯韩山（今韩国忠清南道舒川郡），
字仲集，号石楼。万历十八年（1590）登科及第，历任礼曹佐郎、兵
曹佐郎、忠洪道观察使、全罗道观察使、左参赞。因顺利完成请封的使
行任务，被封为"韩平府院君"。李庆全留有使行文献《石楼先祖朝天

---

　　①　没有记载的日期分别是八月十六日、八十八日、八十九日、八二十一至二十五日、八
二十七至三十日、九月一日至四日。

录》《朝天录》《朝天诗》。《石楼先祖朝天录》是辑录李庆全与副使尹暄、书状官李民宬之间唱和的使行诗集。《朝天录》收录于《石楼先生遗稿》中。在《朝天录》中有六篇是李庆全在使行途中所写的奏本、状启、帖。除了有个别字不同外，这六篇文本与书状官李民宬个人文集《敬亭集续集》卷4中收录的文本相同。这六篇文本中有四篇时间上连续的状启，主要按照日期的顺序，详细地记述了使行的八个月期间，[①]使臣团的活动及中国的局势。其内容可以与日记体的使行文献相媲美，并因是使臣向朝鲜朝廷汇报的官方报告，故可信性极高。《石楼先生遗稿》中还收录了李庆全个人文集《石楼集》中没有收录的百余首使行诗（朝天诗）。作为珍本的《石楼先祖朝天录》收藏于韩国成均馆大学尊经阁（B161—0018）。李庆全个人文集《石楼集》中并未收录《石楼先祖朝天录》。《朝天录》和《朝天诗》收录在《石楼先生遗稿》之中。《石楼先生遗稿》收录在韩国首尔大学奎章阁所藏的《鹅洲世稿》（古3422‐3‐V.1‐7）中。

副使尹暄（1573—1627），籍贯海平（今韩国庆尚北道龟尾市），字次野，号白沙。万历十八年（1590）状元及第。此后历任户曹佐郎、东莱府使、黄海道观察使、庆尚道观察使、平安道观察使等职。因天启七年（1627）"丁卯虏乱"时失职，被问罪下狱。尹暄留有使行文献《白沙公航海路程日记》。《白沙公航海路程日记》内记载的内容十分简略，仅仅包含使行中日期、天气、当天所行路程里数、到达何处等信息。现在流传下来的《白沙公航海路程日记》共有十六页，其中两页记载自朝鲜宣沙浦至登州的内容；十四页记载了天启四年（1624）三月二日尹暄辞朝离京，经登州乘船回国，天启四年四月四日到达石城岛的内容。简言之，因现流传于世的《白沙公航海路程日记》是使臣完成使行任务离京归国期间所写，故没有特别重要的内容。《白沙公航海路程日记》虽并未收录在尹暄个人文集《白沙集》之中，但因收录在林基中所编的《燕行录全集》15册中，而被世人所广知。收录于《燕行录全集》中的《白沙公航海路程日记》

---

① 指使臣团在来程中到达登州的天启三年（1623）六月二十一日至返程到达登州的天启四年（1624）正月二十八日，这八个月。

封面标题旁边有"家传珍藏"的标记，据此可以推断，此版本应为尹暄后人个人收藏的手抄本。此手抄本并不是善本，而是仅有十六页的残本。

书状官李民宬（1570—1629），籍贯永川（今韩国庆尚北道永川郡），字宽甫，号敬亭，出生于庆尚北道的义城。万历七年（1579）及第，此后历任承政院注书、礼曹佐郎、兵曹佐郎、兵曹正郎、济州点马御史。万历四十五年（1617）得罪权臣，辞官归乡。天启三年（1623）任司宪府掌令。李民宬留有使行文献《癸亥朝天录》《燕槎唱酬集》。据《敬亭集年谱》记载，李民宬在出使明朝返回朝鲜后，即天启四年（1624）五月，按照时间的先后顺序，将使行途中三位正官所作之诗汇编成《燕槎唱酬集》，并将使行途中的经历和见闻汇编成《癸亥朝天录》。在《癸亥朝天录》中，李民宬记载了使行的全过程、途经地的风景及地理概述、参加的各种公务活动和经历的各种事件、同中国官员的正式及非正式的交流、明朝皇帝和明朝朝廷的情况等内容。《癸亥朝天录》还收集了敕书的抄本、中国官员的题本及朝鲜使臣撰写文件的副本等一手资料。此外，《癸亥朝天录》还带有方志的色彩。即，李民宬还客观地记述了使行途经地的地理、沿革、人物、名胜、古迹等内容。使行文献出现方志内容现象的原因在于，自登州至北京的驿道，有横穿孔孟之乡的齐鲁大地，有沿途丰富且历史悠久的人文历史，这些都让朝鲜使臣无比倾心和仰慕。《癸亥朝天录》收录在《敬亭集续集》卷1至卷3中。《燕槎唱酬集》收录在《敬亭集》卷6至卷8中。

天启三年，奏闻（请封）兼辨诬使李庆全一行在北京停留期间，并未取得较为显著的外交成果，故朝鲜国王仁祖派遣冬至圣节兼谢恩使赵濈（书状官任赍之）前往北京，帮助李庆全等人共同完成请封的外交任务。天启三年九月一日，赵濈一行自朝鲜宣沙浦起航，天启四年四月六日，同李庆全一行一同返回朝鲜宣沙浦。

正使赵濈（1568—1631），籍贯丰壤（今韩国京畿道南扬州），字德和，号花川。万历十九年（1591）登科，历任注书、正言、副修撰、典籍、掌令、同副承旨等职。赵濈留有使行文献《癸亥水路朝天录》《燕行酬唱录》《海路使行北京纪行及酬唱录》。《癸亥水路朝天录》是以日记体形式，详细地记录了天启三年（1623）七月二十五日至次年四月二日的使行日期、天气、使行团的各种活动等内容。换言之，《癸亥水路朝天录》事无巨细地记载了从朝鲜境内贡物的准备，自宣沙浦起航到达山东登州、经陆路到达北京沿途的见闻，在北京停留一百二十八天的各种使行活动和生活的内容。

2000 年，韩国新星出版社出版了由崔康贤译注的《癸亥水路朝天录》的韩文译本《朝天日乘》。收录在《燕行录全集》（林基中编）12 册中的《燕行录—云朝天录》为《癸亥水路朝天录》的异本。据2009 年韩国高丽大学民族文化研究院的调查，加州大学伯克利分校图书馆（UC Berkeley Library）收藏有名为《花川赵先生朝天录》的版本。此书共有七十三页，每页有十二行，每行有二十五个汉字。综合来看，此书应为《癸亥水路朝天录》的异本。《癸亥水路朝天录》的韩文译本《朝天日乘》收藏在韩国国立中央图书馆（古 2817 - 13）。2002 年，赵冕熙（赵溦第十四代孙）通过韩国大建文化社（대건문화사）出版了《（韩字）朝天日乘及（汉文）燕行录及酬唱录》和《海路使行北京纪行及酬唱录》。这两本分别是原本影印本和现代韩文译本。在《海路使行北京纪行及酬唱录》一书的序言中提到，《癸亥水路朝天录》和《燕行酬唱录》原为合集，赵溦的后代保留着该合集的手抄本，并一直被历代后人传承。1972 年，花川赵氏的旁系后代赵南权（남권 씨）将该合集翻译为现代韩语，并由赵氏后代赵春燕（춘연 씨）出版。但那次出版并非是将最初的原版本影印刊行，而是将赵氏后人收藏的手抄本影印刊行。在 2002 年版《（韩字）朝天日乘及（汉文）燕行酬唱录》的末尾，还收录了赵溦的十一首北京纪行诗。

为感谢明朝对朝鲜国王的册封，并催促明朝尽快下赐诰命与冕服，天启四年（1624）七月，朝鲜选派谢恩兼奏请使李德泂（副使吴翿，书状官洪翼汉）出使明朝。天启四年八月四日，李德泂一行自朝鲜旋槎浦（宣沙浦）起航，天启五年（1625）四月二日返回朝鲜旋槎浦（宣沙浦）。天启五年六月三日，明朝诏使——太监王敏正、胡良辅到达朝鲜汉阳，颁赐朝鲜国王仁祖诰命与冕服，完成了明朝对朝鲜国王的册封。

正使李德泂（1566—1645），籍贯韩山（今韩国忠清南道舒川郡），字远伯，号竹泉。万历十八年（1590）进士及第，此后历任艺文馆检阅、奉教、吏曹参议、兵曹参判、全罗道观察使、黄海道观察使、汉城府判尹、礼曹判书、领议政等职。李德泂留有使行文献《竹泉行录（슈로됴 뎐녹/됴쳔녹)》《朝天录一云航海日记》。依据现有的研究，严格意义上来说，《竹泉行录》并不是由李德泂撰写，而是李德泂根据许穆（跟随李德泂使行的军官）所留下的记录，用韩字再次创作而成的使行文献。在这一点上，《竹泉行录》有别于其他使行文献。《竹泉行录》分为乾篇和坤篇两部分。乾篇主要记载了使行团自朝鲜至北京的内容；坤篇则主要记述了使臣团在北京历尽万难完成使行任务的过程、在归国后虽受政敌诬陷，但免受刑罚的过程等内容。但现在仅有《竹泉行录》的坤篇存世。此外，《竹泉行录》并非按照日期，毫无遗漏地记述使行过程，而是以突出李德泂经历的苦难、未完成使行任务的努力、取得的功劳等内容为重点，选择性地记述特定日期和特定事件。换言之，《竹泉行录》是带有叙述性文学色彩的特殊使行文献。《朝天录一云航海日记》为《竹泉行录》的汉文译本。《竹泉行录》手抄本由韩国 Hyun-Jo Lee（이현조 씨）个人收藏。《朝天录一云航海日记》收录在李德泂个人文集《竹泉遗稿》中。今流传于世的《竹泉遗稿》为毛笔手抄本①，共有一百六十页，每页有十行，每行有二十字，由韩国 Jun-Yong Shin（신준용씨）个人收藏。

副使吴翻（1592—1634），籍贯海州（今朝鲜黄海南道海州市），字肃羽，号天坡。万历三十八年（1610）进士及第，此后历任礼曹佐郎、从事官、司谏院正言、成均馆直讲、兵曹参知、晋州牧使、同副承旨、黄海道观察使等职。吴翻留有使行文献《朝天诗》。《朝天诗》为吴翻在使行途中所留诗作的汇编。《朝天诗》收录在吴翻个人文集《天坡集》卷2中。《天坡集》共四卷，其中《诗》三

---

　　① 此版本的《竹泉遗稿》在曹圭益撰写的《朝天录一云航海日记（조천록일운항해일기)》论文（［韩国］曹圭益：《韩国文学与艺术》2008 年第 2 辑，韩国崇实大学韩国文学与艺术研究所，第 243—344 页）中全文公开。

卷，《文》一卷。清顺治四年（1647）四月，离任晋州牧使之前，吴翻在晋州刊行了木刻板的《天坡集》。《天坡集》的初刊本现收藏于首尔大学奎章阁（奎5618－V.1－4）、韩国韩国学中央研究院藏书阁（4—6545）、韩国国立中央图书馆（한46－가1550）、延世大学中央图书馆等地。

书状官洪翼汉（1586—1637），籍贯南阳（今韩国京畿道水原市），曾名洪霅，字伯升，号花浦、云翁。万历四十三年（1615）成为生员，历任司书、掌令等职。崇祯九年（1636）"丙子虏乱"时，因强烈反对朝鲜与清和亲，被清军抓去盛京（今沈阳）。面对各种威胁和诱惑，洪翼汉不屈不挠，视死如归，英勇赴义。洪翼汉留有使行文献《花浦先生朝天航海录》。《花浦先生朝天航海录》采用了日记体的形式，记录了天启四年（1624）七月三日自朝鲜旋槎浦（宣沙浦）起航至天启五年（1625）五月五日返回朝鲜期间，朝鲜使臣团每日的见闻。具体而言，《花浦先生朝天航海录》详细地记载了使行途中的风景、路程、驿站、食宿、明朝的局势、明朝官员的百态、停留北京期间的各种使行外交任务、同中国文人的交谈等内容。《花浦先生朝天航海录》共有两卷。其中第一卷的卷首部分记载了洪翼汉受朝鲜朝廷委派，出使明朝的史实。第一卷剩余的部分则是使臣团横渡大海，到达登州，再经陆路到达北京时的记述。第二卷记载了使臣团进入北京，与冬至使权启等人一同参加正朝贺礼；为使明朝朝廷同意册封朝鲜国王，数次向明权臣及官衙呈文；完成使行任务归国后遭司谏院弹劾而被罢免官职等内容。清康熙四十八年（1709），洪翼汉的后代洪禹锡使用朝鲜庆尚北道金陵郡知礼县的公费刊行了木版古本的《花浦先生朝天航海录》（两卷）。此版本还收录了"丙子虏乱"期间洪翼汉（时任平壤庶尹）所写的《西征录》。韩国国立中央图书馆（BA3653－34）等韩国多地均收藏了木版古本的《花浦先生朝天航海录》。

此外，现在还有描绘李德泂一行使行明朝的画集——《燕行图幅》（韩国国立中央博物馆收藏）传世。《燕行图幅》总共由二十五幅图画组成，描绘的场景主要有旋槎浦（原名宣沙浦）、椵岛、石城岛（长山岛）、旅顺口、登州外城、登州城、莱州府、潍县、昌乐县、青州府、长山县、邹平县、章丘县、济南府、济河县、禹城县、平原县、德州、景州、献县、河间府、新城县、涿州、燕京、旋槎浦（宣沙浦）回泊。《航海朝天图》（二十五幅，韩国国立中央博物馆收藏）是18世纪后半期模仿《燕行图幅》所绘之作。《朝天图》（二十五幅，韩国国立中央博物馆收藏）是以《燕行图幅》为蓝本，使用朝鲜实景山水画的笔法，再次创作而成。《梯航胜览帖》（二十五幅，韩国国内个人收藏）是19世纪，以《燕行图幅》为蓝本，使用民间绘画技法，再次创作而成。①

天启四年（1624），朝鲜向明朝派遣冬至兼圣节使权启（书状官金德承）一行。冬至兼圣节使权启一行与谢恩兼奏请使李德泂一行同行。即，天启四年（1624）八月四日，自朝鲜旋槎浦，即宣沙浦起航，天启五年（1625）四月二日返回朝鲜宣沙浦。书状官金德承（1598—1658），籍贯金海（今韩国庆尚南道金海市），字可久，号少痊、巢睫。万历四十五年（1617）进士及第，此后历任承文院副正字、礼曹佐郎、海运判官、献纳、司艺、相礼等职。金德承留有使行文献《天槎大观》。与日记体形式记述的使行文献不同，《天槎大观》按照使行途经地的顺序，模仿方志的体例撰写，这在使行文献中可谓独树一帜。其详细地记载了使行沿途各地的沿革、地理、形胜、古迹、人物等内容。《天槎大观》由图本和图说两部分构成。图本部分为随行画员所绘，描绘了沿途所经城池的景象。图说部分为金德承撰写，主要引用了《明一统志》中的相关内容，并添加了金德承的亲身见闻。但《天槎大观》仅有图说部分传世。《天槎大观》收录在金德承个人文集《少痊公文集》卷2《杂著》中。《少痊公文集》收藏于韩国国立中央图书馆（古3468-10-57）、韩国韩国学中央研究院藏书阁（k4-6174）等地。最近在韩国国内个人收藏的《坐观荒纮帖》中发现疑似"图本"的资料，现在相关学者正在进行对比研究。

天启五年（1625）九月一日，冬至兼圣节使全湜一行自朝鲜宣沙

---

① ［韩国］郑恩主：《明清交替期对明海路使行记录画研究》，《明清史研究》2007年第27辑，韩国明清史学会，第226页。

浦发行，并于次年的四月十五日，返回朝鲜宣沙浦。正使全湜
（1563—1642），籍贯沃川（今韩国忠清北道沃川郡），字净远，号沙
西。万历十七年（1589）司马试（朝鲜时期选拔生员和进士的科考）
及第。万历二十年（1592）壬辰战争时期，募集义兵讨伐倭寇，立下
不少战功。此后，历任江原道察访、礼宾寺直长、礼曹佐郎、全罗道
都事、太仆寺正、兵曹参知、知中枢府事、左议政等职。全湜留有使
行文献《槎行录》《朝天诗（酬唱集）》。《槎行录》是用日记体形
式，记录了自天启五年八月三日起航至天启六年（1626）四月十五日
返回朝鲜的使行过程中的见闻。记载的内容主要有使行的路线、途中
所见之人、当天的天气等。《朝天诗（酬唱集）》是使行途中所作诗
作的合集。全湜在诗题下通常会添加题注（小注）。朝天诗的内容主
要有吟诵沿途的景物、感叹海路使行的艰辛等。《槎行录》收录在全
湜个人文集《沙西集》卷 5 中。《朝天诗（酬唱集）》收录在《沙西
集》卷 1 中。此外，在《沙西集》附录卷 2 中，还有名为《槎行赠
言》的内容。《槎行赠言》是全湜出使明朝前，文臣友人为其创作的
送别诗和送别序文。初刊本《沙西集》收藏在韩国国立中央图书馆
（한 46 - 가 342）、韩国韩国学中央研究院藏书阁（4—6089）、韩国
延世大学中央图书馆等地。此外，《燕行录全集》（林基中编）15 册
中收录的《沙西先生航海朝天日录》与《沙西集》中收录的《槎行
录》皆为异本。除了在天气的标记方面有所不同外，两种异本在其他
内容上并未有较大的不同。

天启六年闰六月二十八日，朝鲜派遣圣节兼陈奏使金尚宪（书状官
金地粹）和冬至使南以雄出使明朝。天启七年（1627）五月十八日，
两行使臣返回朝鲜汉阳。圣节兼陈奏使金尚宪（1570—1652），朝鲜仁
祖、孝宗时期的相臣，籍贯安东（今韩国庆尚北道安东市），字叔度，
号清阴、石室山人、西涧老人。万历十八年（1590）进士及第。此后
历任权知承文院副正字、同副承旨、广州府使、大司宪、礼曹判书等
职。崇祯九年（1636）"丙子虏乱"时，自始至终"斥和主战"，因仁
祖降服于清，愤而辞官归乡。崇祯十二年（1639），因上疏反对清朝要
求朝鲜出兵攻打明朝，金尚宪被押送至盛京（今沈阳）。清顺治二年

（1645），金尚宪被释放后返回朝鲜。此后，官至领议政。金尚宪留有使行文献《朝天录》和《朝天图》。《朝天录》收录了金尚宪在使行途中所创作的诗作以及十四篇祭文、状启、奏文。金尚宪在途经山东济南府时，在明末重臣张延登（1566—1641，山东邹平县人，万历二十年进士及第，历任给事中、太仆寺少卿、大理寺左少卿、太仆寺卿、浙江巡抚、南京都察院右都御史、工部尚书、都察院左都御史等职）和其次子张万选的帮助下，在当地刊行了其《朝天录》。此后，因张延登的孙女婿王士禛（1634—1711，世称王渔洋）在其《感旧集》《渔洋诗话》《池北偶谈》等著作中亦收录了金尚宪的朝天诗，故金尚宪之名在中国文人之间广为知晓。《朝天图》是金尚宪个人文集《清阴集》中的插图，被认定是17世纪所作，描绘了辽东旅顺口一带的场景。《朝天录》收录在金尚宪个人文集《清阴集》卷9中。《朝天图》在韩国国内被个人收藏。

圣节兼陈奏使臣团书状官金地粹（1585—1639），籍贯义城（今韩国庆尚北道义城郡），字去非，号苔川、苔湖、天台山人。万历四十四年（1616）及第，此后历任校书馆校勘、正字、礼曹郎官、兵曹郎官、钟城府使、吏曹判书等职。金地粹留有使行文献《朝天录》。《朝天录》为金地粹途中所作诗作的合集。这些诗作中还有金地粹与正使金尚宪的唱和诗以及两首金地粹同李明汉（字天章，号白州）的唱和诗。《朝天录》收录在金地粹个人文集《苔川集》卷2中。

冬至使南以雄（1575—1648），籍贯宜宁（今韩国庆尚南道宜宁郡），字敌万，号市北。万历三十四年（1606）进士及第，此后历任礼曹佐郎、兵曹佐郎、五卫将、黄海道管饷使等职，官至左议政。天启四年（1624），因平叛朝鲜内乱，战功显赫，被封为"春城君"。南以雄留有使行文献《路程记》。《路程记》收录在南以雄个人文集《市北遗稿》卷4《诗》中。据相关研究，《路程记》并非是南以雄所撰，而是金德承《天槎大观》的异本。

（二）崇祯年间

天启七年（1627）八月，明熹宗驾崩。崇祯元年（1628）二月，朝鲜决定派遣吊问的进香兼陈慰使洪霶（书状官姜善余）、朝贺明思宗即皇帝位的登极使韩汝溭（副使闵圣徽，书状官金尚宾）出使明朝。崇祯元年，进香兼陈慰使洪雾一行先行返回汉阳。崇祯元年十一月，登极使韩汝溵带着崇祯帝所赐敕书返回朝鲜汉阳。在敕书中，崇祯帝要求朝鲜协助明朝攻打后金，并叮嘱朝鲜攻打后金的后方。

登极使臣团副使闵圣徽（1582—1647），籍贯骊兴（今韩国京畿道骊州市），字士尚，号拙堂、用拙。历任行护军、江原道使、宁边判官、江原道观察使、通政、全罗道观察使、户曹判书、刑曹判书。闵圣徽留有使行文献《戊辰朝天别章帖》。《戊辰朝天别章帖》共分天、地、人三卷，由九十四人的九十六首诗构成。[①]《戊辰朝天别章帖》并非是闵圣徽所写，而是朝鲜文臣为闵圣徽饯行所写的送别诗合集。但是其中也收录了闵圣徽与同行正使韩汝溵、书状官金尚宾的次韵诗。此外在天、地、人三部分的篇首还各收录了明末高官庄应会的三篇诗作。《戊辰朝天别章帖》收录的诗作大部分是表达"排金亲明"的思想，以及祝福使臣平安归来。《戊辰朝天别章帖》收藏在韩国庆南大学寺内文库。

崇祯元年三月，朝鲜决定派遣冬至使宋克切（书状官申悦道）出使明朝，但直到当年的七月才成行。在此期间，登莱巡抚孙国祯在向明朝廷上奏的题本中怀疑朝鲜与日本勾结，并担心倭寇尾随朝鲜使臣到达登莱，侵扰登莱地区。故朝鲜还命令冬至使宋克切向明朝解释此事。崇祯二年（1629），宋克切一行带着诏书与敕书，返回朝鲜汉阳。作为惯例，明思宗登极后，要派遣使臣前往朝鲜，当面向朝鲜国王递交登极诏书。但在向崇祯帝陈奏朝鲜艰难的处境后，宋克切直接带着登极诏书返回朝鲜。宋克切所带敕书则为宣告明皇太子出生消息的文书。

冬至使臣团书状官申悦道（1589—1659），籍贯鹅洲（今韩国庆尚南道巨济市），字晋甫，号懒斋。天启四年（1624）及第。此后历任礼

---

① 具体而言，"天"篇由五峰李好闵、象村申钦等三十一人的三十三篇诗作构成；"地"篇由李民宬、崔有海等三十七人的三十八篇诗作组成；"人"篇由芝所黄一皓、家洲李尚质等二十四人的二十五篇诗作构成。此外在天、地、人三部分的篇首还各收录了明末高官庄应会（1598—1656，明末时任礼部主事、郎中）的三篇诗作。故《戊辰朝天别章帖》是由九十四人的九十六篇诗作构成。

曹正郎、正言、掌令等职。申悦道留有使行文献《朝天时闻见事件
启》。此使行文献并未使用一般状启的文体，而是按照日期，记录使行
旅程和天气，并简略记述使行过程中发生的主要事件的日记体使行文
献。因书状官的记录不仅要基于客观事实，还要呈送朝鲜国王御览，故
《朝天时闻见事件启》中并未出现主观性的记述。此外，《朝天时闻见
事件启》中也未包含向朝鲜朝廷呈送的奏文或状启。《朝天时闻见事
件启》收录在申悦道个人文集《懒斋先生文集》卷 3 中。《懒斋先生
文集》收藏在韩国国立中央图书馆（古 3648 - 文 40 - 46）、韩国延
世大学学术信息院（811.98/신열도/나-판）、韩国成均馆大学尊经阁
（D3B - 2753）等处。

崇祯二年（1629），袁崇焕怀疑朝鲜勾结倭寇，纵容后金，并在
登州海域私自进行贸易，遂改定"贡路，由觉华岛"。朝鲜派遣使臣
李忔向明朝解释，以求消除明朝的疑虑。崇祯二年八月十日，进贺兼
谢恩使李忔和冬至使尹安国（书状官郑之羽）自石多山启程前往明
朝。来程途中冬至使尹安国所乘船只沉没，尹安国溺亡。九月十九
日，进贺兼谢恩使李忔与冬至使臣团书状官郑之羽到达觉华岛。崇祯
三年（1630）六月九日，因染痢疾，李忔病逝于北京玉河馆。崇祯三
年七月七日，两行使臣团离京，从觉华岛乘船归国。但在归国途中遭
遇风暴，在万般无奈之下，前往登州避风。十月十八日，两行使臣团
的其他随行人员到达朝鲜甑山郡石多山。

进贺兼谢恩使李忔（1568—1630），籍贯庆州（今韩国庆尚北道
庆州市），字尚中，号雪汀、梧溪。万历十九年（1591）及第。壬辰
战争中，即万历二十五年（1597），倭寇再次入侵朝鲜。因会说中
文，李忔与明将陈愚衷一同在朝鲜蔚山抗击倭寇，立下战功。此后，
历任全罗道都事、宗簿寺正、知制教等职。崇祯三年出使明朝时，病
逝于北京玉河馆。李忔留下使行文献《雪汀先生朝天日记》《朝天
诗》。《雪汀先生朝天日记》由三卷构成，前两卷为雪汀李忔所写，
记录了崇祯二年（1629）七月八日至崇祯三年（1630）六月八日
（即，李忔在北京玉河馆内病逝之前）的使行内容；第三卷是在李忔
病逝后，由随行的制述官李长培补记而成，记载了自崇祯三年六月九
日李忔病逝，至崇祯三年十月十八日使行团返回朝鲜期间的内容。

《朝天诗》并未单独汇集成册刊行，散见于李忔个人文集《雪汀集》卷1至卷3之中。作为别集的李忔《朝天日记》为李忔后代所珍藏，1899年刊行，为世人所知。《雪汀先生朝天日记》收藏于韩国国立中央图书馆（古3653-12）、韩国成均馆大学尊经阁（B16I-0003a）等地。

在处死毛文龙后，辽东经略袁崇焕向朝鲜送去咨文，要求朝鲜派兵共同征讨后金。崇祯二年八月，朝鲜决定派遣使臣同袁崇焕共商讨伐后金之事。崇祯二年九月，赍咨使崔有海一行乘船驶离朝鲜，前往觉华岛。途中遭遇风暴，前往登州避风。在到达登州后，崔有海得知因朋党之争，辽东经略袁崇焕辞官，故不能面见袁崇焕完成使行任务。崔有海只能长时间地滞留在登州，等待朝鲜国王新的旨令。崇祯三年七月，自登州起航归国。

赍咨使崔有海（1588—1641），籍贯海州（今朝鲜黄海南道海州市），字大容，号默守堂。历任平安道评事、安边府使、咸镜道管饷使、杨州牧使、副修撰、同副承旨等职。在担任安边府使兼咸镜道管饷使期间，崔有海曾负责向驻扎在椵岛的明军毛文龙部供应粮草。崔有海留有使行文献《东槎录》。《东槎录》共两卷。卷一收录了一百二十一篇诗作。这其中有崔有海在双岛与八溪下献，在登州与晴川吴大斌、瞻斗王述善、宋献等人的酬唱诗。卷2中有七篇文章作为附录，这七篇文章主要是申翊圣、金尚宪、李明汉等人在赏阅《东槎录》后撰写的《书崔学士东槎录后》《答崔大容书》《答崔校理书》等跋文或书信。但《朝鲜崔进士遗稿题辞》与《读杨浦遗稿》则是明朝人士在赏读崔有海父亲的文集《杨浦遗藁》所写的跋文。《东槎录》是作为附录，收录于崔有海个人文集《默守堂集》中。《默守堂集》收藏于韩国国立中央图书馆（BC古朝46-가1107）、首尔大学奎章阁韩国学研究院（3428—179）等地。

崇祯二年（1629）十月，明朝京师被后金围困。此消息在崇祯三年（1630）正月十八日才传到朝鲜。朝鲜随即决定派遣陈慰使郑斗源（书状官李志贱）前往明朝陈慰，并打算向明朝进献兵器。此外，陈慰使郑斗源还担负着向明朝请奏将觉华岛路线变更为登州路线以及朝贺明朝册封皇太子的使行任务。崇祯三年（1630）八月，陈慰使郑斗源与冬至使高用厚（书状官罗宣素）两行使臣自朝鲜石多山起航，九月二十日到达登州。崇祯四年（1631）四月十二日，陈慰使郑斗源与冬至使高用厚两行使臣一起离开北京玉河馆，六月二十四日抵达朝鲜石多山。

陈慰使郑斗源（1581—?），籍贯光州（今韩国光州广域市），字丁叔，号壶亭。万历四十年（1612）进士及第。官至知中枢府事。郑斗源留有使行文献《朝天记地图》。《朝天记地图》与日记体的使行文献不同，与金德承的《天槎大观》相类似，主要记载了使行沿途各地的人文地理信息，并添加了郑斗源在途中的见闻等内容。《天槎大观》写成的时间要比《朝天记地图》早六年，故郑斗源在撰写《朝天记地图》时，参照《天槎大观》的可能性很大。换言之，《天槎大观》参考了《明一统志》，郑斗源参考了《天槎大观》和《明一统志》的内容，结合使行的实际体验，完成了《朝天记地图》。《朝天记地图》在记录使行沿途府县时，分为两部分。其一为当地的境域缩略图（使用白描的手法，以城池为中心，在相应的方位标示当地知名的山川等地理信息）。其二为所经地的方志性信息（如沿革、境域、城池、山川、名胜、庙宇、官职、任务等）。进一步而言，《朝天记地图》恐参照了明代地方志的体例。韩国成均馆大学尊经阁收藏有名为《朝天记附图》的《朝天记地图》异本。郑斗源的个人文集《壶亭集》中未收录《朝天记地图》。

冬至使高用厚（1577—?），籍贯长兴（今韩国全罗南道长兴郡），字善行，号晴沙。万历三十三年（1605）进士及第，官至判决事。高用厚留有使行文献《朝天录》。《朝天录》收录了高用厚在使行途中创作的三十首诗。《朝天录》收录在高用厚个人文集《晴沙集》卷1《诗》部分的附录中。

根据本节的论述，明末朝鲜使臣海路（登州路线）使行文献目录列表如下（表0-2）。

表0—2　明末朝鲜使臣海路（登州路线）使行文献目录①

序号	使行文献名称	作者及其使行时职位	文献目录	使行时间	使行名称	简介与版本
1	《驾海朝天录》	安璥（1564—?），字伯温，号芹田。书状官	一	明天启元年（1621）5月至天启二年（1622）十一月	谢恩冬至圣节	朝鲜时期最早的海路使行文献（《朝天录》）。美国哈佛大学燕京图书馆藏有孤本（TK3051—5483）
2	《海槎朝天日录》	吴允谦（1559—1636），字汝益，号楸滩、土塘。正使	《楸滩集》	明天启二年（1622）四月至天启二年（1622）十月	登极	《海槎朝天日录》原名《楸滩东槎朝天日录》。《楸滩集》收藏于韩国国内许多地方
3	《朝天诗》		—		登极	
4	《石楼先祖朝天录》	李庆全（1567—1644），字仲集，号石楼。正使	—			作为珍本的《石楼先祖朝天录》收藏于韩国成均馆大学尊经阁（B161—0018），但李庆全个人文集《石楼集》中并未收录《石楼先祖朝天录》
5	《朝天录》		《石楼先生遗稿》	明天启三年（1623）五月至天启四年（1624）四月	奏闻（请封）辨诬	《石楼先生遗稿》收录在韩国首尔大学奎章阁所藏的《鹅洲世稿》（古3422—3—v.1—7，前7卷）中
6	《朝天诗》		—			
7	《白沙公航海路程日记》	尹暄（1573—1627），字次野，号白沙。副使	《燕行录续集》（林基中编）15册			《白沙公航海路程日记》应为尹暄朝鲜后人个人收藏的手抄本，是仅有十六页的残本
8	《癸亥朝天录》	李民宬（1570—1629），号敬亭，字宽甫。书状官	《敬亭集续集》卷1—卷3			李民宬在出使明朝返回朝鲜后，按照时间正位官三位使臣所作之后顺序，将使行途中使臣因三位使臣唱酬之诗汇编成《燕槎唱酬集》并将使行途中的经历见闻汇编成《癸亥朝天录》
9	《燕槎唱酬集》		《敬亭集》卷6—卷8			

① 虽然无法确定具体的作者，也未在此表中出现，但《朝天图》（韩国陆军博物馆藏）中描绘了海路使行中的景象，故也将其纳入本书的研究范围。

续表

序号	使行文献名称	作者及其使行时职位	文献目录	使行时间	使行名称	简介与版本
10	《癸亥水路朝天录》		—			2000 年，韩国新星出版社出版了由崔康贤译注的《癸亥水路朝天录》
11	《燕行录—云朝天录》		《燕行录全集》（林基中编）12 册			《燕行录—云朝天录》为《癸亥水路朝天录》的异本
12	《花川先生朝天录》		—			《花川先生朝天录》收藏于美国加州大学伯克利分校图书馆（UC Berkeley Library）。此文献应为《癸亥水路朝天录》的异本
13	《朝天日乘》	赵濈（1568—1631），字德和，号花川。正使	《（韩字）朝天日乘及（汉文）燕行录及酬唱录》（赵濈）	明天启三年九月至天启四年四月（1623）至（1624）	冬至 圣节 谢恩	《朝天日乘》为《癸亥水路朝天录》的韩文译本，收藏在韩国国立中央图书馆（古 2817-13）
14	《燕行酬唱录》		《（韩字）朝天日乘及（汉文）燕行录及酬唱录》（赵濈）			在 2002 年版的《（韩文）朝天录》的末尾，还收录了赵濈燕行录酬唱录的十一首纪行诗
15	《（韩字）朝天日乘及（汉文）燕行录及酬唱录》		—			2002 年，赵濈第十四代孙赵冕熙通过韩国大建文化社出版的影印本
16	《海路使行北京纪行及酬唱录》		—			2002 年，赵濈第十四代孙赵冕熙通过韩国大建文化社出版的现代韩文译本

续表

序号	使行文献名称	作者及其使行时职位	文献目录	使行时间	使行名称	简介与版本
17	《竹泉行录》(죽쳔횡녹一죽쳔힝녹)	李德洞(1566—1645), 字远伯, 号竹泉。正使	—			《竹泉行录》手抄本版由韩国 Hyun-Jo Lee(이죠씨)个人收藏。《竹泉行录》严格意义上来说, 而不是由李德洞撰写, 而是李德洞根据许穆(跟随李德洞使行的军官)所留下的记录用韩字再次创作而成的使行文献
18	《朝天录一航海日记》		《竹泉遗稿》	明天启四年(1624)七月至天启五年(1625)四月	谢恩奏请	《竹泉行录》的汉文译本, 由韩国 Jun-Yong Shin(신쥰용)个人收藏。此版本的《竹泉遗稿》在曹圭益撰写的《朝天录一云航海日记》论文中全文公开
19	《朝天诗》	吴翿(1592—1634), 字肃羽, 号天坡。副使	《天坡集》卷2			《天坡集》的初刊本现收藏于首尔大学奎章阁(奎5618-v.1-4), 韩国韩国学中央研究院藏书阁(4-6545), 韩国国立中央图书馆(古46-가1550), 延世大学中央图书馆等等地
20	《花浦先生朝天航海录》	洪翼汉(1586—1637), 曾名洪霬, 字伯升, 号花浦, 云翁。书状官	—			韩国国立中央图书馆(BA3653-34)等韩国多地均收藏了木版古本的《花浦先生朝天航海录》
21	《燕行图幅》	未详	—	—	—	描绘李德洞一行使行明朝的画集。韩国国立中央博物馆收藏
22	《航海朝天图》	未详	—	—	—	18世纪后半期, 模仿《燕行图幅》的所绘之作。韩国国立中央博物馆收藏

续表

序号	使行文献名称	作者及其使行时职位	文献目录	使行时间	使行名称	简介与版本
23	《朝天图》	未详	—	—	—	以《燕行图幅》为蓝本，使用朝鲜实景山水画的笔法，再次创作的画作。韩国国立中央博物馆收藏
24	《梯航胜览帖》	未详	—	—	—	19世纪，以《燕行图幅》为蓝本，使用民间绘画的技法，再次创作而成。韩国国内个人收藏
25	《天槎大观》	金德承（1598—1658），字可久，号少棱，集睫。书状官	《少棱公文集》卷2	明天启四年（1624）八月至天启五年（1625）四月	冬至圣节	《天槎大观》的图本和图说两部分中，仅有图说部分传世。《少棱公文集》收藏于韩国国立中央图书馆（古3648-10-57）、韩国韩国学中央研究院藏书阁（K4-6174）等地
26	《槎行录》	全湜（1563—1642），字净远，号沙西。正使	《沙西集》卷5	明天启五年（1625）八月至天启六年（1626）四月	冬至圣节	初刊本版的《沙西集》收藏在韩国国立中央图书馆（刮46-342）、韩国韩国学中央研究院藏书阁（4-6089）、韩国延世大学中央图书馆等地
27	《朝天诗（酬唱集）》		《沙西集》卷1			
28	《朝天录》	金尚宪（1570—1652），字叔度，号清阴，石室山人、西涧老人。正使	《清阴集》卷9	明天启六年（1626）闰六月至天启七年（1627）五月	圣节陈奏	—
29	《朝天图》		《清阴集》			韩国国内个人收藏
30	《朝天录》	金地粹（1585—1639），字去非，号苔川，苔湖、天台山人。书状官	《苔川集》卷2			—

续表

序号	使行文献名称	作者及其使行时职位	文献目录	使行时间	使行名称	简介与版本
31	《路程记》	南以雄（1575—1648），字敌万，号市北。正使	《市北遗稿》卷4	明天启六年（1626）六月至天启七年（1627）五月	冬至	《路程记》并非是南以雄所撰，而是金德承《天槎大观》的异本
32	《戊辰朝天别章帖》	闵圣徽（1582—1647），字士尚，号拙堂。用拙，副使	—	明崇祯元年（1628）三月左右至崇祯元年（1628）九至十一月	登极	收藏于韩国庆南大学等内文库内
33	《朝天时闻见事件启》	申悦道（1589—1659），字晋甫，号懒斋。书状官	《懒斋先生文集》卷3	明崇祯元年（1628）七月至崇祯二年（1629）五月	冬至圣节辩诬	《懒斋先生文集》收藏在韩国国立中央图书馆（古3648-文40-46）、韩国延世大学学术信息院（811.98/신요/나-66）、韩国成均馆大学尊经阁（D3B-2753）等处
34	《雪汀先生朝天日记》	李忔（1568—1630），字尚中，号雪汀，梧溪。正使	—	明崇祯二年（1629）八月至崇祯三年（1630）十月	进贺谢恩辩诬	收藏于韩国国立中央图书馆（古3653-12）、韩国成均馆大学尊经阁（B161-0003a）等地
35	《朝天诗》		《雪汀集》卷1至卷3			—
36	《东槎录》	崔有海（1587—1640），字大容，号默守堂	《默守堂集》	明崇祯二年（1629）九月至崇祯三年（1630）七月	赍咨	《默守堂集》收藏于韩国国立中央图书馆（BC古朝46-가1107）、首尔大学奎章阁韩国学研究院（3428-179）等地

续表

序号	使行文献名称	作者及其使行时职位	文献目录	使行时间	使行名称	简介与版本
37	《朝天记地图》	郑斗源（1581—?），字丁叔，号壶亭。正使	—	明崇祯三年（1630）八月至崇祯四年（1631）六月	陈慰奏请进贺	韩国成均馆大学尊经阁收藏有名为《朝天记地图附图》。此文献为《朝天记地图》的异本
38	《朝天录》	高用厚（1577—?），字善行，号晴沙。正使	《晴沙集》卷1	明崇祯三年（1630）八月至崇祯四年（1631）六月	冬至	—

五　研究文献目录及版本

如上所述，明末朝鲜使臣的海上使行路线分为两条。一条是登州路线，一条是觉华岛路线。登州路线是朝鲜使臣自朝鲜起航，经辽东半岛的东端后，折向西南，穿越庙岛群岛到达登州，再经由陆路到达北京。觉华岛路线是朝鲜使臣自朝鲜起航，经辽东半岛的东端后，向东北，沿渤海湾，直接航行到宁远卫的觉华岛，再由陆路，经山海关到达北京。从人文地理学的角度来看，觉华岛路线可供考察研究的内容并不是很多。反之，登州路线途经"孔孟之乡"的山东地区，即儒家文化不断传承之地，且沿途多有著名的历史古迹和优美的自然风景。这对于自幼受儒家文化熏陶、熟读四书五经及熟知中国历史的朝鲜使臣而言，有着巨大的吸引力。换言之，从人文地理角度来看，登州路线可供研究的内容很多，故本书仅讨论登州路线，且以明末朝鲜海路使行文献中出现"到泊登州"或"自登州起航"等内容的文本为研究范围。在涉及登州路线的使行文献中也包含着特殊情况，如《雪汀先生朝天日记》和《东槎录》。崇祯二年（1629）陈贺兼谢恩使李忔一行基本上是利用了觉华岛路线，但在使臣团自觉华岛乘船归国途中，遭遇风暴，不得已前往登州避风。在《雪汀先生朝天日记》中也出现了有关登州的记载，故也将其纳入研究范围之中。此外，崇祯二年九月，赍咨使崔有海一行原本计划前往觉华岛，但因途中遭遇台风，前往登州避风，并因使行任务取消，在登州停留了一段时间后，自登州港乘船归国。故崔有海亦在《东槎录》中留下了许多关于登州的记载，本书也将其纳入研究范围。综前所述，本书参照的使行文献及版本目录列表如下（表0-3）。

表0-3　本书参照的使行文献及版本目录

序号	使行文献名称	版本	使行文献作者	官职	到达登州的时间	离开登州的时间	使行原因
1	《驾海朝天录》	美国哈佛大学燕京图书馆藏本	安璥	书状官	明天启元年（朝鲜光海十三年，1621）六月十九日	明天启元年（朝鲜光海十三年，1621）十月九日	谢恩 冬至 圣节
2	《海槎朝天日录》	韩国首尔大学奎章阁藏本	吴允谦	正使	明天启二年（朝鲜光海十四年，1622）五月二十五日	明天启二年（朝鲜光海十四年，1622）十月三日	登极
3	《朝天诗》	韩国首尔大学奎章阁藏本					
4	《石楼先祖朝天录》	韩国成均馆大学尊经阁藏本					
5	《朝天录》	韩国首尔大学奎章阁藏本	李庆全	正使	明天启三年（朝鲜仁祖元年，1623）六月十三日	明天启四年（朝鲜仁祖二年，1624）三月二十五日	奏闻（请封）辨诬
6	《朝天诗》	《燕行录全集》（林基中编）15册					
7	《白沙公航海路程日记》	韩国首尔大学奎章阁藏本	尹暄	副使			
8	《癸亥朝天录》	韩国首尔大学奎章阁藏本	李民宬	书状官			
9	《燕槎唱酬集》						
10	《燕行录一云朝天录》	《燕行录全集》（林基中编）12册					
11	《燕行酬唱录》	《（韩字）朝天日乘及（汉文）燕行录及酬唱录》2002年刊行本	赵濈	正使	明天启三年（朝鲜仁祖元年，1623）九月二十六日	明天启四年（朝鲜仁祖二年，1624）三月二十五日	冬至 圣节 谢恩
12	《海路使行北京纪行及酬唱录》	《海路使行北京纪行及酬唱录》2002年刊行本					

续表

序号	使行文献名称	版本	使行文献作者	官职	到达登州的时间	离开登州的时间	使行原因
13	《朝天录—云航海日记》	（韩）曹圭益:《朝天录—云航海日记》,《韩国文学与艺术》2008年第2辑,韩国崇实大学韩国文学与艺术研究所,第251-344页	李德泂	正使	明天启四年（朝鲜仁祖二年，1624）八月二十三日	明天启五年（朝鲜仁祖三年，1625）三月二十日	
14	《朝天诗》	韩国韩国学中央研究院藏书阁藏本	吴翿	副使			谢恩奏请
15	《花浦先生朝天航海录》	韩国国立中央图书馆藏本	洪翼汉	书状官			
16	《燕行图幅》	韩国国立中央博物馆藏本	未详	—	—	—	
17	《航海朝天图》	韩国国立中央博物馆藏本	未详	—	—	—	
18	《朝天图》	韩国国立中央博物馆藏本	未详	—	—	—	
19	《槎行大观》	韩国国立中央图书馆藏本	金德承	书状官	明天启四年（朝鲜仁祖二年，1624）八月二十三日	明天启五年（朝鲜仁祖三年，1625）三月二十日	冬至圣节
20	《槎行录》	韩国韩国学中央研究院藏书阁藏本	全湜	正使	明天启五年（朝鲜仁祖三年，1625）九月一日	明天启六年（朝鲜仁祖四年，1626）三月二十七日	冬至圣节
21	《朝天诗（酬唱集）》						

续表

序号	使行文献名称	版本	使行文献作者	官职	到达登州的时间	离开登州的时间	使行原因
22	《朝天录》	韩国国立中央图书馆藏本	金尚宪	正使	明天启六年（朝鲜仁祖四年，1626）八月一六日左右①	明天启七年（朝鲜仁祖五年，1627）四月十三日②	圣节 陈奏
23	《朝天录》	韩国韩国学中央研究院藏书阁藏本	金地粹	书状官			
24	《路程记》	韩国首尔大学奎章阁藏本	南以雄	正使			冬至
25③	《戊辰朝天别章帖》	韩国庆南大学寺内文库藏本版	闵圣徽	副使	明崇祯元年（朝鲜仁祖六年，1628）五月左右	明崇祯元年（朝鲜仁祖六年，1628）十月左右	登极
26	《朝天时闻见事件启》	韩国国立中央图书馆藏本	申悦道	书状官	明崇祯元年（朝鲜仁祖六年，1628）九月十日	明崇祯二年（朝鲜仁祖七年，1629）闰四月七日	冬至 圣节 辩诬
27	《雪汀先生朝天日记》	韩国国立中央图书馆藏本	李忔	正使	明崇祯三年（朝鲜仁祖八年，1630）九月三日	明崇祯三年（朝鲜仁祖八年，1630）十月三日	进贺 谢恩 辩诬
28	《朝天诗》						
29	《东楼录》	韩国国立中央图书馆藏本	崔有海	一	明崇祯二年（朝鲜仁祖七年，1629）十一月左右	明崇祯三年（朝鲜仁祖八年，1630）六月左右	赍咨

① 《朝天录》中收录了天启六年（1626）八月十五日，金尚宪所写的《八月十五日，登庙岛城楼玩月，次春城韵》一诗。一般情况下，如无特别的公事或天气等原因，朝鲜使臣应会在当日或改日抵达登州。据此文推断，金尚宪乘船自登州前祭祀海神的时间是天启七年（1627）四月十三日。

② 《朝天录》中收录了金尚宪所作的《祭海神文》。相关内容将在后文详述。

③ 本表的第25条（闵圣徽）与29条（崔有海）中，朝鲜使臣到达登州和驶离登州的时间在史料中并未有明确的记载，此表中的时间为笔者依据使行文献推测的时间。

续表

序号	使行文献名称	版本	使行文献作者	官职	到达登州的时间	离开登州的时间	使行原因
30	《朝天记地图》	韩国成均馆大学尊经阁藏本	郑斗源	正使	明崇祯三年（朝鲜仁祖八年，1630）九月二十日	明崇祯四年—朝鲜仁祖九年（1631）五月至六月左右①	陈慰奏请进贺
31	《朝天录》	韩国首尔大学奎章阁藏本	高用厚	正使			冬至

① 史料中并未有可以确定具体日期的记录，此时间为笔者推测的时间。

六　研究内容与方法

如前文简述，本书的研究对象为明末朝鲜使臣的登州海路使行文献。本书的研究目的是，在考证并重构朝鲜使臣登州海路使行路线的基础之上，从人文地理学角度出发，通过分析使行文献记载的诗歌、公文、日记等文本，整体观照朝鲜使臣的外交活动、朝鲜使臣同中国文人的文化交流活动、朝鲜使臣视域中的明末中国社会、朝鲜使臣的内心世界及对明认识等内容。因摆脱了单纯地将使行文献看作文学作品和考证史料的局限，在现在的地理空间中，用人文学的观点重新审视使行文献，这样的研究能更为真实地还原明末朝鲜使臣的使行活动以及使行文献中记载的明末中国的文化、艺术、社会、经济、政治等诸方面的内容。这样的研究不仅拓宽了以往学界对使行文献的研究范围，还可以广泛地应用到艺术学、文化学、社会学、政治学、外交学、民俗学等领域。此外，本研究也可以广泛地应用在文化产业等实用性领域，即在当今时空中所还原的《朝天录》文本亦可用于新旅游景区的开发或成为电影、电视剧、纪录片、小说、游戏等的素材。

为此，本书将以表0-3中整理罗列的二十位朝鲜使臣的三十余种使行文献为研究对象，利用如下方法进行研究。第一，从各使行文献中提取朝鲜使臣使行的各途经地名称，把握其详细的使行路线。通过对使行文献中出现地名的初步整理，可以大致掌握明末朝鲜使臣在海路使行途中登州境域内的途经地。第二，因各朝鲜使臣对相同的途经地有不同名称的记载、相同地名的记述出现在不同的境域、个别朝鲜使臣利用了不同的陆路使行路线（登州至北京区间）等情况较为多见，故本书参照了中国历代地理志、各时期的方志和韩国《朝鲜王朝实录》《承政院日记》《通文馆志》等史料，考证使行途经地的历史变迁过程。虽然通过这样的考证，可以较为全面地了解使行经由地的现代地理位置，但也会出现难以确定情况。第三，通过田野调查，把握途经地的地理现状，考察并记录朝鲜使臣所言及的历史古迹和自然风景，采访各地的文史研究人员及当地居民，以此来对比确定和补充文献中缺失的内容，并最终准确地还原并重构朝鲜使臣的使行路线。在此基础之上，最终完成表1《明末朝鲜使臣海路使行登州府境内途经地地名变化》。第四，以人文地理学的视角，按照使行途经地的顺序，依据使行文献中与之相关的诗、文章、公文、日记、图片等文本，解析明末中国当地风俗和生活场景、明末中国的局势、朝鲜使臣外交活动的真实场景、朝鲜使臣与中国文人的交流活动、朝鲜使臣的内心世界及对中国的认识等方面的内容并阐述其意义。

第一章　黄城岛至庙岛[*]

在登州府黄城岛至庙岛段的行程中，使行文献中记载的主要途经地名依次是黄城岛（皇城岛、皇城、黄城），鼍矶岛（舵矶岛、鼍矶、舵矶岛、龟矶屿、鼍机、鼍机岛），真珠门（珍珠门），庙岛（沙门岛、沙门）。

第一节　黄城岛^①

一　黑水海^②

关于朝鲜使臣到达登州府黄城岛前的地点，明末海路使行文献中的记载并不一致。例如，安璥、李德泂、郑斗源等使臣团是从旅顺口附近的铁山嘴（今辽宁省大连市老铁山）、龙王堂（今辽宁省大连市龙王塘）出发；吴允谦一行则是由西獐子岛出发；李民宬、赵澥、申悦道等使臣团则是由平岛（今辽宁省大连市小平岛）出发，驶往黄城岛。据《通文馆志》记载，^③自朝鲜宣川宣沙浦发船，至辽东铁山椴岛六十里……至平岛二百里，登州黄城岛一千里。换言之，当时的海上航线应是途经辽东（金州）的平岛后，向西南横渡渤海湾，到达登州府黄城岛。因当时辽东时局动荡，且此段海路水深浪高，时常浓雾笼罩，难以辨别方向，故出现了从不同地点驶往黄城岛的记载。但不论怎样，朝鲜使臣都要途经辽

---

　　* 本书一级标题中的地理划分以明泰昌《登州府志》与使行文献的相关记载为依据。二级及以下标题中出现的地名皆出自使行文献。

　　① 使行文献中亦记载为皇城岛、皇城、黄城。

　　② 使行文献中亦记载为黄城洋、千里海、黄域、黄城之海、皇城大洋、黑海。

　　③ 参见《通文馆志》卷3，《事大（上）·海路路程》，朝鲜古书刊行会大正二年（1913）刊本，第58页。

东东南的黄海后，转向西南，横渡渤海，进入山东登州府境内。

> 辛酉以后，自宣川宣沙浦发船，至铁山椴岛六十里，车牛岛一百四十里，鹿岛五百里，自此属辽界。石城岛六百里，长山岛三百里，广鹿岛二百里，三山岛二百八十里，平岛二百里，黄城岛一千里，鼍矶岛二百里，庙岛二百里，登州八十里，以上海路三千七百六十里。
>
> ——金德承《天槎大观·前后航海路程》①
>
> 自三山抵黄城岛一千九百里……三山以后，水面严黑，波峰壮盛，吼怒雄声，震动如雷。黄城之海垂百九十把长绳，亦不着底，难以下锚。
>
> ——金德承《天槎大观·海岛》

诗一为金德承关于当时海路航线的记载。即，自辽东的平岛至登州府的黄城岛海路距离为一千里。三山，即三山岛，位于宁海县（金州）南，由北三山、中三山、南三山组成。明末辽东将领毛文龙称，三山岛为"可以入旅顺者，登、莱、朝鲜水路津要也"②。除了战略位置险要的特点以外，三山岛西南至黄城岛的海道也异常凶险。如诗二中描述，三山岛西南海域为深海海域，水面颜色呈深黑色，目视难以见底。此海域风高浪涌，涛声震天。进入"黄城岛"，即黄城岛海域的过往船只如若停泊，也因海水深度极大，难以下锚。黄城岛古称乌湖岛，此海域称为乌湖海。③ 除此记载外，登州、蓬莱等相关方志中，对此鲜有记述。通过朝鲜使臣的记载，④ 可知明朝人称其为千里海或黑海，朝鲜使臣亦称其为黑水海。

---

① 《前后航海路程》是后人在刊行《天槎大观》时，参照《通文馆点》相关记载，补充添加的内容（［韩国］李圣炯：《〈天槎大观〉的〈大明一统志〉接受考察》，《汉文古典研究》2016 年第 33 辑，韩国汉文古典学会，第 313 页）。此外，本书引用的使行文献原文皆引自表 0－3《本书参照的使行文献及版本目录》中所列文献，且因使行文献大多为日记体形式，时间较为明确，为避免重复，后文中仅标示所引内容的作者及出处，不标注文献的版本及页码信息。

② 《读史方舆纪要》卷 37《山东八》，中华书局 2005 年点校本，第 1719 页。

③ 《读史方舆纪要》卷 36《山东七》，中华书局 2005 年点校本，第 1684 页。

④ "皇城岛属登州，可泊船。华人称为千里海，其色深黑，或称黑海。"（［朝鲜］郑斗源：《朝天记地图》，韩国成均馆大学尊经阁藏本）

　　（八月）二十二日，甲辰，晴。转头旅顺，瞥眼皇城，白月才沈，红旭欲腾。洎明环视，诸船尽后矣。飞波蹴送，疾风驾来，点点诸岛，午前忽后。凡所经过，殊不暇目撩耳谋。而广鹿以后，海色或紫或黄、或黝黑或深青，使舟人约绳以百余尺，终不可测。

　　　　　　　　　　　　　　——洪翼汉《花浦先生朝天航海录》

　　上文是天启四年（1624）八月二十二日，洪翼汉在来程中关于黑水海的记载。黄城，即黄城岛。洪翼汉所乘的船只自平岛向西南方向的黄城岛出发，在日出时，转向西，途经旅顺口后，再向西南航行到达黄城岛。在此途中，因顺风，船只极速如飞，"点点诸岛，午前忽后"，使人目不暇接。船只进入黄城岛海域后，海水的颜色由浅变深。洪翼汉命船夫下绳以探海深，但垂下百余尺的绳子也难以触底。

图1-1　朝鲜使臣笔下的《旅顺口》①

---

　　① ［朝鲜］《航海朝天图》，韩国国立中央博物馆藏本。

所谓黑水海者，乃齐北海下流，古称渤海者也。无风自浪，亦
虽渡涉，况当九秋。天风从北而来，掀天振海、雪浪山堆者乎？
——赵濈《燕行录一云朝天录》

赵濈认为黄城岛海域，即黑水海，为齐北海的下流，古代所称的渤
海。在无风的情况下，黑水海海域会有海浪，更不要说在九月的深秋。
北风狂吹，海浪滔天，海面上掀起如山丘般的巨浪。从广义上来说，赵
濈所说的黑水海为今老铁山水道。老铁山水道与周围海域的海底地形有
着明显的区别，黄城岛附近海域最深处超过 70 米。[①] 此外，因地处渤
海和黄海，辽东半岛和山东半岛的交界处，季风从大陆吹向黄海时，无
疑会使老铁山水道的海情变得极为凶险复杂。明天启元年（1621），因

图 1-2　自今北隍城岛北山顶遥望辽宁老铁山
（明末称为铁山嘴）和老铁山水道[②]

---

① 蔡锋：《中国近海海洋》，海洋出版社 2013 年版，第 55 页。
② 本书使用照片，如无特殊说明，均为本书研究团队拍摄。

后金占领辽阳，阻绝了明、朝间的陆路往来通道，通过陆路到达北京的朝鲜使臣，自海路返回朝鲜，因"未谙海事，行至铁山嘴，例多败没。使臣康昱、书状官郑应斗等，亦相继溺死"①。此外，天启元年（1621），明朝使臣翰林院编修刘鸿训和礼科都给事中杨道寅诏往朝鲜，归途阻绝，朝鲜遂造船只，派遣兵卫护送，同时派遣陈慰和进谢使臣团随明朝使臣一同前往明朝。中朝使臣团船队"至海口遇风，臣与陪臣舟没者九只，正使则越泊铁山，舟覆几溺，至旅顺方得易舟，因退泊平岛，以俟风霁"②，"刘天使仅以身免，唐人溺水，死者不知其数"③。在航海技术相对落后的当时，此千里海道对乘坐木船往来登州的朝鲜使臣而言，不啻为一次次生死考验。

　　（九月）二十五日，壬子，晴。……船之疾驰，如跃如涌。船到黑水海，掀天大浪，荡滃澎湃。一浪之来，船疑上天；一浪之去，船疑入地。……吾见他船，神悚魄夺；他船之见吾船者，亦必如此。望见船头，风浪接天，虑其船到此浪必致覆没；而船之才到，便则驾浪而高骧。所驾之浪，便从船尾而去；则船头倏然低走，如飞鸟下田之形。此时疑其入地，而前浪又来，则船又高出。必败之道在于顷刻，而毕竟不致覆没者。……不致覆没者，亦天意也。

　　　　　　　　　　　　——赵溅《燕行录—云朝天录》

　　（三月）二十六日，庚辰，晴，夕阴，晓有顺风。各船至黄城岛下，日已午矣，风势缓矣。……恐有中路逢风之患，而亦没奈何，仕所如缓缓前进。……昏黑之夜，风亦渐歇。中流大洋，所恃者天，仰看明星，俯窥灵龟，明烛危坐，思量万端，未知船行几许。此时，别无悭生惜死之心，恍然如游广漠之野。座下一板之外、左右一板外，都是万丈深渊。蛟龙鱼鳖之窟、汹涌澎湃之上，寄此一身于茫茫之中，若妄用心虑，不能忍耐，则不投水而没，则

① 《朝鲜王朝实录·光海君日记》卷56，光海君十三年四月十三日。

② 《明实录·明熹宗实录》卷12，《天启元年七月庚戌》，台湾"中研院"历史语言研究所1962年校印版，第598—600页。

③ 《朝鲜王朝实录·光海君日记》卷56，光海君十三年六月二十五日。

必发狂疾矣。已到十分危地，还似坦坦平途也。

——赵溦《燕行录—云朝天录》

上文分别是赵溦在来程和归程的记载。此记载如实地再现了使臣团途经黄城岛海域，即黑水海时，所遭遇风浪的场景及使臣内心的无助。在平安到达北京，暂住玉河馆时，赵溦仍对横渡黄城岛海域的经历万分感叹。

除夕：以"一年将尽夜万里未归人"分韵呈东关求教七①

水阔天长路不尽，愁看岛屿相菌蠢。

十生九死渡黄域，喜泪先干方一哂。

此诗是天启三年（1623）除夕，赵溦在北京玉河馆内与其他朝鲜使臣的唱和之一。因天启三年，册封奏请使臣团在北京停留时暂住玉河馆东关，② 故诗中的"东关"，即东馆，代指先期抵达北京的册封奏请使臣团正使李庆全，副使尹暄，书状官李民宬等人。菌蠢，如菌类那般矮小繁密。此诗前两句是说往返明、朝的海路广远无际，朝鲜使臣伫立船头忧愁地望着海平面上星罗棋布的岛屿。黄域，即黄城岛海域。哂，浅笑。诗的后两句是讲回首来京途中，历尽生死横渡黄城岛海域，面对有着相同经历的其他使臣，赵溦流下了喜悦的泪水，露出安乐的笑容。在喜悦的泪水和安乐的笑容背后是朝鲜使臣面对"风势益壮，怒涛掀天""风涛遂中折声振"③ 的恐惧；是"船人皆惊惶罔措，失声号泣"④ 的无助；是"既无生理，宁死于海中"⑤ 的对明事大和对朝鲜王朝的赤忠之心。

---

① ［韩国］赵冕熙编：《朝天日乘及燕行录及酬唱录》，韩国同光出版社 2002 年版，第 191 页。

② ［朝鲜］赵溦：《燕行录—云朝天录》，［韩国］林基中编：《燕行录全集》第 12 册，韩国东国大学出版部 2001 年版，第 327—332 页。

③ ［朝鲜］吴允谦：《海槎朝天日录》，《楸滩集》，韩国首尔大学奎章阁藏本，第 23 页 b。

④ 同上。

⑤ 同上。

（六月十六日）……有寿山者，使公之奴也，登舩指示曰："某处岛形在"。众皆一时送目，亦未的（得）见。渐渐近之，则云雾间，岩崖宛然与船头相接，一船抃舞雀跃。余谓使公曰："等之十余日漂流苦望黄城者是耶！今日再生，莫非天也。"并立船上，挥泪四拜。

——安璥《驾海朝天录》

上文是安璥在来程中的记载。安璥一行在经历十死九生后，成功横渡了黑水海。船上众人听到黄城岛就在前方不远处的消息后，高兴地鼓掌并欢呼跳跃，欣喜之情溢于言表。众人发出"今日再生，莫非天也"的感叹，安璥亦"挥泪四拜"以谢天恩。对朝鲜使臣而言，如果说黄城岛海域，抑或老铁山水道是生死炼狱的话，那么黄城岛可以说是海路使行途中重生的天堂。

二 黄城岛①

使行文献的相关记载涉及黄城岛的形势及风景、黄城岛的驻军、朝鲜使臣与黄城岛驻军将领的友谊等几个方面。黄城岛对于朝鲜使臣而言，不仅仅是经历黑水海生死体验后，重生之地，更是与明朝官员再续旧谊的亲善之地。

（九月）初二日，己未，晴。……申时，到泊皇城岛。是日，行七百里。岛之周回二十里，南有岛屿，相对环拥，岩石奇怪，沙砾明净，为诸岛中奇胜。

——申悦道《朝天时闻见事件启》

皇城岛属登州，可泊船。

——郑斗源《朝天记地图》

上引第一条为崇祯元年（1628）九月二日，申悦道在来程中对黄城岛的描述。即，黄城岛周长为二十里（约10千米）。在黄城岛的南

---

① 使行文献中亦记载为皇城岛、皇城、黄城。

面也有一岛屿，与黄城岛形成犄角之势。岛上怪石耸立，沙滩之上的海水清澈，故黄城岛的景色冠绝申悦道途经的众多岛屿。结合郑斗源的记述，可知朝鲜使臣途经的黄城岛在行政区域上隶属山东登州府，且岛的南侧另有一岛。符合这些条件的岛屿是今山东省烟台市蓬莱区长岛海洋文明综合试验区的北隍城岛。北隍城岛，位于渤海海峡中部，东临黄海，西靠渤海，南距南隍城岛 1.2 千米，北与辽宁省老铁山相望，是庙岛群岛最北端的岛屿。北隍城岛的海岸线周长为 10.74 千米，[①] 这与申悦道所说的"岛之周回二十里"的记载相一致。此外，与北隍城岛南北相对的南隍城岛在清光绪年间前[②]，无人居住。这都说明朝鲜使臣曾经到达的黄城岛即为今天的北隍城岛。进一步而言，黄城岛可以说是朝鲜使臣在"十死九生渡黄城"后的重生之地，那朝鲜使臣是在黄城岛的何处停泊、登陆的呢？

> （六月）初十日，己巳。到庙岛。朝见皇城岛之形势：周回虽窄，四面皆石壁，唯一面通船路，掘港藏船，且有军兵，乃防守之所也。
>
> ——李民宬《癸亥朝天录》
>
> （九月）初四日，辛酉，晴。……自皇城至庙岛皆管辖于登州。岛之地形，三面皆岛屿，而惟东临大洋。
>
> 申悦道《朝天时闻见事件启》

李民宬在来程中，对黄城岛的描述指出，黄城岛面积虽小，但岛的四面都是陡立的山岩，岛上唯有一侧可以供船舶进出。驻扎在岛上的明军挖掘岛边的浅滩，使之成为停泊战舰的人工港，以供防备和守卫。唐宋时期，黄城岛称为乌湖戍。《太平寰宇记》记载，[③] 乌湖戍位于南距蓬莱二百六十五里的乌湖岛，因唐太宗贞观二十年伐东夷，地处要路，

---

① 山东省科学技术委员会编：《山东省海岛志》，山东科学技术出版社 1995 年版，第 28 页。

② "南隍城岛，在钦岛东北，去城二百三十五里，内无居民。"（光绪《增修登州府志》卷 3《山川》，《中国地方志集成·山东府县志辑》，凤凰出版社 2008 年影印本，第 48 册，第 43 页上栏）

③ 参见《太平寰宇记》卷 20《河南道二十·登州》，中华书局 2007 年点校本，第 408 页。

遂置为镇。至永徽元年废。戍，即军队守备之处。唐贞观二十年
（646），唐太宗远征高丽时，在地理位置极为重要的乌湖岛上设镇。唐
永徽元年（650），唐高宗时废止。换言之，因黄城岛地理位置十分险
要，至少是唐、明两朝皆在此驻扎过军队。乌湖岛因位于乌湖北侧而得
名。乌湖，指今北隍城岛与南隍黄岛之间的水域，今称隍城水道，"其
水深流大，呈黑绿色，周围有岬角、港湾，如同湖状，颇有军事价值，
故称乌湖"①。

图 1 - 3 海面颜色呈黑绿色的隍城水道

右侧为今北隍城岛，左侧近处为南隍城岛，左侧远处为小钦岛。

相比"四面皆石壁，唯一面通船路"的记载，申悦道则进一步说
明"三面皆岛屿，而惟东临大洋"。换言之，朝鲜使臣在黄城岛登陆避
风的话，应当停靠在今北隍城岛东侧的港口。据相关方志记载，② 北隍

① 长岛县南隍城乡政府南隍城村委会编：《南隍城志》，烟台市新闻出版局 1999 年版，
第 19 页。

② 参见山东省科学技术委员会编《山东省海岛志》，山东科学技术出版社 1995 年版，第
28 页。

城岛形似等腰三角形，顶角向北，长2.8千米，宽1.9千米，最高峰北山顶海拔155.4米，面积2.69平方千米，有较大海湾4处。结合地图和地势分析，朝鲜使臣到达黄城岛后，应在今北隍城岛山后湾处靠港登陆。

图1-4　自北隍城岛北山顶处拍摄的山后湾

此外，吴翻和全湜也描述了经过或到泊黄城岛的情景。

过皇城岛

极目东南曙景悬，御风槎上觉泠然。

铁崖半倒冲融里，岱岳遥分翠黛边。

苏子文章随变灭，秦皇事业失流传。

波神欲试胸襟大，更遣龟鱼跃后先。

——吴翻《燕行诗》

这首律诗是天启四年（1624）八月二十二日吴翻在来华途中，经过黄城岛时所作。泠然，轻盈美妙貌，典出《庄子》："夫列子御风而

图 1 - 5　远眺今北隍城岛高耸的崖壁

行，泠然善也。"① 首联是说吴翻站在船舷旁，极目远望旭日初升的胜
景。因船顺风飞驰，作者亦感到身体分外轻盈。冲融，水波荡漾之貌
状。铁崖，指海岸边高耸的崖壁。岱岳为泰山的别名。翠黛，青黑色，
此处指位于黄城岛南侧，且与海天融为一体的齐鲁大地。颔联是说黄城
岛上高大的崖壁倒映在波涛粼粼的海平面上，遥想巍峨的泰山耸立在黑
绿色的内陆之中。苏轼曾在登州作过五天的知州，留下了以《登州海
市》为代表的不朽诗篇。登州也与秦始皇的长生之梦有着极大的关联。
颈联讲作者遥望远处的登州，脑海中浮现出苏轼那些美妙的诗文，随着
船舷两侧飞逝而去的美景，变化幻灭。秦始皇的长生之梦与千秋霸业也
在岁月的流逝中，灰飞烟灭。尾联是说海神想要展现自己博大的胸怀，
还派遣了龟和鱼游弋在船的周围。这首诗表达了作者顺利横渡黄城岛海
域，顺风驰向登州，见到旭日东升时怡悦的心情。因朝鲜使臣自幼学习
儒家经典，对以曲阜孔庙、泰山为代表的正统儒家文化更是心生向往。

①　《庄子》卷 1《南华真经卷第一·庄子内篇逍遥游第一》，四部丛刊景明世德堂刊本，
第 8 页 a。

与登州相关的苏轼和秦始皇的典故、传说更是扰动着使臣的心弦。

皇城夜泊

北风撼海海波扬，秋夜如年几席凉。

魂梦不知身已病，晓天霜露入明光。

——全湜《朝天诗（酬唱集）》

此诗是天启五年（1625）九月二十八日全湜在来程途中，夜泊"皇城"，即黄城岛时创作的一首诗。全湜一行是在九月二十三日初到黄成岛，入住黄城岛海潮寺。二十四日至二十六日，因"一船之人，皆若夺魄，饥者不食，病者未起，虽欲发船，末由也已"①。二十七日，全湜一行乘船前往登州，因听闻鼍矶岛附近刮起南风，遂停泊在黄城岛近海以避风。二十八日，全湜一行再次返回黄城岛港口内，下碇停泊，以待北风。二十九日下半夜始刮北风，全湜一行自黄城岛港口发船，黎明前到达鼍矶岛。几，小或矮的桌子。席，用草、苇子或竹子编织的成

图 1－6　今北隍城岛山后湾

即全湜创作《皇城夜泊》之处的晨景。

---

① ［朝鲜］全湜：《槎行录》，《沙西集》卷 5，韩国韩国学中央研究院藏书阁藏本，第 9 页 b。

片物体，古人用以坐卧。此诗前两句是说海面终于刮起了猛烈的北风，九月深秋中等待发船的时间十分漫长，坐卧在炕铺之上，寒意袭人。晓天，拂晓时的天色。后两句是说因旅途劳顿而染疾的全湜在梦中认为自己依然健康。拂晓时分，霜露初降，船舱的窗户上透进淡淡的晨光。这首诗如实地描述了明末朝鲜使臣在漫长的海路旅程中所遭受的劳顿之苦。全湜创作《皇城夜泊》之处，不仅仅是朝鲜使臣到泊黄城岛之处，也是黄城岛守军用以停泊战舰之处。

> （九月）初四日，辛酉，晴。风势甚恶，卸舟入岛中。有军兵屯守，以港口阔大，无避风处，故唐船数十只皆掘港藏置。千总庄作忠领之，每于春秋轮递防守。自皇城至庙岛，皆管辖于登州。夕，同上使出宿于海潮寺。
>
> ——申悦道《朝天时闻见事件启》
>
> （十月）十四日，晴。……黄城为岛，四面诸屿，回曲相掩，岩石奇怪，可泊藏船之处甚多。韩总兵来防之后，新设营镇，又鏊大池于海曲，引潮水于其中，可客千艘，以为藏舟之所。船未满百，而军数三千云。
>
> ——安璥《驾海朝天录》

因避风，申悦道所乘船只停靠黄城岛后，自黄城岛港口登陆，与正使宋克切一同入住黄城岛的海潮寺。关于海潮寺将在下节详述。在此过程中，申悦道了解到，黄城岛有明军驻守。因黄城岛港口宽阔，且无供船舶避风之处，故明军在港口处掘港用以停泊战船。停泊在港口的明军战舰多达数十艘。黄城岛的军防由千总——庄作忠领防，每年春、秋时节进行换防。安璥所提及的韩总兵，为韩宗功。韩宗功，辽城（今辽宁省辽阳市）人，明远伯李成梁之女婿，明万历年间入朝抗倭，历任备御、旗鼓官、右金都御使、副总兵等职。如安诗所述，黄城岛港口，为明天启年间，韩宗功到任后挖掘而成，据说可以容纳千艘战船，但安璥仅见到了不足百艘的明朝战船。

图 1 - 7　申悦道记载中明末黄城岛用以停靠舰船的港口现状

图 1 - 8　南隍城岛渔港晨泊①

① 杨志常：《影与思》，中国科技教育出版社 2004 年版，第 43 页。

此外，朝鲜使臣在停靠黄城岛时，除了安璥外，没有朝鲜使臣与黄城岛明军将领进行交流与互动。换言之，这虽可能缘于朝鲜使臣的漏记，抑或使行日程紧迫，但更有可能是缘于安璥与明朝官员的私交亲密。这种非官方的私交，是双方在万历朝鲜战争（"壬辰倭乱"）中建立的深厚友谊的延续，为安璥一行提供了各种方便和军事情报。

（十月）十二日，晴。……吾船随之同往黄城。韩总兵宗功亦在岛防守，草创衙门，额曰："卧薪轩"。韩乃辽城人也。丁巳年有面分，故泊船之后乘月访之。则握手叙旧，有若隔世人也。许、韩相对设酌欢接余等，极言舟行之难。韩独惆然谓余曰："男儿会面有如是夫！安爷曾历陋止，岂料今夕寄身孤棹，不蔽毒雾瘴烟，鬓发尽白，手足麻木，在世能复几日？安爷备尝夷险，一发不白，真是人间退福也，可贺可贺。第未知方带何爵而再次书状耶？丁巳之右佥都御使，今为左副，五年之间才一级，亦是晚福也。俺青毡旧物，尽付贼房，此则不足惜。而安爷所赠之诗，挂壁爱玩，坐卧常目，而亦未免见失。不幸不幸。此日相逢，得于万死之余，继此而可复一联赠我，以续平生之玩耶？"余答曰："死而更生，实荷腴念。中心藏之，何日忘之？但向来诗囊，都付诸冯夷，无一个东西，难副盛教也。"相与拍手大笑。

十三日，晴。北风甚恶，波浪接天。夕时，许将设饭请邀，等往赴其船。则韩将亦同坐。许使奴唱歌弹琵琶。韩问余曰："此声何如？"答曰："好好的。"韩笑之，与许相语曰："休矣！休矣！朝鲜乐笼，吾尝惯见。所谓玄琴，卦高调朗，令人不觉抃跃。此声何足入耳哉？"相与劝杯，已到夜分。……韩又携手谓余曰："一叶孤舟，不但风浪之危，猰猸可畏，何以得达？令人气塞。安爷，善人也，天必佑之。其好归得消息。俺可从得闻于沧海之外哉。俺敫蒙贵国恩典，获保十口家累，此生何以报？泣然出涕。"

十四日，晴。西北风终日大吹，不得发。韩总兵送小纸书："乞令京差通官面言心事。"即遣奇遑往对。良久，还报曰："所言皆慷慨时事，尝记诸数尺之纸，欲将传奇于安爷，而语烦故不布"

云云。于暹见处裂以付，率皆中国事也，且以小小纸密封送我。

——安璹《驾海朝天录》

上文为安璹在归程途中，停靠黄城岛时，与黄城岛守将——韩宗功再续旧谊的场景。这里有四点需要留意。其一，安璹与韩宗功之间交往并无太多的官方色彩，更像是挚友之间的坦诚交心。万历四十五年（1617），即朝鲜光海君九年，安璹曾作为朝鲜千秋使臣团的书状官，[①]自陆路经辽东前往北京。二人应当结识于此段时间，并结下深厚的友谊。万历四十五年，在临别前，安璹曾为韩宗功留下一首诗作。对于此诗，韩宗功非常喜欢并将其装裱，"挂壁爱玩，坐卧常目"，但在戎戈铁马的军队生活中遗失。韩宗功非常失望，并恳请安璹再为自己赋诗一首，"以续平生之玩"。虽未能查阅到万历四十五年安璹所留的诗作，但是通过安璹再次为韩宗功所创的诗，可以一窥当时诗作的内容。

赠韩总兵

关塞胡沙烨烨风，羯奴深入古辽东。
青毡失守无传业，白羽从征有战功。
万艘蒙冲临大敌，三军司令在元戎。
平生义气知相许，沧海桑田誓始终。

——安璹《驾海朝天录》

胡沙，比喻入侵中原胡兵的势焰。语出唐李白《永王东巡歌》之二"但用东山谢安石，为君谈笑静胡沙"，这里指后金势力。烨烨，赫赫的样子。羯，中国古代少数民族之一。后金，即女真，是自古就居住在中国东北的肃慎的后裔，他们在不同的时代有不同的名称，如挹娄、勿吉、靺鞨和金代女真人都曾是他们的先祖。[②] 羯奴，"五胡"[③] 之一的匈奴分支，此处为安璹对后金的贬称。万历四十七年（1619），后金在

---

① "丁巳四月二十八日，壬戌。千秋使尹安国、书状官安璹拜辞。"（《朝鲜王朝实录·光海君日记》卷114，光海君九年四月二十八日）

② 孙文良：《满族崛起与明清兴亡论稿》，辽宁民族出版社2016版，第200页。

③ 分别为匈奴、鲜卑、羯、氐、羌。

萨尔浒之战中战胜明朝军队，掌握了辽东地区的战略主动权，这让明朝陷入了被动防御的境地。天启元年（1621），后金军队攻陷了辽东重镇——沈阳。前两句是说现在边关的后金兵势强盛，并侵入古辽东的腹地。青毡，指青色的毛毡制品。如帐篷、帽冠等物。"青毡失守"，即前文韩宗功所说，在对后金军队的战斗中，自己的青毡旧物被敌人掠去。白羽，古代军中主帅执掌的帅旗。三、四句是说虽然在与后金军队的作战中，韩宗功丢失了包括安璥所赠诗作在内的物品，但在多年与后金军队的战争中，韩宗功依旧立下难以磨灭的赫赫战功。蒙冲，古代中国特有的一种小型战舰，船周身覆盖生牛皮，灵活坚固。元戎，统帅。三军，古时对军队的通称。五、六句是说黄城岛有许多舰船直面辽东后金军队的锋芒，镇守黄城岛的韩宗功是无比重要的军队将领。最后两句是说两人志同道合，有惺惺相惜之感。无论世间形式如何变幻，作者安璥都将珍视同韩宗功之间的友谊。

其二，在十月十四日时，韩宗功将关于毛文龙等明朝将领的详细信息"以小小纸密封送"安璥。这样的信息有"诸数尺之纸"之多。这表明两人并非泛泛之交，而是友谊深厚。这也从侧面说明了明、朝两国之间紧密的关系。此外，朝鲜并未因明朝的灭亡而忘记曾经与朝鲜军民并肩作战的韩宗功。清康熙十四年，即朝鲜肃宗元年（1675），流落到朝鲜的韩宗功之孙韩登科因生活拮据，以韩宗功对朝鲜做出过贡献为由，请求朝鲜给予衣食之资。[①] 自此，朝鲜开始关注并优恤明朝遗民及其后代。

其三，韩宗功在十月十二日宴请安璥后，十三日再次设宴款待安璥。韩宗功在宴席上，"使奴唱歌弹琵琶"，并对安璥表示中国的音乐好于朝鲜音乐的说法进行了反驳。从反驳的内容来看，韩宗功对于朝鲜的音乐有一定的了解，这也从侧面反映出明、朝两国的友好关系和更为深层次的文化交流。"所谓玄琴，卦高调朗，令人不觉抃跃。"玄琴，亦称玄鹤琴，是一种韩国六弦古琴。使用琴拨进行演奏，因所发声音优

---

① "大明人韩登科、刘太山、金长生等上言，愿得粮资曰：'俱以中原飘零之人，寄托本国，已过四十余年。值此大无，沟壑迫头。臣登科年八十，太山五十九，长生六十，异国之人，日薄西山。登科，壬辰征倭时备御韩宗功之孙，岂无微劳之可纪乎？'下户曹。户曹请酌给衣食之资，允之。"（《朝鲜王朝实录·肃宗实录》4，肃宗元年闰五月九日）

美，在韩国被称为百乐之丈，即百乐之首。抃跃，手舞足蹈。韩宗功认为朝鲜的玄琴演奏，声音高亢，且非常有节奏，能够使人情不自禁地想要随乐而舞。

其四，副总兵韩宗功驻防黄城岛时，在岛上创建了"卧薪轩"的官衙。此处为韩宗功与安璥时隔五年之后，再续友谊的场所。因黄城岛"四面皆石壁，唯一面通船路"，故官衙所在之处应在黄城岛港口附近。综合地形和使行文献来看，该宫衙可能是在黄城岛港口海滩后的高地处，即今北隍城岛山后村靠近海滩处。

图1-9　远处沙滩旁的高地处疑为当年韩宗功"卧薪轩"原址

山后村，位于北隍城乡北部东侧，北山顶东麓，西南距乡政府驻地1.5千米。三面环山，东临海。村庄呈长方块状聚落。该村因位于北山顶东北而得名。明天启年间，邹姓从蓬莱辂驾夼迁来建村，清康熙年间，肖姓从大钦岛东村迁入，1982年称山后村。

高丽末期，即明代初期朝鲜使臣郑梦周在《呜呼岛》①一诗中称黄城岛为呜呼岛；权近在《过呜呼岛》②一诗中自注"（呜呼岛）俗谓之

① ［高丽］郑梦周：《呜呼岛》（1372年），［韩国］林基中编《燕行录全集》第1册，韩国东国大学出版部2001年版，第109—110页。
② ［高丽］权近：《过呜呼岛》（1398年），［韩国］林基中编《燕行录全集》第1册，韩国东国大学出版部2001年版，第209页。

半洋山";李詹在《泊半洋山》①一诗中亦称黄城岛为半洋山。明泰昌《登州府志》亦记载,②乌胡戍在登州府北海中二百五十里的乌胡岛,为唐太宗征高丽时所筑。即,《太平寰宇记》和泰昌《登州府志》中出现的"乌湖戍"和"乌胡戍"皆指黄城岛。但是有趣的是,在明末和清初的登州和蓬莱县方志的正文部分并未有关于黄城岛的记载。

图1-10　今山后村村碑

例一:漠岛在县东北海中五百里许,与辽东连界,海运所经故道也。

——泰昌《登州府志》

例二:漠岛在海中东北约五六百里;南隍城岛一作皇成,沙门岛北去郡四百余里;北隍城岛,南隍城之北九十里,南为山东界,北为辽东界。

——雍正《山东通志》

---

① [高丽]李詹:《泊半洋山》(1400年),[韩国]林基中编《燕行录续集》第101册,韩国尚书院2008年版,第24页。

② 参见泰昌《登州府志》卷6《地理志二·古迹》,明泰昌元年刻本,第69页b。

　　例三：至各岛各口程数：自天桥口开船至长山岛三十里，至庙岛六十里，至鼍矶岛一百七十里……至南隍城岛一百里，至北隍城岛（即漠岛）一百八十里，至铁山六百五十里。

——道光《重修蓬莱县志》

　　例四：北隍城岛，在南隍城岛北五里，去城二百四十里。按《通志》此即漠岛，其北九十里接奉天界。《旧志》云，漠岛在东北海中五百里为海运故道，误矣。

——光绪《增修登州府志》

　　在泰昌《登州府志》正文中并无黄城岛的记载，而仅在其卷首图的《海运图》之二中，标注了黄（皇）城岛的位置。在例一中，与"辽东连界，海运所经故道"的岛屿被官方称为漠岛，隶属蓬莱县，且南距蓬莱县，即登州府治所在地五百余里。康熙《蓬莱县志》中也依旧延续着这样的记载，但康熙《蓬莱县志》在卷首图一中，却将黄城岛标记为半洋山。在明天启年间刊行的《武备志》中①亦将漠岛记为没岛。结合前文所述，明初朝鲜使臣亦将黄城岛称为半洋山，这说明半洋山之名的使用时间应当是明初至清初。此外，据例二可知，即使到了雍正年间，官方对漠岛的记载也大致相同。但有三点需要注意：其一，现代使用的地名——隍城岛开始出现；其二，至少从清雍正年间，隍城岛开始有南、北之分，即南隍城岛和北隍城岛；其三，虽然在记载的距离里数方面有差误②，但其明确记载了北隍城岛是登州府和辽东的分界处。简言之，明末和清初方志中记载的漠岛为黄城岛。清初期开始，黄

---

　　①　"沙门岛开洋，北过砣矶山、钦岛、没岛……"《武备志》卷141《军资乘饷七·海运》，华世出版社1984年影印本，第5753页。

　　②　关于黄城岛的具体方位和距县治的距离，各相关方志中的记载各不相同。这可能是因为黄城岛处于大海深处和航海技术的欠发达，明末至清中期时期撰修方志的知识分子并未能实地探查所出现的讹传。结合当今地图，较为正确的是光绪《蓬莱县续志》中的记述："南隍城岛在县治北，距城二百三十五里。长五六里，周二十余里，至北隍城岛五里，水深三丈余，有蓬居民户十余户，南山后佛爷礁可泊船数十只。北隍城岛在县治北，距城二百四十里。长约四里许，周约二十里，与南隍城岛两山相隔如夹道，水深三丈余，中可泊船二三百只；外水深十余丈。距省老铁山约一百八十里，距旅顺口约三百数十里，居民一百数十户。"（光绪《蓬莱县续志》卷2《地理·疆域》，光绪八年刻本，第6页a）

城岛始称今名——隍城岛，且开始有南、北之分。这与例三、例四的记载相一致。

综合上述，朝鲜使臣记载的黄城岛地名变化如下：（唐、宋时）乌湖戍→（明初）鸣呼岛或半洋山→（明末）皇城岛、黄城岛、漠岛→（清康熙年间）漠岛、半洋山→（清雍正年间）漠岛、北隍城岛→今为北隍城岛。虽在名称上时有变化，但黄城岛可以说是明末朝鲜使臣经海路来华时，从辽东地区进入山东登州府的第一站。

明末黄城岛即今北隍城岛。据相关方志记载，[①] 北隍城岛宋时属蓬莱县沙门寨地。元、明时，属蓬莱县牵牛社。道光年间设置隍城社，至宣统时下辖山后、城东、山前3个村落。1928年，仍属隍城社，当时山前、山后分别称前村、后村。1934年属隍城乡。1945年长岛第一次解放，长山岛军政办事处撤乡建区，属钦岛区。1946年自钦岛区划出，属隍城区。1948年，国民党占领长岛后，属隍城乡。1949年长岛第二次解放，仍属隍城乡。1958年，为长岛公社隍城大队。1962年属隍城公社。1984年撤社建乡，属隍城乡。1985年4月与南隍城分别建乡。2000年属北隍城区公所。2003年属北隍城乡。今属烟台市蓬莱区长岛海洋生态文明综合试验区北隍城乡。

三 海潮寺（海寺、皇城庙堂）

到泊黄城岛后，大部分朝鲜使臣皆住宿在所乘船只之上，但全湜、申悦道、崔有海、卞献[②]等人则是自黄城岛港口上岸，前往黄城岛海潮寺住宿。朝鲜使臣关于海潮寺的记载大致可以分为两类，即描写海潮寺、寺人、海景以及赠予海潮寺僧侣的诗文。

例一：（九月）二十三日，戊辰。……至皇城岛……夕，入海

---

① 参见长岛县地名办公室编《长岛县地名志》，山东省新闻出版局1989年版，第48页；中国地名委员会编《中国海域地名志》1989年版，第126—127页；《中国海岛志》编纂委员会编著《中国海岛志·山东卷》第1册，海洋出版社2013年版，第362—363页。

② "卞献者，安州人，能文善书。初为缁髡，及长还俗，与许筠厚善。庚戌年筠为考官，多行其私，献亦参焉，因台论削之，故至是，其子上疏称冤。"（《朝鲜王朝实录·仁祖实录》卷12，仁祖四年三月二十日）

潮寺，借僧坑入宿，殊极安稳。二十四日，己巳。留海潮寺。不但
风浪犹险，一船之人皆若夺魄，饥者不食，病者未起，虽欲发船，
末由也已。

——全湜《槎行录》

例二：（九月）初四日，辛酉，晴。风势甚恶，卸舟入岛
中。……夕，同上使出宿于海潮寺。……寺在岭腰，俯压一岛，金
碧焕耀。有住持号国常者，颇聪慧解文字；又有智宗上人，年十
八，豪爽俊迈。入处禅室，研朱点经，延入进茶。榼中果物皆是橘
皮、冰糖、雪交、龙眼、荔枝之类。

——申悦道《朝天时闻见事件启》

例一为天启五年（1625）来程中，全湜记载的关于海潮寺的内
容。因其经历了黑水海的生死体验，在入住海潮寺后，"借僧坑入宿，
殊极安稳"。这是明末朝鲜使臣海路使行中第一次出现关于海潮寺的
记载。通过申悦道在来程中的记载，可以了解到黄城岛海潮寺位于黄
城岛某座山的半山腰处。海潮寺地势较高，"俯压一岛"，寺舍"金
碧焕耀"。上人，《释氏要览》引古师云："内有德智，外有胜行，在
人之上，名上人。"[1] 接待申悦道一行的寺人有"颇聪慧解文字"的
住持国常以及"年十八，豪爽俊迈"的上人智宗。国常住持与智宗上
人热情地邀请朝鲜使臣"入处禅室，研朱点经，延入进茶"，并拿出
装有"橘皮、冰糖、雪交、龙眼、荔枝"等珍贵水果的木盒招待使
臣。这里有两点需要留意。其一，从"颇聪慧解文字"和"研朱点
经"的描述可以看出，朝鲜使臣与海潮寺寺人之间的交谈方式应以使
用汉字的书面谈话为主。这不仅说明朝鲜使臣精通儒家经典，对佛学
知识的掌握已达到一定程度，更说明明、朝两国同属中华汉字文化
圈，有着诸多内在的文化交汇点。其二，海潮寺寺人用在北方并不常
见的珍贵的南方水果招待朝鲜使臣。橘皮，应是中国南方的陈皮蜜饯
一类，荔枝和龙眼更是南方热带地区所产的水果。这除了说明因黄城
岛地处登辽交界，往来的南北客商较多，海潮寺香火较旺以外，更说

---

[1] 《释氏要览》卷上《称谓》，大正新修大藏经本，第14页。

明了解辽东局势的海潮寺寺人将远道而来的朝鲜使臣看成无比尊贵的客人，极尽诚意地招待。此外，在崔有海和卞献的唱和中也描述了自海潮寺远眺茫茫大海的场景。

皇城庙堂

飒飒终风积雪飘，倚舟憔悴一身遥。

丹青庙宇开真境，天地威灵镇大朝。

三岛东临看浴日，百川南注会归潮。

心清如在琼瑶窟，笙鹤依俙下九霄。

——崔有海《东槎录》

此诗是崇祯二年（1629）八月，崔有海在来程中，停泊"皇城"，即黄城岛，入住海潮寺时所作。首联是说到达登州府黄城岛时，天气正是寒风凛冽，大雪纷飞。自遥远的朝鲜乘船来到黄城岛，身心俱疲。丹青，红色和青色，此处指海潮寺的外观。真境，原指道教之地，此处指仙境。威灵，威严的神明。大朝，朝鲜对正统朝廷——明朝的称呼。颔联是讲下部为红色木质结构，上部为青色瓦片覆盖的海潮寺开启了仙境的大门，庙宇之中的各路神灵镇守着位居正统的大明王朝。三岛，指传说中的蓬莱、方丈、瀛洲三座海上仙山。因黄城岛属登州府蓬莱县，故此处亦指蓬莱仙境。浴日，旭日自水面东升。百川，江河湖泽的总称。归潮，即退潮。颈联是说站在海潮寺东望，海平面上旭日东升，联想到

图 1–11　自北隍城岛北山顶处南眺南隍城岛、小钦岛、大钦岛

众多南流的河川与潮落的海水汇合。琼瑶，翠绿色的美玉。笙鹤，指仙人乘骑的仙鹤。九霄，道家仙人居住的地方。尾联是说朝鲜使臣此时的心情犹如身处翠绿色的玉洞之中，仿佛看见仙人乘坐着仙鹤从天上飞下来。对崔有海的诗，其下属卞献进行了答和。

敬次①
卞献

瑞兽喷香黯黯飘，璇阶绮阁出云遥。

玉皇大帝高临座，水伯波臣俯入朝。

金榜长悬沧海日，粉墙低压白鸥潮。

谁知槎上东来客，参谒祥光倚碧霄。

在这首和诗中，卞献同样是描述了海潮寺的外观、寺内的神像以及站在海潮寺内遥望远处海天一色的美景。此诗中需要注意的是"玉皇大帝高临座"。崔有海在唱诗中仅仅是提及"天地威灵"，即海潮寺内应该有不止一尊神像，但并未说明都有哪些。卞献在此诗中说，神像之中有玉皇大帝的神像。玉皇大帝，亦称玉皇上帝，是道教和民间宗教中的天帝。崔有海在来程中暂宿海潮寺期间，写有《赠海潮寺宝上人》一诗。卞献亦对这首诗进行了答和。

赠海潮寺宝上人

竹杖寻僧石路遥，莲经绮语度寒宵。

神清东岳千层雪，杯渡南溟万里涛。

钵吐片云龙听法，锡悬明月鹤盘霄。

慈悲神力应弘济，愿靖妖氛补圣朝。

——崔有海《东槎录》

---

① 收入崔有海《东槎录》。

敬次①

卞献

攀援石磴入云遥，上透玄关几度宵。

鹫岭飞来临海岸，龙宫出没隐风涛。

灯明日月流金偈，玉帝天妃降紫霄。

摧伏波旬神力在，三千世界属皇朝。

　　这两首诗，描述了朝鲜使臣慕名前往海潮寺，拄着竹杖，走过长长的山路才到达海潮寺，见到了雪中壮美的海潮寺。朝鲜使臣自海潮寺眺望大海，心中无比高兴。鹫岭，即灵鹫山，是位于印度的佛教圣山。此外，诗中还描述海潮寺的外观和大殿内陈设的神像，借此表达了对明朝的事大之心。在卞献的和诗之中，依"玉帝天妃降紫霄"一句，可以推断海潮寺内应该供奉着玉皇大帝和天妃的神像。南距北隍城岛一百六十里的庙岛之上，在宋代时就已有天妃庙，并因此得名庙岛，相关内容将在后文详述。在今长岛海洋生态文明综合试验区的庙岛群岛内，也并不是只有一座天妃庙（亦称天妃娘娘庙）。依崔有海《赠海潮寺宝上人》中"竹杖寻僧石路遥"和卞献《敬次》中"攀援石磴入云遥"的诗句可知，朝鲜使臣自黄城岛登岸，自港口前往海潮寺，需要长时间拄着拐杖，沿陡峭的山路攀爬而上才能到达。北隍城岛山前村村民郑文花（女，80岁）介绍，在北隍城岛上有两座庙。其一为北隍城岛南部——唐王城原址处的海神庙，其内供奉着当地人信奉的海神塑像。但现在海神庙早已消失了六七十年。虽然海神庙早已隐没在历史的长河中，但在海神庙原址处，还留有一棵古树。时至今日，当地村民在逢年过节时，依旧前往树前，祈求平安。其二为今山前村西侧的天妃庙。20世纪90年代初期，当地政府在原址之上重新修建了天后宫，殿内供奉着天妃娘娘的神像。结合申悦道"寺在岭腰，俯压一岛"的记载，郑文花老人所说的两座庙宇可能并非是朝鲜使臣曾到访的海潮寺。换言之，在明代末期，北隍城岛的北山顶半腰处或许存在一座名为海潮寺的庙宇。其内供奉着当地人信奉的海神。消失在历史之中的海潮寺见证了明末朝鲜使

---

① 收入崔有海《东槎录》。

臣海路的艰辛和明、朝人民的亲善。

图 1-12　今北隍城岛山前村西侧的天妃宫

第二节　鼍矶岛[①]

在经过黄城岛之后，朝鲜使臣会到达鼍矶岛海域。

（自黄城岛）西南至鼍矶岛，一百里水程也。鼍矶岛属登州，有数十户居之，可泊船，西南至庙岛百里水程也。

——郑斗源《朝天记地图》

自黄城抵鼍矶岛二百里，黄城有火兵把守。鼍矶有山东总兵杨肇基守御，战舰器械多有新创。岛之下出罗文金星砚，又名雪浪砚。

——金德承《天槎大观》

---

① 使行文献中亦记载为舵埼岛、舵矶岛、鼍矶、龟矶屿、鼍机、鼍机岛。

通过郑斗源的记载可知，自黄城岛向西南行一百里后到达鼍矶岛。明末鼍矶岛属登州，当时岛上有数十户居民，岛上亦有可以停泊船只的港口。自鼍矶岛向西南方向行一百里，便可以到达庙岛。金德承记载，自黄城岛至鼍矶岛两百里。此处的火兵是指使用火铳等热武器的明军。天启四年（1624），山东总兵杨肇基①率军驻守鼍矶岛。在驻防期间，杨肇基对舰船和武器进行了许多改进。这说明金德承在途经鼍矶岛时，可能接触了驻防的明军，或是到泊鼍矶岛港口后，对停泊在港口内的舰船和明军使用的武器进行了详细的了解。金德承还介绍了鼍矶岛出产罗文金星砚，亦名雪浪砚。此砚台纹理奇特，色泽光亮，且因出产地位于远离大陆的鼍矶岛之中，"颇为世重，故取之者不惮于没溺焉"②。

　　（九月）初六日，癸亥，晴。巳时，开船，夜二更到泊鼍矶岛前洋。风势颠猛，终夜掀荡。距皇城岛二百里。

　　初七日，甲子，晴。东南风转紧，移入港口。有军兵屯守，都司卫时照领之，投送名帖及若干物，卫即回帖谢之。

　　初八日，乙丑，晴。阻风，仍留鼍矶岛。终夜大风。

　　初九日，丙寅，大风微雨。午后，乘顺风发船……

　　　　　　　　　　　　　　——申悦道《朝天时闻见事件启》

上文是书状官申悦道一行在来程中，途经鼍矶岛时的记载。崇祯元年（1628）九月六日，申悦道乘船自黄城岛行两百里到鼍矶岛前洋，因避风浪，停泊在鼍矶岛前洋，并宿于船中。九月七日，因避东南风，申悦道一行驶入鼍矶岛的港口停泊。当时，鼍矶岛上有明军驻守。申悦道向驻军将领投送名帖并赠送礼物，驻军将领立即回帖感谢。在七日和八日两天，申悦道一行留宿鼍矶岛。九日，恰逢重阳佳节，申悦道与正

　　① "杨肇基，沂州卫人。起家世职累官大同总兵，予告归里。以莲教妖贼乱山东，起肇基为山东总兵官，与巡抚赵彦合师击贼，三月，而殪其众，进右都督，寻镇登莱，改延绥，以击逃寇，功进左都督，屡加至太子、太师，荫锦衣佥事。"（雍正《山东通志》卷28《人物三》，文渊阁四库全书本，第100页b）
　　② 嘉靖《山东通志》卷8《物产》，《天一阁藏明代方志选刊续编》，上海书店出版社2014年影印本，第51册，第506—507页。

使宋克礽一同下岸，登高望远，并留下两首诗。在诗中，申悦道表达了思乡之切，及长期滞留鼍矶岛，祈盼北风到来，以便发船驶向登州的焦虑心情。

登鼍矶岛次上使宋公克礽韵

水国逢重九，登高不胜愁。

微茫临碧海，迢递望丹丘。

累日淹孤屿，何时放叶舟。

遥怜篱下菊，烂漫故园秋。

——申悦道《朝天时闻见事件启》

前两句是说在海岛——鼍矶岛等待北风，此时正好是九九重阳节，申悦道登上鼍矶岛上的高峰，心中无比惆怅。重九，即重阳，指农历九月初九日，民间有登高的习俗。三、四句是说站在高高的山上，面前是碧波涛涛的大海，久久地望着遥远的故乡。迢递，时间久长的样子。丹丘，即丹丘里（诗中自注"丹丘即所居里"），亦称丹邱里，是申悦道的故乡，即今韩国庆尚北道庆州市江东面的丹邱里。五、六句是讲因等待北风，自己一行在鼍矶岛已滞留多日，但什么时候才能够顺风发船驶向登州？淹，久留。最后两句是说自己只能在遥远的异国怜惜那故乡篱笆下盛开的菊花。此时丹邱里家中的园内应该满是秋色吧。在鼍矶岛上有大大小小的山十余座，无法判断申悦道和宋克礽曾经在何处登高望远。但是，通过研究鼍矶岛地形图和朝鲜使臣的使行路线、方向，确定朝鲜使臣停泊鼍矶岛港口的位置后，可以确定其大致范围。

朝鲜使臣所说的鼍矶岛，为今烟台市蓬莱区长岛海洋生态综合试验区的砣矶岛。朝鲜使臣是自黄城岛，乘船向西南方向，行百里后，到达鼍矶岛。据砣矶岛大口村村民邵君秋（女，57岁）介绍，砣矶岛南部的井口湾为历史悠久的古港。结合实地考察，可以确定朝鲜使臣停靠的港口应该是今砣矶岛的井口湾，即套里古港。此外，因申悦道一行在候风发船，没有时间远行，故申悦道和宋克礽登高望远的地方应该是在今砣矶岛的井口湾附近。

图1-13 今砣矶岛南部井口湾内的"套里古港"石碑

　　嘉庆《大清一统志》记载，① 鼍矶岛，在蓬莱县西北一百三十里，沙门岛北七十里。相对者东北为大钦岛、小钦岛、蜒矶岛，西南为高山岛、侯鸡岛，皆与沙门相连络。换言之，鼍矶岛，即砣矶岛在登州北部，距登州府城，即蓬莱县城一百三十里。关于鼍矶岛，北宋苏轼在登州做知州时所做的《北海十二石记》中记载："登州下临大海，目力所及，沙门、鼍矶、牵牛、大竹、小竹，凡五岛，惟沙门最近。"② 即早在北宋时，就已出现了"鼍矶岛"之名。苏轼在《鳆鱼行》③ 一诗中，亦将鼍矶岛称为驼基岛。北宋年间刊行的《新唐书·地理志》④ 将鼍矶岛称为龟岛。南宋高似孙撰写的《研笺》⑤ 称鼍矶岛为驼基岛。《齐乘》

　　① 参见嘉庆《大清一统志》卷173《登州府》，上海古籍出版社2008年影印本，第444页。

　　② 《苏文忠公全集》，《东坡续集》卷12，明成化刻本。

　　③ "蓬莱阁下驼基岛，八月边风备胡獠。"（《苏文忠公全集》，《东坡续集》卷1，明成化刻本）

　　④ "登州东北海，行过大谢岛、龟、歆岛、末岛、乌湖岛，三百里北渡乌湖海"（《新唐书》卷43下《地理志》，清乾隆武英殿刻本，第7页a）

　　⑤ "登州下临大海，有沙门、鼍矶岛，按《研笺》作驼基岛。"（杜绾：《云林石谱》下卷，清知不足斋丛书本，第19页a）

《明一统志》《大清一统志》中皆称鼍矶岛，① 明《武备志》中称为砣矶山，② 清《读史方舆纪要》中称为砣矶岛，③ 民国《奉天通志》中称为砣矶岛，④ 民国《蓬莱县志》中称为鼍矶岛。⑤ 简言之，鼍矶之名始于北宋，自明代起至民国，"鼍矶"与"砣矶"混用，今为砣矶。

综上所述，朝鲜使臣记载的鼍矶岛地名变化如下：（北宋）鼍矶岛、驼基岛、龟岛→（南宋）驼基岛→（元代）鼍矶岛→（明代）鼍矶岛、砣矶山、舵矶岛、鼍岛、龟矶屿、鼍机岛→（清代）鼍矶岛、砣矶岛→（民国）鼍矶岛、砣矶岛→（今）砣矶岛。据相关方志记载，⑥ 砣矶岛，宋代属蓬莱县沙门寨地。元、明属蓬莱县牵牛社。清道光年间，长山诸岛划为十三社，属砣矶岛社。宣统时社内辖大口、后口、磨石嘴、井口、吕山口五村。1928 年，为长山八岛民政局所辖，仍名砣矶社。1934 年社改乡。1945 年长岛第一次解放，设砣矶区，属长山岛特区。1947 年国民党占领长岛后，改设砣矶乡。1949 年长岛第二次解放，仍设砣矶乡。1958 年 11 月，长岛县与蓬莱县、黄县合并为蓬莱县，砣矶岛属长岛人民公社砣矶大队。1962 年，长岛人民公社改为长岛区，砣矶岛属长岛区砣矶公社。1984 年，砣矶公社改建为砣矶镇，下辖八个行政村和四个海岛。其中，八个行政村为中村、西村、北村、东山村、井口村、吕山口村、后口村、磨石嘴村；四个海岛为砣矶岛、砣子岛、东嘴石岛、山嘴石岛。2000 年，长岛县区划调整为八个区公所，砣矶岛改称砣矶区公所。2003 年，

① 《齐乘》卷 1《山川》，中华书局 2012 年校释本，第 60 页；《明一统志》卷 25《登州府》，文渊阁四库全书本，第 6 页 a；嘉庆《大清一统志》卷 173《登州府》，上海古籍出版社 2008 年影印本，第 444 页。

② 参见《武备志》卷 141《军资乘饷七·海运》，华世出版社 1984 年影印本，第 5753 页。

③ 参见《读史方舆纪要》卷 36《山东七》，中华书局 2005 年点校本，第 1683—1684 页。

④ "长山八岛乃南长山岛、北长山岛、庙岛、大黑山岛、小黑山岛、砣矶岛、大小钦岛、南北城隍岛之总称，位于渤海口内，在东经一百二十度四十三分，北纬三十七度五十五分，总面积四十方里有奇。"（民国《奉天通志》卷 69《山川三》，1934 年铅印本）

⑤ 参见民国《蓬莱县志》卷 1《山川》，台湾青年进修出版社 1961 年版，第 10 页。

⑥ 参见长岛县地名办公室编《长岛县地名志》，山东省新闻出版局 1989 年版，第 42 页；《中国海岛志》编纂委员会编著《中国海岛志·山东卷》第 1 册，海洋出版社 2013 年版，第 264 页。

将区公所改建为砣矶镇。今属烟台市蓬莱区长岛海洋生态文明综合试验区砣矶镇。

第三节　珍珠门（真珠门）

著名的九丈崖风景区所在的店子村西大山与西面的挡浪岛之间有一长条形暗礁，此处好似门槛，因此称为"珍珠门"。朝鲜使臣在经过砣矶岛之后，就会到达位于砣矶岛与庙岛之间的珍珠门。金德承在《天槎大观》中记载："自鼉矶历珍珠门，白玉石屏，如鸟舒翼，围海数十里，中劈通船，故以门为名。"[①] 珍珠门位于烟台市蓬莱区长岛海洋生态文明综合试验区北长山乡，属烟台市蓬莱区长岛海洋生态文明综合试验区北长山乡。砣矶岛与珍珠门相距 28.7 千米。从珍珠门穿过的水道称为珍珠门水道。珍珠门水道呈北西走向，长 2 千米，平均宽度 0.75 千米，最窄处为南香炉礁与北长山岛之间，距离仅为 0.3 千米，[②] 为历代往来登州的海上交通要道。

李德泂一行在天启四年（1624）八月二十二日来程时，称珍珠门"乃海口之如门者"[③]。天启五年（1625）三月二十一日回程时，李德泂一行自登州前往砣矶岛途中，遇逆风，折返回珍珠门海域避风，并留下了两首诗。

（三月）二十一日，己巳，大雾塞海。午，始穿橹向鼉矶岛，遇逆风回入真珠门。公有诗曰：

辽路多艰水道通，行装万里倚孤篷。
默掷杯珓占利涉，每看星斗待长风。

---

①　［朝鲜］金德承：《天槎大观》，《少痊公文集》卷 2，韩国国立中央图书馆藏本，第 20 页 b。

②　参见长岛县地名办公室编《长岛县地名志》，山东省新闻出版局 1989 年版，第 163 页；山东省历史地图集编纂委员会编《山东省历史文化村镇——烟台》，山东省地图出版社 2009 年版，第 284—285 页。

③　［朝鲜］李德泂：《朝天录—云航海日记》（《竹泉遗稿》），载［韩国］曹圭益《朝天录—云航海日记》，《韩国文学与艺术》2008 年第 2 辑，韩国崇实大学韩文学与艺术研究所，第 317 页。

篙师罢赛船收碇，海若驱潮浪拍空。

只荷王灵能往返，敢言忠信格天公。

　　此诗首联是说自登州前往辽东的海路漫长而艰辛，作者穿着出行的服装已经奔波了万里路，现在倚靠在船篷旁。据《通文馆志》的记载，[①] 李德泂一行自朝鲜宣沙浦发船至登州水路里程共计三千七百六十里，自登州至北京陆路里程共计一千九百里。换言之，朝鲜使臣单程里程共计达五千六百六十里。颔联是讲，作者在甲板上默默地投掷杯珓占卜回程的吉凶，并不断地抬头仰望天上的繁星，焦急地等待着南风的到来。杯珓，亦称珓或筊，是占卜时用到的器具。颈联讲，自己所乘船只的水手停止了与其他同行使臣团船只水手的较劲，下锚停泊在珍珠门水域。此时海神掀起了巨大的海浪。篙师，撑船的熟手。海若，古代汉族神话中东海的海神，语出《庄子·秋水》："河伯始旋其面目，望洋向若而叹。"[②] 尾联是说承蒙朝鲜王朝的威德可以平安地往返，并且可以毫不惭愧地说自己的忠诚和信实必定能够感动上天。此诗描述了李德泂一行出使明朝的艰辛，展现了朝鲜使臣面对海洋恶劣环境时的无助，表达了李德泂认为必定能平安到达朝鲜宣沙浦的信念。下面这首诗也是李德泂在同一天，与副使吴翻的和诗。

公次副使韵

关路漫漫日抵年，独来空馆坐俯然。

浓云拨墨山将雨，宿鸟投林野抹烟。

天接沧溟迷客恨，地径齐鲁富诗篇。

吾王享上天应感，白首乘槎肯自怜。

　　此诗是说在漫漫的使行路途中，度日如年，作者独自坐在船舱之中。心中虽然对归途的艰险非常担心，但作为使臣团的最高官员，在副

———————————

　　① 参见《通文馆志》卷3，朝鲜古书刊行会大正二年（1913）刊本，第58—59页。

　　② 《庄子》卷6《南华真经卷第六·庄子外篇秋水第十七》，四部丛刊景明世德堂刊本，第10页b。

使吴翮面前，作者依旧要表现出万事皆在掌握中的自信样。海平面上乌云蔽日，将要下起大雨。归巢的海鸟飞向海岛的山林，四周弥漫着海雾。因暴雨将至，天空与大海融为一体。恶劣的天气阻滞了使臣团的归程。对此，副使吴翮十分怨恨。李德洞宽慰吴翮说，在往返历史文化悠久的齐鲁大地时，不是还写下了许多优美的诗作嘛！苍天应该会知道朝鲜国王仁祖对明朝的事大之心，自己以如此的岁数乘船使行，希望苍天可以保佑自己带领的使臣团能够平安到达朝鲜宣沙浦。翛然，悠然自得的样子。

图 1 - 14　自南向北，即朝鲜使臣回国时看到的珍珠门水道全貌

第四节　庙岛（沙门岛、沙门）

一　庙岛

朝鲜使臣自砣矶岛向西南行驶百里到达登州的庙岛。庙岛，古称沙门岛，东距长岛县3千米，西与大、小黑山相望，北与北长山岛相邻，南遥烟台市蓬莱区。总面积为1.61平方千米。元《齐乘》记载："沙门岛，登州北海中九十里，上置巡检司。海艘南来转帆入渤海者，皆望

此岛以为表志。其相联属则有鼍矶岛、牵牛岛、大竹岛、小竹岛，历历海中，苍秀如画。"① 换言之，庙岛风景秀美，邻近海域岛屿众多，是明末朝鲜使臣往来登州的水上门户。

沙门岛在登州府"西北六十里海中，海舟行者必泊此避风。五代时置沙门寨。"② 换言之，至少自五代时起，庙岛就已被称为沙门岛。宋建隆三年（962），"内外军不律者配沙门岛"③。宋代称为"沙门岛"的地方有两处④，一处为登州沙门岛，一处为通州沙门岛。从北宋之初开始，这两处沙门岛皆为"犯死罪获贷者"的流放地，并且岛上都驻有屯兵。在宋建隆年间（960—964）北方的女真人来宋朝朝贡时，宋曾命登州沙门岛的居民置船来搭载女真人，便其往来。⑤ 宋庆历三年（1043），"郡守郭志高奏置刀鱼巡简，水兵三百戍沙门岛"⑥。由此可知，宋代的沙门岛不仅仅是当时犯罪之人的流放地，还因地理位置重要，有军队驻扎，且有一定数量的岛民在岛上生活。此外，可以说明从宋代开始，登州的沙门岛就是北方少数民族或政权从海路朝贡中原王朝的必经之路。元朝廷在沙门岛上设置巡检司，"海艘南来转帆入渤海者，皆望此岛（沙门岛）以为表志"⑦。由于元代迁都于大都（1285），即今北京，以元大都为首的北方粮食等物资的供应都需要南方地区的供给，故海运、漕运亦逐渐发达起来。作为登州港外港，沙门岛也渐渐成为海运巷道的必经之地。随着明朝的大一统，东北地区划入明朝版图，辽—登、明—朝、明—日之

---

① 《齐乘》卷 1《山川》，中华书局 2012 年校释本，第 60 页。

② 《读史方舆纪要》卷 36《山东七》，中华书局 2005 年点校本，第 1683 页。

③ 《宋史》卷 1《本纪第一》，中华书局 1977 年影印本，第 12 页。

④ 北宋太平五年（980），十二月辛卯，左拾遗、直史馆张齐贤上疏奏曰："国初以来，犯死罪获贷者，多配隶登州沙门岛、通州沙门岛，皆有屯兵使者领护。……"（江苏省地方志编纂委员会办公室编：《江苏省通志稿·大事志》卷 14《宋》（一），江苏古籍出版社 1991 年版，第 208 页）

⑤ "女真者，渤海之别种也，契丹谓之虏真。地多山林，俗勇悍善射。后有首领三十，分领其种。地多良马。宋初，来贡方物。建隆中，诏登州沙门岛人户，置舟楫济度女真马来往。"（《武经总要前集》卷 16 下，文渊阁四库全书本，第 34 页 a）

⑥ 《方舆考证》卷 17《山东总部》，清济宁潘氏华鉴阁本，第 17 页 a。

⑦ "沙门岛，登州北海中九十里，上置巡检司。海艘南来转帆入渤海者，皆望此岛以为表志。其相联属则有鼍矶岛、牵牛岛、大竹岛、小竹岛，历历海中，苍秀如画。"（《齐乘》卷 1《山川》，中华书局 2012 年校释本，第 60 页）

间的往来加强。朝鲜及日本的船只及"辽运粮船先经此停泊"① 后，再驶向登州。因以海为生的岛上居民或随船往来之人皆信仰海神，即天妃（妈祖），便在岛上建了祭祀天妃的天妃庙，庙岛因此而得名。元、明时期庙岛成为重要的航海驿站，"船行者必洁诚为祭，多蒙神庇"②，香火渐渐旺盛，遂"名以庙岛者以此也"③。这也与明泰昌《登州府志》中"沙门岛，近名庙岛"④ 的记载相一致。道光《重修蓬莱县志》称沙门岛为庙岛。光绪《增修登州府志》记载："沙门岛，今人称为庙岛。"⑤ 此后，沙门岛的称谓逐渐被庙岛代替。民国《蓬莱县志》记载，⑥ 庙岛即古代的沙门岛。概言之，宋代作为犯罪之人流放之地的沙门岛，伴随着娘娘庙或妈祖庙得到人们认可而香火逐渐旺盛，亦成为重要的航海要冲。从明泰昌年间（1620）至清光绪年间，沙门岛与庙岛的称谓并存，民国时沙门岛之名退出历史舞台。

"在烟台未开埠（1861）以前，帆樯林立，凡南北往来朝鲜辽东天津之船只，均须泊此，上水增薪，多至数百艘。"⑦ 由于蓬莱水城的入口处水位较浅，船只需要等到涨潮时才能通过水城门进入登州港，即登州水城内。登州水城门（亦称天桥口或天桥海口）外并没有供往来船舶避风的地方，这与安璥在《驾海朝天录》中"登州泊船处不好，故退泊于此（庙岛）"⑧ 的记载相一致，故庙岛亦称为登州港的外港。⑨ 朝鲜使臣对于庙岛的记述涉及对庙岛形胜及军备的描述、停泊庙岛或往返庙岛和登州途中的感受以及对明朝友人的思念和祭拜天妃等方面。

---

① 泰昌《登州府志》卷6《地理志二·山川》，明泰昌元年刻本，第 12 页 a。

② ［朝鲜］赵澥：《燕行录一云朝天录》，［韩国］林基中编《燕行录全集》第 12 册，韩国东国大学出版部 2001 年版，第 277—278 页。

③ ［朝鲜］李民宬：《癸亥朝天录》，《敬亭集续集》卷1，韩国首尔大学奎章阁藏本，第 25 页 b。

④ 泰昌《登州府志》卷6《地理志二·山川》，明泰昌元年刻本，第 12 页 a。

⑤ 光绪《增修登州府志一》卷3《山川》，《中国地方志集成·山东府县志辑》，凤凰出版社 2004 年影印本，第 48 册，第 42 页。

⑥ 参见民国《蓬莱县志》，台湾青年进修出版社 1961 年版，第 9 页。

⑦ 民国《蓬莱县志》，台湾青年进修出版社 1961 年版，第 10 页。

⑧ ［朝鲜］安璥：《驾海朝天录》，美国哈佛大学燕京图书馆藏本，第 16 页 b。

⑨ 参见（民国）袁式和《蓬莱县地理讲义》，蓬莱县立初级中学 1934 铅印本。

（六月）十一日，庚午。留庙岛。晓，移泊于庙前。……岛之
形势，最为宽阔，峰峦萦纡，围抱左右。其间沙汀横亘数十里，又
有二岛浮出其外，若障空补缺者然。其他海峤之可望者无数。但晴
而愈暗，不得了然耳。峰顶通望处，逐设烟墩，屯田农幕，处处相
望。商船战舰之抛泊近岸者，不知其数。乃近登防汛信地也。天津
卫运粮船三十余艘待风于此。

——李民宬《癸亥朝天录》

上文是李民宬在来程时关于庙岛的记载。天启三年（1623）六月
十日，李民宬一行自黄城岛发行，穿过珍珠门水道后，停泊在庙岛的北
隅。六月十一日，李民宬一行将船停靠在庙岛天妃庙即今庙岛显应宫
（后文详述）前的港口。在李民宬途经的海岛中，庙岛是其中面积最大
的岛屿。李民宬看到庙岛港口的南、北皆有山峰环绕，港口处的沙滩
延绵数十里。一海之隔的南、北长山岛如弥补缺漏般地浮于庙岛的东
侧。除此之外，也有许多岛屿散落在庙岛的东侧。在庙岛港口旁的山顶
处，设有通报军情的烟墩，岛上有许多已开垦的农田和农舍。停泊在港
口的舰船和来往的商船数量非常多。李民宬对此感叹道，庙岛真的是登
州的前沿哨所。李民宬还了解到，在港口停泊的船只之中还有三十余艘
是天津卫运送粮食的船，这些船是在等待南风的到来。

明嘉靖《山东通志》记载，① 沙门岛东南有浅滩可供停靠，深行使
南门可入；东边有门，有暗礁二块，日间可行；西北有门，可入庙前抛
泊。换言之，明末庙岛可供船舶停靠的港口有四处，分别为东南浅滩、
南港口、东港口、西北港口。因孤本泰昌《登州府志》卷之八《海运》
部分缺失，无法确定朝鲜使臣到达庙岛港口时的具体情况。但，康熙
《登州府志》海运部分中的记载②与嘉靖《山东通志》的记载完全一致。
换言之，自明嘉靖年间至清康熙年间，庙岛港口的分布情况并无太大的
变化。东南浅滩因无避风之处，只能暂时停靠。东港口处，因有两块暗

---

① 参见嘉靖《山东通志》卷13《漕河》，《天一阁藏明代方志选刊续编》，上海书店出
版社2014年影印本，第51册，第825页。

② 参见康熙《登州府志》卷10《海运》，清康熙三十三年刻本。

礁，船只仅可在白天出入。南港口避风条件良好，处于庙岛西南处，未
在庙岛—珍珠门—鼍矶岛—黄城岛航线旁，适于船舶长期停泊。西北港
口处于庙岛—珍珠门—鼍矶岛—黄城岛航线旁，且避风条件良好，船只
可以在天妃娘娘庙前停泊。因庙岛自宋代起为往来登州和辽东、连接南
北海运的重要海上交通枢纽，有着悠久的海运历史，故较黄城岛和鼍矶
岛，可供停泊的港口数量较多。据《长岛县地名志》记载，① 庙岛两端
突出成岬角，中部近长方形，东侧较平直。岛岸线长 6.7 千米。岛南部
东侧多山，西侧为狭长平坦地带；北部四周平坦，中有一孤立山丘。
东、西海岸多为卵石和砾石滩。此外，结合金德承《天槎大观》中
"岛之东西，各有龙王、关王诸庙"② 的记载，可以推测明末朝鲜使臣
停泊庙岛时，应停泊于东港口、西北港口处。进一步而言，据李德泂
《朝天录—云航海日记》来程中"（八月）二十二日，甲辰。午后入真
珠门……移泊神女庙前"③ 及李民宬《癸亥朝天录》来程中"（六月）
十一日，庚午。留庙岛。晓，移泊于庙前"④ 的记述，白天时，朝鲜使
臣停靠庙岛东港口，而夜晚时，停靠庙岛西北港口处。综上所述，以李
民宬和李德泂为代表的朝鲜使臣所停泊的港口应该位于东港口，即庙岛
东侧的平缓沿海地，即今庙岛村东侧的码头。该码头，自民国时起称为
庙岛港。⑤ 结合实地考察的结果，可以推断李民宬所看到的庙岛山峰应
该是位于庙岛北端的北山（海拔 44.8 米）、中部的凤凰山（海拔 98.3
米）及南端的台山（海拔 85.3 米）。庙岛码头位于庙岛南端，以岛命
名。码头系钢筋混凝土结构，呈丁字形状，该码头系 1972 年修建。此
外，南港口今名庙岛南口，西北港口今名庙岛北口。

---

① 参见长岛县地名办公室编《长岛县地名志》，山东省新闻出版局 1989 年版，第 131 页。
② ［朝鲜］金德承：《天槎大观》，《少痊公文集》卷 2，韩国国立中央图书馆藏本，第
20 页 b。
③ ［朝鲜］李德泂：《朝天录—云航海日记》（《竹泉遗稿》），载［韩国］曹圭益《朝天
录—云航海日记》，《韩国文学与艺术》2008 年第 2 辑，韩国崇实大学韩国文学与艺术研究所，
第 317 页。
④ ［朝鲜］李民宬：《癸亥朝天录》，《敬亭集续集》卷 1，韩国首尔大学奎章阁藏本，
第 25 页 b。
⑤ 参见民国《蓬莱县志》，台湾青年进修出版社 1961 年版，第 10 页。

（三月）二十日，戊辰，晴。……（自登州）巳时乘船，午初
发行，泊庙岛前洋，无风故也。岛有堡，堡有千总，常舣战舰数十
余只把截港口矣。

——洪翼汉《花浦先生朝天航海录》

以上引文是洪翼汉在归程中，到泊庙岛东侧海域时，观察并记述有
关庙岛军备的情况。舣，靠岸；停靠。天启四年（1624）三月二十日，
洪翼汉乘船自登州发行，停泊在庙岛前的海面之上。在此过程中，洪翼
汉了解到，庙岛上有为军事防御目的建设的小城。岛上还有一定数量的
明军驻守，最高长官为千总①。在港口处还长期停泊着用于庙岛港口和
登州防务的数十艘战舰。天启六年（1626）来程中，金尚宪停泊庙岛，
并登上了庙岛的城楼赏月赋诗。

八月十五日，登庙岛城楼玩月，次春城韵

危楼缥渺瞰城头，影落沧溟日夜浮。
明月满天凉露湿，悄然孤客不堪留。

——金尚宪《朝天录》

此诗是金尚宪与南以雄的和答诗。春城②，即春城君——南以雄。
天启六年（1626）八月十五日即中秋之夜，金尚宪与南以雄二人登上
庙岛的城楼赏月，并作诗留念。此诗是说在八月十五月圆之夜，海中的
雾气萦绕着庙岛上高高的城楼，站在城楼之上，眼前是倒映在波澜海面
上的城楼之影，这样的映像，在无数个日日夜夜中，随着潮起潮落不断
变换。中秋满月的月光撒满海面和岛屿，晚秋之夜寒意阵阵，忧愁而孤
单的旅人不能在此长时间停留。这首诗中，金尚宪描写了中秋之夜的庙
岛城楼和庙岛海域的美景，表达了金尚宪对时事变迁的感叹及思乡之
情。通过此诗，可知庙岛和庙岛城楼的悠久历史以及庙岛城楼的大致位

---

① 武职官名。明始设，为驻守京师和镇戍边境的领兵官，无品级，无定员。
② "遣春城君南以雄、同知中枢府事金尚宪、书状官金地粹如京师。"（《朝鲜王朝实
录·仁祖实录》卷13，仁祖四年闰六月二十八日）

置。城楼应是前文洪翼汉所说的庙岛之上的城堡。如前文所述，以李民
宬和李德泂为代表的朝鲜使臣停泊船只的港口是今庙岛村东侧的庙岛码
头。据金尚宪诗中"影落沧溟日夜浮"的描述，庙岛城楼位置应紧邻
大海，朝向应为坐南朝北。进一步而言，庙岛城楼是军事防御之所，需
要及时发现来自北部海面和附近海域的敌情，并可一览庙岛主要港口的
全景。此外，因庙岛自宋代起即为往来船只停泊、避风、补给之处，且
为进出登州和山东北部的门户，故此城堡与黄城岛上的明将韩宗功建造
的官衙——"卧薪轩"相比，在规模上应远远大于黄城岛副总兵衙门。
结合地方史志和实地考察，此城堡应位于今庙岛北部的北山之上。

图 1 - 15　远处左侧山丘即为庙岛北山

（九月）二十九日，甲戌。晓，到鼍矶下碇。良久，天始明，
遂下腰樯，举前帆发船，出洋视之，浪势尤急于曩日，到庙岛，得
见书状船，慰不可言。

——全湜《槎行录》

天启五年（1625）九月二十九日，全湜一行在来程中自黄城岛向

西南发行，黎明前到达舵矶岛。在天亮后，放下中帆，扬起前帆，尝试着前往庙岛。此时的风浪较前日大了很多，在经过艰辛的行船后，见到了书状官李莯所乘船只平安到达庙岛，心中甚是宽慰。故在庙岛港口，即今庙岛码头写下了《庙岛偶吟》一诗。

庙岛偶吟

一粟沧溟渺，三旬老病侵。

鲸波常汹涌，萍迹动崎嵌。

已断思家梦，惟殚报国心。

危途有生道，益觉圣恩深。

——全湜《朝天诗（酬唱集）》

首联是讲在使行明朝的海路中，作者像沧海一粟般渺小而无助。天启五年（1625）九月一日全湜（1563—1642）自朝鲜宣沙浦起航后，因海路使行途中的劳顿，再加六十三岁的高龄，劳苦万分。旬，十天。颔联是说庙岛之前的海路，时常惊涛骇浪。在风浪交加、海雾弥漫的茫茫大海之上，无法辨别方向的船只能听天由命，任船舶随波漂流。这样的海路旅途十分艰难。鲸波，指汹涌的波涛。萍迹，亦作萍迹，形容人居无定所，到处奔波。崎嵌，崎岖的山路，此处是指海路使行的艰辛。颈联是说在停泊庙岛港口后，全湜安心地进入梦乡，梦到了朝鲜家中的事情。在梦醒时分，心中唯有精忠报国的信念。前夜，全湜夜泊黄城岛待风，心中无比焦虑，且在前往庙岛途中"浪势尤急"，难以入眠，故在停靠庙岛港口后才较为安心地入睡。尾联是讲在充满艰难险阻的海路中，自己可以平安地到达庙岛，这真是朝鲜国王仁祖、明朝皇帝及苍天的圣恩。此外，崇祯三年（1630）初春，崔有海在返回朝鲜的途中，暂泊庙岛时，写下了《泊庙岛》一诗。此诗描写了庙岛春日的晚景，表达了崔有海对明、朝两国国事的担忧及作别登州友人的悲伤之情。

泊庙岛

漂泊心焦为国忧，楼船初发暮云浮。

蓬莱阁迥浑疑画，渤海波澄似不流。

鸭绿春晴归路远，鹅黄柳拂石洲幽。

文章节义神交在，落月篷窗动别愁。

——崔有海《东槎录》

　　前两句是讲作者归国途中到泊庙岛时，心中充满了对明朝和朝鲜的忧虑之情，其乘坐的船只从登州出发的时候正是晚霞满天的时候。明天启七年（1627）七月，后金军队发动了对朝鲜的战争，即"丁卯虏乱"（韩国称为"丁卯胡乱"）。随后，朝鲜、明朝、后金三方的关系发生了变化，虽"壬辰再造之恩，实万世不可忘"①，但因形势所迫，朝鲜不得已由"尊明"转变为"奉清"，这使东北亚国际秩序也发生了重大变革。② 崇祯二年（1629）十月，皇太极率领十万后金大军围逼明朝京师。彼时，明朝各地农民起义风起云涌。种种迹象都表明明朝和朝鲜处于极其动荡的危局之中。第三四句是说在归去的船中回望蓬莱阁的美景，秀美如画，渤海的海波因无风好似静止一般。第五六句是说遥想此时的鸭绿江（明、朝两国的分界线）应该是春意盎然，晴空万里吧，但此行归去的路途亦十分遥远。开着浅黄色花的垂柳正随风摇曳，黄昏下的庙岛非常静寂。最后两句是说在暂居登州的这段时间与明朝众文人唱和的诗作以及与他们愉快相处的场景会永远留在自己心中。月光照进归去的船舱中，作者心中充满与明朝友人作别的悲愁。神交，亦作神契，指双方精神上情投意合的交流。下面这首诗是崔有海在归途中停泊庙岛期间，写给明朝友人张众庵即张可度的一首五律诗。张可度，字季茂，号众庵，金陵人，③ 时山东登莱总兵张可大之弟。

寄张众庵

为待同行客，芳洲一日留。

沧波千里梦，明月五更愁。

---

① 《朝鲜王朝实录·肃宗实录》卷39，肃宗三十年元月十日。

② 参见王臻《朝鲜前期与明建州女真关系研究》，中国文史出版社2005年版，第187—188页。

③ 参见［朝鲜］崔有海《读杨浦遗稿题词》，《东槎录》卷1，韩国国立中央图书馆藏本。

春色晴疑雨，风声晓似秋。

相思烟树暝，怅望任东流。

————崔有海《东槎录》

这首诗主要描写了崔有海对友人张可度的思念之情。全诗是说为了等待与自己同行的张可度，崔有海在春色盎然的庙岛停留了一天。月光下暗潮涌动的大海阻隔了两人的再次重逢，直到第二天的黎明，作者心中离别的忧愁仍挥之不去。正是这种离别之愁让眼前明媚的春景好似雨天，拂面的春风听起来也像秋风一般孤寂。心中思念之情，使得作者眼前海雾萦绕的庙岛树林黯淡无光。作者站在庙岛港口处，惆怅地远望着起伏的大海，任其东流。五更，自黄昏至拂晓的一整夜。

图 1 – 16　庙岛北口湾

右侧山丘为庙岛北山。

据相关方志记载，[①] 庙岛，即沙门岛，五代、宋时属蓬莱县沙门寨

---

① 参见长岛县地名办公室编《长岛县地名志》，山东省新闻出版局 1989 年版，第 70 页；《中国海岛志》编纂委员会编著《中国海岛志·山东卷》第 1 册，海洋出版社 2013 年版，第 205 页。

地,元、明属蓬莱县沙门社。清道光年间建庙岛社,辖庙岛、山前两村。1928 年仍为庙岛社,属长山八岛民政局。1934 年设庙岛乡,1945年长岛第一次解放后设庙岛区,辖南长山岛、北长山岛、大黑山岛、小黑山岛和庙岛五岛的村庄,同年将南长山岛和北长山岛各村划出。1946年调整区划,庙岛区辖庙岛和北长山岛各村。1948 年国民党占领长岛,庙岛为独立保。1949 年长岛第二次解放后设庙岛乡,辖庙岛和北长山岛各村。1958 年属庙岛大队,1962 年属北长山公社,1984 年属北长山乡,1985 年,属庙岛乡。2000 年庙岛乡和北长山乡合并,设立北长山区公所。庙岛属北长山区公所。2003 年,改设北长山乡,庙岛属北长山乡。今属烟台市蓬莱区长岛海洋生态文明综合试验区北长山乡。

二 天妃娘娘庙①

如前所述,庙岛因有供奉海神——天妃的庙宇而得名。因往来海路异常凶险,故大部分途经庙岛的朝鲜使臣都会进入天妃娘娘庙或在船上,拜祭天妃娘娘,以求其庇护。朝鲜使臣所说的天妃娘娘庙,抑或天妃庙、神女庙,始建于北宋时期,岛上居民为求海神庇佑,在沙门岛凤凰山前修筑了天妃娘娘庙。

> (九月)二十六日,癸丑,晴晓。有北风候,即为悬帆。辰时到黄岛。一、四两船昨日已先到泊。岛上有娘娘庙,故号为庙岛。娘娘乃女号之尊名。昔者,有一女子死为海神,能号令四海之神、河伯、江神,故自前敕封娘娘圣女庙。船行者,必洁诚为祭,多蒙神庇。故后世仍以为庙尊祀之矣。到此,即令船人沐浴,炊饭作饼且兼果实以祭之。军官、译官等争相下船观光于庙中,不之禁也。
>
> ——赵濈《燕行录—云朝天录》
>
> (六月)十一日,庚午。留庙岛。晓,移泊于庙前。汉林蕴之女殁为水神,敕封"天妃",名以庙岛者以此也。
>
> ——李民宬《癸亥朝天录》

---

① 使行文献中亦记载为天妃庙、神女庙、娘娘庙、天妃观、天始圣母之庙。

　　上文所言的天妃，皆为民间女子，死后成为海神。赵文中进一步记述，"能号令四海之神、河伯、江神，故自前敕封娘娘圣女庙。船行者，必洁诚为祭，多蒙神庇。故后世仍以为庙尊祀之矣"。这与大多数的方志记载①相一致，但李文中说，天妃为汉代林蕴之女。林蕴，福建莆田人，字复梦，（林）披之子，唐贞元年间任西川节度使。② 伴随着海运的发展，天妃即妈祖文化自福建向北传播，在这一过程中，关于天妃的身世，出现了许多不同版本的传说。这或许也可以解释朝鲜使臣郑斗源在《朝天记地图》中出现的不同记载。

> 　　庙岛属登州……有天妃娘娘庙，故后人名之曰："庙岛"。娘娘，海神也，自汉武时，敕封立庙，至皇明尤张大之。殿阁雄丽，金碧辉煌，显应非常，过者皆祭。
>
> 　　　　　　　　　　——郑斗源《朝天记地图·庙岛图》

　　关于天妃的身世，郑斗源所听说的版本是，天妃乃海神，自汉武帝时期，人们就已经为其建庙祭祀。此种说法应是源于天妃的父辈是汉代人士的传说。此外，关于天妃的身世，朝鲜使臣申悦道则记载了另一种版本的传说。

> 　　（九月）初九日，丙寅，大风微雨。午后，乘顺风发船，过真珠门，申时泊于庙岛。岛有天妃庙，天妃，即东海广德王第七龙女也。凡舟行过是庙者，有祷颇着灵异，前代立祠封号，本朝增修敕封。杨总兵国栋重修庙宇，立石记事，并为毛帅所打破云。
>
> 　　　　　　　　　　——申悦道《朝天时闻见事件启》

　　申悦道听说的天妃是"东海广德王第七龙女"。这样的说法源于

---

　　①　"天妃，福建莆田人，宋都巡检林源之女，殁为神，于海上屡着灵应。濒海郡县建祠祀之。"（雍正《山东通志》卷21《秩祀志》，文渊阁四库全书本，第32页b）都巡检，亦称都巡检使，宋代官职，掌管训练士兵，负责州县治安。

　　②　"林蕴字复梦，披之子。贞元，中明经及第，复应贤良方正科，为西川节度。"（弘治《八闽通志》卷71《人物》，明弘治刻本）

元代进士——登州人刘遵鲁《漠岛记》之中的记载，即"（天妃）庙曰：灵祥，神曰：显应神妃。耆民相传（天妃）为东海广德王第七女"①。广德王为东海海神的封号。宋元时期，伴随着漕运和海运的发达，庙岛作为中转驿站的作用日益重要，关于天妃出身的传说也渐渐增多，出现了天妃娘娘、天妃、天后、龙女等称谓。朝鲜使臣对于天妃的众多不同记载反映出明代末期，在登州庙岛海域，关于天妃出身的传说至少有三种，且庙岛当地人对天妃娘娘庙的称呼也各有不同。但不管怎样，通过朝鲜使臣的记载，可以得知明末登州总兵杨国栋曾重修天妃娘娘庙；明末的天妃娘娘庙"殿阁雄丽，金碧辉煌"；因听说天妃"有祷颇著灵异"，在往返途中，朝鲜使臣皆会拜祭，以求往来海途的平安。

图 1-17 今庙岛码头的天妃娘娘塑像
远处建筑群为庙岛显应宫。

---

① （元）刘遵鲁：《漠岛记》，道光《重修蓬莱县志》卷12《艺文志上》，清道光十九年刻本，第17页 b。

据光绪《增修登州府志》记载，[①] 天妃在宋代始封为"灵惠夫人"。宋崇宁间，赐庙，额曰：灵祥。元天历间，改额：灵应。元至正年间，加封"感应神妃"。元统二年（1334），加封"辅国护圣庇民广济福惠明着天妃"。清康熙十九年（1680），敕封"护国庇民妙灵昭应宏仁普济天妃"。康熙二十三年，加封"天后"。雍正十一年（1733），确定直省地方官进行春、秋祭祀。乾隆二年（1737），加"福佑群生"四字。乾隆二十二年（1757），加"诚感咸孚"四字。乾隆五十三年（1788），加"显神赞顺"四字。嘉庆五年（1800），加"垂慈笃祐"四字。嘉庆六年（1801），敕封天妃之父为"积庆公"，其母为"积庆公夫人"，春秋致祭于显应宫后殿。道光六年（1826），颁"安澜利运"匾额及祭文，会典直省御灾捍患诸神于民有功德者加封号，立专祠，每年的春、秋，所在守官员皆需准备祝文、香帛、羊、豕、尊、爵等祭祀物品，所着朝服和行礼均与祭祀关帝相同。

天妃娘娘庙始建于北宋时期。北宋嘉祐五年（1060），福建南日岛船民移奉"龙女"灵位于庙岛佛院。宣和四年（1122），闽籍船民复于佛院中开辟"海神娘娘"香火院。早期显应宫规模很小，至元十八年（1281），当时参与海运的闽籍船民"集资括地"，在原址上增修屋宇殿堂，把整个沙门岛佛院改造成为专门奉祀海神妈祖的道场。[②] 此后历代皆有修葺。据庙岛村村民林荣发（男，78岁）介绍，原显应宫被毁于20世纪70年代。1983年，上级政府拨款，村民集资，重建了显应宫。2015年，当地政府修葺了后殿和大殿。原显应宫面积并不大，在80年代重修时，跟庙岛村征了十四亩地，把院墙建了起来，成为现在的北门。原天后宫是个"品"字庙，顶上一个大庙，底下两个小庙。大庙为显应宫，两个小庙分别为关公庙和三元宫。

简言之，朝鲜使臣所提及的天妃娘娘庙历代名称变化如下：（宋代）灵祥庙、灵应庙→（元代）海神娘娘香火院、灵祥庙→（明代）

---

① 参见光绪《增修登州府志》卷11《庙坛》，《中国地方志集成·山东府县志辑》，凤凰出版社2008年影印本，第48册，第115页上栏。

② 李宗伟主编：《山东省省级非物质文化遗产名录图典》第2卷，山东友谊出版社2012年版，第433页。

天妃庙①、神女庙、天妃娘娘庙、娘娘庙、天妃观、天始圣母之庙、灵
祥庙②→（清代）天妃庙③、天后宫、龙女庙④、显应宫⑤、灵祥庙⑥→
（民国）龙女庙⑦、显应宫⑧，今为庙岛显应宫。

图 1 - 18　今庙岛显应宫

① "沙门岛，在县北境海中六十里，昔海运故道也。上有天妃庙，历代皆有封额。"（泰
昌《登州府志》卷6《地理志二·山川》，明泰昌元年刻本，第12页a）

② "灵祥庙在府北海中，沙门岛上；一在丹崖山之阳，其神为水灵之最。"（嘉靖《山东
通志》卷18《祠祀》，《天一阁藏明代方志选刊续编》，上海书店1990年影印本，第51册，第
1141页）

③ "天妃庙，一在府城北丹崖山之阳；一在北海中，沙门岛上。"（雍正《山东通志》卷
21《秩祀志》，文渊阁四库全书本，第32页b）

④ "沙门岛，……上有龙女庙。"（光绪《增修登州府志》卷3《山川》，《中国地方志集
成·山东府县志辑》，凤凰出版社2008年影印本，第48册，第42页下栏）

⑤ "显应宫，（在）沙门岛，祀天后圣母。"（道光《重修蓬莱县志》卷2《地理志》，清
道光十九年刻本，第31页b）

⑥ "灵祥庙有二：一在府北水城内，丹崖山之阳；一在沙门岛。县志：祀天妃"（嘉庆
《大清一统志》卷173《登州府》，上海古籍出版社2008年影印本，第449页）

⑦ "庙岛，即古之沙门岛，因岛上有龙女庙，故名庙岛。"（民国《蓬莱县志》卷1《地
方志·岛屿》，台湾青年进修出版社1961年版，第9—10页）

⑧ （民国）林斯陶：《蓬莱庙岛揽胜记》，《关声》1934年第3卷第9期，第67—69页。

天启五年（1625）三月二十日，朝鲜使臣李德泂、吴翻、洪翼汉一行先后自登州发船，踏上归国之路。据书状官洪翼汉《花浦先生朝天航海录》记载，三月二十日，"巳时乘船，午初（自登州）发行，泊庙岛前洋"。三月二十一日，"出珍珠门，将向龟矶屿，猝为逆风所蹴，旋舻走入珍珠门，与上、副船留泊"。三月二十二日，"大雾障港口。日晚，风起雾消，海碧如铜，逆风犹壮，不得发船。留泊珍珠门"。三月二十三日，"早朝，进天妃庙焚香。岛人云：'是日即圣母诞辰'"，正使李德泂"特举祀事祈风"①。换言之，天启五年（1625）三月二十三日，即天妃诞辰之日，洪翼汉进入天妃娘娘庙，礼拜天妃神像，祈求归途顺风、平安。

泊庙岛

（有天妃娘娘庙，过海船必祈风于此）

春波如练好风迟，处处移帆近古祠。

向夜悄然人语静，船头香火礼天妃。

——吴翻《燕行诗》

此诗是副使吴翻在停泊庙岛时所作。吴翻在诗题后添加自注，即"有天妃娘娘庙，过海船必祈风于此"，这与方志中，庙岛为"海道咽喉之地"②的记载一致。换言之，这再次说明庙岛交通地理位置的重要性及天妃娘娘庙在往来客商心中无可替代的位置。这首诗是说早春清晨的海面，在阳光的照耀下，洁如白绢。南来北往的船只正缓缓地向天妃娘娘庙前的港口驶去。与夜晚庙岛前洋的寂静景象不同，白天的庙岛港口热闹异常。作者在所乘船只的前甲板上，点香礼拜天妃，祈求天妃的庇护，保护使臣团可以安顺归国。明崇祯元年（1628）之前，祭祀天妃诞辰的活动，即"三月二十三娘娘诞辰庙会"主要是由民间主持。此后，因明末显应宫"召立官庙"，及清康熙年间在庙岛设立海关，③

---

① 参见［朝鲜］洪翼汉《花浦先生朝天航海录》卷1，韩国国立中央图书馆藏本，第28页a—29页a。

② 雍正《山东通志》卷20《海疆志》，文渊阁四库全书本，第26页b。

③ 张廷国、刘援朝、张红梅：《长山列岛的语言及民俗文化研究》，山东大学出版社2015年版，第59页。

显应宫庙会日渐兴旺。人们对天妃即妈祖的信仰主要是一种海洋文化，也是一种与道教紧密结合发展而来的文化。[①] 换言之，天妃娘娘庙中主持日常活动的人应为道士。这也正是朝鲜使臣金尚宪称天妃娘娘庙为"天妃观"的原因。天启六年（1626），朝鲜使臣金尚宪在来程途中的诗中描述了明末天妃娘娘庙中的道士。

咏天妃观道士

千仞孤山百尺台，贝宫珠阁倚天开。

丹经一案无余事，祇向三山待鹤来。

——金尚宪《朝天录》

图1-19 今供奉天妃神像的庙岛显应宫万年殿

诗的前两句是描写天妃娘娘庙的远景，即作者伫立在船头仰望坐落在庙岛高丘之上的天妃庙，如同瑶台仙境般的天妃娘娘庙华丽异常。诗的后两句说，作者停泊庙岛港口后，上岸进入天妃娘娘庙内拜祭天妃，

---

① 周霞：《海洋文化信仰与胶东妈祖的兴盛》，鲁东大学胶东文化研究院编《胶东文化与海上丝绸之路论文集》，山东人民出版社2016年版，第150页。

看到庙内的道士正坐在桌儿旁专心阅读有关炼丹的书籍，静静地等待来自三山仙境的飞鹤。丹经，关于炼丹术的专书。余事，无须投入主要精力的事，正业或本职工作之外的事。三山，指仙境，亦称三壶。晋王嘉《拾遗记·高辛》："三壶，则海中三山也。一曰方壶，则方丈也；二曰蓬壶，则蓬莱也；三曰瀛壶，则瀛洲也。"① 与李德洞、吴翻、洪翼汉一行不同，金尚宪在天启六年（1626）到达庙岛时，天妃娘娘庙内稍显冷清，只有道士在庙内专心阅读经书。时至今日，庙岛在每年的正月十五都会举行规模盛大的庙会，而显应宫内仍然可以见到身着道袍、挽着发髻的道士。

三　登州山

据道光《重修蓬莱县志》的记载，② 自庙岛开船，乘正北风，向南行约三十里，将过长山岛浅滩。若值风急浪高，难以前进，再行二十里，可停泊于登州府蓬莱县的水城天桥外。此段海路共计五十里。蓬莱县三面环海，依山建城，正北处有蓬莱阁，天桥口海在其东，船只可以出入。换言之，朝鲜使臣进入登州府境域的黄城岛时，虽有感于海路使行的艰险与不易，但当朝鲜使臣自庙岛前往登州，远远望见齐鲁大地东端的登州诸山时，心中愉悦之情代替了之前的焦虑和忐忑。天启二年（1622）五月二十五日黎明，吴允谦一行自庙岛发船，"午后，到泊登州城下"③。在此途中，当船上众人看到久违的大陆时，喜悦之情溢于言表。

望见登州山

遥望登州点点山，欣然如见故人颜。

一时船上欢声合，方信人间此路难。

——吴允谦《朝天诗》

诗中所说的登州山泛指登州水城，即今蓬莱水城北部的丹崖山、

---

① 《拾遗记》卷1，明刻《汉魏丛书》本，第9页a。

② 参见道光《重修蓬莱县志》卷4《武备·海运》，清道光十九年刻本，第24页a。

③ ［朝鲜］吴允谦：《海槎朝天日录》，《楸滩集》，韩国首尔大学奎章阁藏本，第3页b。

田横山等山。此诗的前两句是说作者站在船头远远地望见模糊的登州诸山，高兴得好似见到了久违故友的容颜。"故人颜"有两层指代之意：其一，自幼深受中国儒教文化熏陶的朝鲜使臣望见儒家众贤的故里——齐鲁大地，心中的认同之感油然而生。其二，历尽海路使行的生死体验后，终于见到使行之旅的陆路起点——登州，情不自禁地心生安稳之感。诗的后两句是说同吴允谦一样，船上众人也十分高兴和欣慰，并欢呼跳跃。对此作者感叹，虽听说海路使行的不易，但时至今日才真正体会到海路使行的艰难。因海路使行途中，经常发生船只遭遇暴风触礁沉没的事件，以至在当时朝鲜国内，对出使明朝之事，人人心怀畏惧，"皆规避，行赂得免者"① 甚多。临危受命的吴允谦对此并未推辞，而是怀着赤胆忠心，顺利地完成了出使明朝的任务。对此，朝鲜史官称赞吴允谦是"两朝一荩臣也。海路行役，人皆巧避，百般图嘱，必递后已。而允谦最晚受命，少无惧色……涉险登、莱，中国亦知其有人。虽古之忠臣义士，何以过此？人臣尽瘁之义，不当如是耶？"②

　　天启六年（1626）八月，自庙岛到登州的来程途中，金地粹和金尚宪二人写有四首题为《沙门渡舟上》的唱和诗。

沙门渡舟上·其一③

沙门西岸是登州，隐隐蓬莱水上浮。
望见仙居解缆去，一年明月满船秋。

——金地粹

次韵

忆昔南游到济州，丽礁晴影海中浮。
宛然今日蓬莱阁，鳌戴移来问几秋。

——金尚宪

---

① 《朝鲜王朝实录·光海君日记》卷 56，光海君十三年四月十三日。
② 《朝鲜王朝实录·光海君日记》卷 61，光海君十四年五月六日。
③ 均收入金地粹《朝天录》。

　　《沙门渡舟上·其一》主要是说金地粹自庙岛港口，即今庙岛北口的北山之上，南望登州，此时蓬莱阁如同漂浮在海面之上一样。远远望见了仙人的住所后，作者一行便解开缆绳，向登州驶去。这时，皎洁的月光洒在秋夜行驶的船上。沙门，即沙门岛，亦称庙岛。金尚宪，字叔度，号清阴、石室山人、西涧老人。金尚宪在和诗中主要是讲自己曾经坐船去朝鲜济州岛游玩，看到济州岛高楼青蓝色的倒影随海波不断地浮动，那样的景色很像今天见到的蓬莱阁之美景。济州岛和登州岸边的美景就像传说中的渤海巨鳌举托搬移而来。丽谯，亦作丽樵，原为三国时期曹操所建楼阁之名，以华丽著称，后世借指华美的楼阁。鳌戴，神话中神仙居住之所。传说渤海之东有大壑，其下无底，中有五座仙山，常随潮波上下漂流。天帝恐五山流于西极，失群仙之居，乃使十五巨鳌轮番举首顶之，五山才峙立不动。在前文提到金尚宪在《八月十五日，登庙岛城楼玩月，次春城韵》中记述，天启六年（1626）八月十五日与春城君，即南以雄同登庙岛城楼赏月。换言之，八月十五日夜，金尚宪和南以雄结束赏月后，一行两使皆乘船驶离庙岛，前往登州。《次沙门渡舟上》应是金尚宪在此途中所写的诗作。

沙门渡舟上·其二①

高高明月照樯头，极浦寒声动客舟。

潮落潮生夜已尽，水城清晓见登州。

——金地粹

次韵

南商北客簇沙头，画鹢青帘几处舟。

齐唱竹枝联袂过，满城明月似扬州。

——金尚宪

---

①　均收入金地粹《朝天录》。

图 1 - 20　《朝天图》

金地粹所说的"南商北客簇沙头"之处，韩国国立中央博物馆藏本。

《沙门渡舟上·其二》主要是讲高悬的明月照在高高的桅杆顶端，来自北边遥远岸边的秋风吹动着，此时的风声令作者为之动容。航行的船只伴随着海浪起起落落，在这颠簸起伏之间，夜尽天明。在天亮时，作者一行终于平安到达登州水城，见到了一直萦怀的登州。

金尚宪在和诗中的前两句"南商北客簇沙头，画鹢青帘几处舟"是说南来北往的客商聚集在登州北岸的沙滩边，热闹非凡。在沙滩的浅水处停泊着各种船舶，有商船，有客船，也有悬挂青布帘子、贩卖酒水的船只。因古人相信在船首上画上鹢鸟之像可以使船只经受住风浪的考验，故将船称为"画鹢"。青帘，悬挂于酒家外的青色标识。"齐唱竹枝联袂过，满城明月似扬州"是说许多卖唱的女子与作者擦肩而过，月光之下的登州城十分的繁华，如同朝鲜都城汉阳一般。此处需要注意的有两点：其一，正使金尚宪与书状官金地粹应是在不同的时间到达登州。进言之，金地粹应当先于金尚宪到达登州。金地粹在到达登州时，应是在八月十五日中秋节的前半夜。此时，登州水城旁的岸边人头攒动，非常热闹。

其二，明末登州的繁华程度足以与朝鲜的都城汉阳相提并论。"（朝鲜）太祖三年，定都于汉阳府，即古扬州。"① 即1394年，朝鲜王朝太祖李成桂定都于古扬州，即汉阳，今韩国首尔。金地粹所说的"南商北客簇沙头"之处，结合方志记载和实地考察，应在今烟台市蓬莱区和平广场北侧的沙滩（蓬莱区画河的蓬莱水城西侧入海口）附近。

　　综上所述，按照明代的称谓，朝鲜使臣从黄城岛至登州水城的所经地名依次为1. 黑水海（黄城洋、千里海、黄域、黄城之海、皇城大洋、黑海）；2. 黄城岛（皇城岛、黄城、皇城、漠岛）；3. 鼍矶岛（舵矶岛、砣矶山、鼍矶、鼍机、龟矶屿）；4. 珍珠门（真珠门）；5. 庙岛（沙门岛、沙门）。按照考证、实地考察和采访记录，现在的称谓，依次是，1. 老铁山水道；2. 烟台市蓬莱区长岛海洋生态文明综合试验区北隍城乡北隍城岛；3. 烟台市蓬莱区长岛海洋生态文明综合试验区砣矶镇砣矶岛；4. 烟台市蓬莱区长岛海洋生态文明综合试验区北长山乡珍珠门水道；5. 烟台市蓬莱区长岛海洋生态文明综合试验区北长山乡庙岛。

图1-21　蓬莱区画河的蓬莱水城西侧入海口附近

---

① ［朝鲜］李荇：《新增东国舆地胜览》卷11《扬州牧》，韩国首尔大学奎章阁藏本。

图 1-22 烟台市蓬莱区和平广场北侧的沙滩

第二章　登州府、登州水城、登州城

第一节　登州府

据相关方志记载①，登州，禹贡青州之域，古莱子之国。战国属齐，秦属齐郡，两汉、晋属东莱郡，元魏置东牟郡，属光州。隋属东莱郡，隶青州。唐置登州。武德四年（621），在文登县、观阳县曾置登州，治所在文登。如意元年（692）于牟平县置登州，领文登、牟平、黄三县。神龙三年（707）自牟平徙登州于蓬莱镇南一里，析黄县之蓬莱镇，置蓬莱县。唐天宝元年（742），改登州为东牟郡，乾元元年（758），复为登州。元初，登州属益都，领四县，曰蓬莱、曰黄、曰福山、曰栖霞，以蓬莱为治所。换言之，登州的称谓始于唐代。蓬莱成为登州治所所在地，则是始于神龙三年，登州治所从唐牟平县往西北方向迁移九十里，即蓬莱镇南一里的地方。洪武元年，省蓬莱县入州，统隶莱州府。洪武六年（1373），改隶山东行省，留胶水属莱州府。洪武九年（1376），升为登州府，仍置蓬莱县，割莱之招远、莱阳及宁海州、文登县以属，凡领州一县七（蓬莱县、黄县、福山县、栖霞县、招远县、莱阳县、宁海州、文登县），隶山东承宣布政使司，蓬莱县为登州府治所。换言之，从唐代开始，蓬莱一直是登州治所驻地。从洪武九年开始，蓬莱被正式称为登州

① 参见《元和郡县图志》卷11，中华书局1983年版，第311页；《舆地广记》上册，四川大学出版社2003年版，第116页；《太平寰宇记》卷20《河南道二十·登州》，中华书局2007年点校本，第406页；《旧唐书》卷38《地理志一·河南道》，中华书局1976年版，第1456页；《齐乘》卷3《郡邑》，中华书局2012年校释本，第211页；泰昌《登州府志》卷1《沿革》，明泰昌元年刻本，第1页a—3页b；民国《蓬莱县志》，台湾青年进修出版社1961年版，第2页。

城（今在山东省烟台市蓬莱区内）。民国初，废府存县，直隶山东省。1991 年，撤销蓬莱县，设立蓬莱市（县级），以原蓬莱县的行政区域为蓬莱市的行政区域，由烟台市代管。2020 年 6 月，原蓬莱市被撤销，变更为烟台市蓬莱区。

登州治所所在的登州城在明代称为大城。"大城之外，北接备倭城"①，即登州城迤北的水城在明代称为备倭城。大部分明代朝鲜使臣并没有将登州城和登州水城区分开来，而是将两者合为一体来记述。换言之，当时大部分朝鲜使臣认为登州水城即登州城，登州城即登州水城。此外，由于登州为东牟故地，故亦有朝鲜使臣将登州城和登州水城合称为东牟城，将登州水城称为东牟水城，将登州称为东牟郡或东牟乡。

第二节　登州水城②

一　登州水城

从广义上来说，安璥所言及的登州、李德泂所记载的登州水门、金德承所说的水门城，抑或申悦道提到的登州水城门都是指李民宬所说的从庙岛出发海行八十里③所到的登州城。但是从狭义上来说，明代朝鲜使臣所到达的登州在当时称为备倭城（俗称水城），清代名为水城，④今亦称为水城⑤或蓬莱水城，⑥位于烟台市蓬莱区蓬莱阁景区内，属蓬莱区蓬莱阁街道。

> 水城在府城北。宋庆历间，浚池引海水，置寨以备北虏，皇明环以砖城，置师府。
>
> ——郑斗源《朝天记地图》

（八月）二十三日，乙巳，晴。早潮上，与诸船同举帆。薄晚，泊

---

① 泰昌《登州府志》卷 5《地理志一·城池》，明泰昌元年刻本，第 2 页 a。
② 使行文献中亦记载为登州外城、水城、水门城、外北城、东牟之水城。
③ 参见［朝鲜］李民宬《癸亥朝天录》，《敬亭集续集》卷 1，韩国首尔大学奎章阁藏本。
④ 康熙《蓬莱县志》卷 1《城池》，清康熙十二年刻本，第 11 页 a。
⑤ 山东省蓬莱市史志编纂委员会编：《蓬莱县志》，齐鲁书社 1995 年版，第 222 页。
⑥ 烟台市地方志编纂委员会办公室编：《烟台志》，科学普及出版社 1994 年版，第 446 页。

登州水门外。登州，古嵎夷国也。地势极东，石崖薄海，丰屋崇墉，扑地擎天，实为雄籓巨镇。

——洪翼汉《花浦先生朝天航海录》

郑斗源简略地记述了登州水城的历史。洪翼汉则描述了天启四年（1624）八月二十三日到泊登州水城门外时，看到“石崖薄海，丰屋崇墉，扑地擎天”，遂发出了登州“实为雄籓巨镇”的感慨。《驾海朝天录》中，安璥也描述了当时所见到的雄壮之景。

（六月）十九日，晴。日落后，到登州，宿于船上。仰观重城，周遭于海岸。引潮入门，藏战船于其中，可容万艘。女墙耸云。蓬莱仙阁，丹艧缥缈于中天，影落冯夷之宫。游人士女，避暑城堞。楼台之上，明灯踏歌处处同。

图 2－1 《朝天图·登州外城》

韩国国立中央博物馆藏。

天启元年（1621）六月十九日，安璥到达登州，并停泊在登州水城外时，对登州水城留有记述。此处的“重城”指登州水城。女墙，城墙上呈凹凸形的小墙。冯夷，即河伯，传说中黄河的水神。登州水城的城墙依海而建，城墙高耸入云。登州水城是将海水引入城中形成内海，可供万艘战船停泊。登州水城内丹崖山之上的蓬莱阁云雾缭绕，海面之上亦倒映着可与水神宫殿媲美的蓬莱阁之影。游人、百姓纷纷登上城墙避暑。高耸的楼阁之上灯火通明，歌声悠扬。安璥的记载，生动地重现了 17 世纪 20 年代登州水城的美景以及当时民众登城避暑的场景。对此，安玹还留有《题登州游观处》一诗。

题登州游观处

山浮鳌项向天来，楼阁空中处处开。

万堞城高临绝壑，六铢衣薄倚层台。

笙歌缥缈云间奏，笑语喧腾醉里谈。

一叶孤舟沧海客，寻真何幸入蓬莱。

图 2-2 今蓬莱水城内明代登州水城城墙遗址

此诗主要是讲丹崖山被巨鳌托举着漂浮在海面之上，高耸的楼阁隐现在缥缈的云雾之中。登州水城上堞口有万余，建在丹崖山之上的登州水城北侧是深深的绝壁，身着轻薄纱衣的歌女倚靠在高台之上。笙歌仿佛来自缥缈的云雾中，自高高的楼台上，传来阵阵欢歌笑语。乘船泛海而来的异国之客，非常幸运地到达了蓬莱仙境。山浮鳌项，亦为鳌戴，指神话传说之中巨鳌托浮的神仙之居所。六铢衣为佛教忉利天的轻薄之衣，一般指仙人所穿的衣服，此处指身处蓬莱仙境的明朝女子，如仙女一般，穿着轻薄的纱衣。笙歌，泛指奏乐唱歌。寻真，寻求仙道。何幸，用反问的语气表示很幸运。在此诗中，安玹不仅描写了当时登州水城如仙境般的美景及歌舞升平的景象，更在诗中表达了到达蓬莱即登州的喜悦心情。

图 2 - 3　1934 年登州水城外景①

此景应最为接近朝鲜使臣所见之景。

图 2 - 4　今蓬莱水城外景

登州水城，今学界称为登州港，抑或登州古港，唐代以前为蓬莱县密水河和黑水河的入海口。宋庆历三年（1043），郡守郭志高奏置刀鱼巡检，水兵三百戍沙门岛，备御契丹，仲夏居鼍矶岛以备不虞，秋冬还南岸，相传此即刀鱼船所泊。[①] 换言之，北宋在沙门岛（庙岛）设置刀鱼巡检，驻兵三百，以防御契丹的侵袭。官兵在每年的农历五月至八月驻守鼍矶岛（今砣矶岛），八月至来年的二月返航，停泊在丹崖山东侧。由于当时所使用的战船状似刀鱼，故丹崖山东侧的刀鱼船停泊之处修筑的寨城被称为刀鱼寨。明洪武九年（1376），明朝在登州置海船，用来运输辽东的军需物资。登州指挥谢规以"河口浅窄"[②] 为由，奏请疏浚画河入海口之淤。准奏后，谢规在宋刀鱼寨防海沙堤的基础之上修筑土城。城墙周长三里许（1680米），城墙高三丈五尺（10.9米），城墙厚一丈一尺（3.4米）。[③] 为抵御海浪，在城的北面修筑水门（水

图 2-5　1920 年登州水城北城门——振扬门[④]

---

①　《读史方舆纪要》卷36《山东七》，中华书局2005年点校本，第1685页。

②　"洪武九年，知州奏置海船，运辽东军需，指挥谢规以河口浅窄，奏请挑深，绕以砖。"（《读史方舆纪要》卷36《山东七》，中华书局2005年点校本，第1685页）

③　参见雍正《山东通志》卷3《建置志》，文渊阁四库全书本，第24页a。本书明代度量单位与现代度量的转化依据如下：明代1寸（10厘）为3.11厘米、1尺（10寸）为31.1厘米、一丈（10尺）为3.11米、一里（180丈）为559.8米（参见吴承洛《中国度量衡史》，商务印书馆1937年版，第31—33页）。

④　陈麻编著：《美国镜头里的中国风情》，中国文史出版社2011年版，第57页。

闸），将原画河入海口及河道深挖拓宽，并引海水入城，形成内海，称为小海。在城南与陆地相通处修筑振扬楼（即振扬门）①，以稽查往来之人，并在城中设立备倭都司府，因此登州水城称为备倭城。明万历二十四年（1596），总兵李承勋将土城城墙用城砖包砌。这应当是明代朝鲜使臣到达登州所看到登州水城的完备形态。

图2-6　今修复后的蓬莱水城振扬门

　　天启三年（1623）李民宬一行到达登州水城，在看到登州水城，特别是水城门时，有感而发，对当时朝鲜国内非常有争论的问题，即中国的东海是否有潮汐，进行了指正。

　　（六月）十三日，壬申，到登州……先到水城门外，等使船同

---

　　① 振扬门为水城南门，坐北朝南，建于明洪武九年（1376），门楼久圮，仅存门洞。1987年修复。门洞拱顶。宽3米，高5.3米，进深13.75米，门洞上方嵌"振扬门"匾额，字为吴作人手笔。门楼为两层阁楼。外观三层飞檐（俗称"三滴水"），屋面开山，覆琉璃瓦，脊置六兽，檐角下系风铃。门楼四周为明廊，一层底面与城墙齐高，南北明廊外侧为城堞；二层重檐，明廊柱间有木栏环绕。振扬门两侧各修复城墙约50米（山东省蓬莱市史志编纂委员会编：《蓬莱县志》，齐鲁书社1995年版，第456页）。

泊港口。水城门，乃外北城舟楫出入之门也。粉郭矗立，水漱城趾，飞阁据增崖，俯临沧海，实一胜概也。……世传"东海无潮汐"，馆课尝出为论题，窃意《尧典》"宾日"之"嵎夷"，即今登州之地，此乃中国之东海，而据我国则西海也。又我国之东海，即日本之西海也。论潮汐者，不可言无于中国之东海，言有于日本之西海也，明矣。或疑其强辨。到此，然后始审渤海之有潮汐。如登州水城门，潮上则棹舟而入，潮退则变为平陆。且观潮、赋潮之作，播咏今古。何尝有无潮汐之论哉，此其可疑者也。姑录于此，以备闻见。

　　书状官李民宬是在六月十三日下午到达登州水城门外，并在此等候正使李庆全和副使尹暄的到来。在此过程中，李民宬观察到登州水城"粉郭矗立，水漱城趾，飞阁据增崖，俯临沧海"，并称赞登州水城外景的壮美。概，情况，景象。馆课，即月课，在朝鲜的成均馆和四学[①]内，每月依题做文章。《尧典》，亦称《帝典》，是《尚书》中的文章，记载尧、舜禅让的事迹，反映了中国原始社会末期的一些历史情况。据《尧典》记载，"分命羲仲，宅嵎夷曰旸谷，寅宾出日"[②]，即尧帝命令羲仲居住在嵎夷，名为旸谷的地方，恭敬地迎接日出。在到达登州水城门后，李民宬看到船只在涨潮时进入登州水城，在退潮时，船只无法通行。见此情景，李民宬联想到在当时朝鲜国内的考试中有关于"东海无潮汐"和"宾日之嵎夷"的题目。对此，亦有朝鲜人认为中国的东海并没有潮汐，而日本的西海有潮汐。在见到登州水城门的潮汐后，李民宬再次肯定了"东海有潮汐"的事实。李民宬所说的水城门，即天桥海口，位于登州"水城北面，海船乘潮由此出入"[③]，今为蓬莱水城之水门。

　　崔有海在《东槎录》的《出登州水城》一诗中提到了朝鲜使臣自水城门乘船归国的景象。

---

　　① 四学：朝鲜时期（1411—1894），国家为培养人才在今韩国首尔的四处地点设立的教育机构。依位置的不同，分别被称为中学、东学、南学、西学，简称四学。

　　② 《尚书》卷1《尧典》，《四部丛刊》景宋本，第2页a。

　　③ 道光《重修蓬莱县志》卷4《武备·海运》，清道光十九年刻本，第25页b。

图2-7　登州水城门

今蓬莱水城的水门。

出登州水城

催挂归帆奏橹功，水城门外即天东。

暝云飞动沧波上，春气熹微远岛中。

夷夏同舟凭大义，乡园隔海任长风。

何时直到清川岸，花满香山雨后红。

图2-8　自登州水城门（今蓬莱水城水门）之上的天桥向北远眺

远处为南北长山二岛。

该诗是明崇祯二年（1629）春，崔有海乘船穿过登州水城门归国时所作，表达了作者自登州水城门出发，乘船返回朝鲜时的心境。首联是说随行的官员催促船工挂上风帆，归国之心让船工更加奋力地摇动船桨，登州水城门外就是朝鲜文人常说的天之东尽头。颔联是说晚霞的倒影随大海的波涛不断地晃动，远处朦胧的庙岛等岛屿上春意盎然。暝，日落，黄昏。熹微，光线朦胧的样子。颈联是说朝鲜与明朝可以风雨同舟，倚靠的是天下的正道。到达海天彼岸的故乡，依靠的是从登州到朝鲜的海风。凭，依靠，仗恃。任，听凭，任凭。尾联是讲希望能尽早到达朝鲜清川江的岸边，观赏春天妙香山遍山的鲜花。清川，为流经今韩国平安北道西南部的清川江，此江发源于今朝鲜境内的狼林山脉，流经朝鲜的熙川、宁边，韩国的井州、安州，全长199千米。香山为今朝鲜平安北道和平安南道交界处的妙香山。妙香山为朝鲜半岛四大名山之一，以"秀而壮"闻名于世。此外，登州水城，即备倭城作为海军的军事要塞，明军在小海内停泊了为数众多的战船。朝鲜使臣在使行文献中对此也进行了详细的描述。

> （九月）初四日，乙卯，晴。……午后，与上、副使登蓬莱阁，东望本国于苍茫云海外。……阁在城东角丹崖上，崖下潴为大池，内吞疏渠，外引远潮，划城一面，出纳战舰。黄龙青雀，首尾相接，万橹千帆，簇簇其中。

> ——洪翼汉《花浦先生朝天航海录》

明天启四年（1624）九月四日下午，书状官洪翼汉与正使李德泂、副使尹暄一同游览蓬莱阁。使臣三人在蓬莱阁上东望朝鲜。在此过程中，洪翼汉看到了登州水城内小海的景象，即丹崖山的西南侧海水汇聚为大池，"内吞疏渠，外引远潮，划城一面，出纳战舰"。在小海之内，为数众多的舰船和豪华的民船停泊其中。潴，水积聚的地方。黄龙，舰船名。《隋书·杨素传》："素居永安，造大舰，名曰五牙……次曰黄龙，置兵百人。自余平乘、舴艋等各有差。"[1] 青雀，即青雀舫。因古时江东富人在船首绘青雀，后称船首画有青雀之舟为"青雀舫"，泛指

---

① 《隋书》48卷《列传第十三》，清乾隆英武殿刻本，第3页a。

豪华的游船。安璥在《题藏战舰之沟》一诗中亦描述了当时登州水城小海的景象，并抒发了心中所感。

据安璥《驾海朝天录》记载，[①] 天启元年（1621）六月二十三日，在初到登州后，安璥前往总兵衙门，拜见登莱总兵官沈有容，[②] 行见官礼。对于安璥一行的到来，沈有容亲自出门迎接。对此，安璥认为"出接之礼，亦有款曲之意"。安璥并向沈有容提出"职等之船泊于城外，风浪可畏，愿老爷命纳城内之沟，与战舰同泊，以俟职等之还"的要求。对于安璥的请求，沈有容欣然首肯，并说"岂可徒泊之乎，亦可修治揖物以俟之耳"。在六月二十五日，为表示诚意，沈有容邀请安璥前往登州水城，一同查看使臣船只停泊水城内的情况。安璥认为，这样的安排"盖从前日之请而招余等见之也"，并"谢拜千万"。总兵沈有容对朝鲜使臣的帮助和好意，与其曾前往朝鲜抗倭的经历有很大的关系。换言之，老将沈有容对明朝和朝鲜之间深厚的友谊有着更为深刻的认识。两日后，安璥到登州水城的小海后，见到"余等之船亦已入置其中"，并留下了《题藏战舰之沟》一诗。此诗描述了安璥在水城内的所见之景，表达了安璥对明朝必能战胜后金的信心。

题藏战舰之沟

凿门为水口，引海入城中。
藏舰蒙冲满，输粮甬道通。
行间超俊特，坛上揖英雄。
胡命其能久，天威一扫空。

——《驾海朝天录》

藏战舰之沟，即登州水城的小海，明末，称新河海口。诗的前两联

---

① 参见［朝鲜］安璥《驾海朝天录》，美国哈佛大学燕京图书馆藏本，第 24 页 a。
② "沈有容，字士弘，宣城（今安徽宣城）人。幼走马击剑，好兵略。万历七年考中武举乡试，授为昌平千总，以才受知总督。此后，万历十五年，从宋应昌援朝鲜，乞归。万历二十九年，为都司金书，在福建屡次击败倭寇。泰昌元年，辽事棘，始设山东副总兵，驻登州，以命有容。天启改元，辽、藩相继覆。熊廷弼建三方布置之议，以陶朗先巡抚登、莱，而擢有容中军都督金事，充总兵官。天启二年，广宁失陷，沈有容遣数十艘船前往辽东，获济者数万人。天启四年，有容以年老乞骸骨，归，卒。赠都督同知，赐祭葬。"（《明史》卷 270《列传一百五十八》，中华书局 1974 年影印本，第 6938 页）

是说登州水城是疏浚画河的入海口，将海水引入城中，形成内海。在水城的小海内，有无数的战舰停泊于其中，这正是"输粮甬道"通畅的军事保障。蒙冲是古代的一种小型战船。诗的后两联是说往来明军军营之中的人皆为具有卓越才能精兵强将，他们纷纷向站在点将台之上的老将沈有容行拱手礼，有如此军纪严明的军队，一定会打败后金军队。行间，行伍之间，指军中。俊特，出类拔萃的人才。

在1984年的清淤过程中，在登州水城，即今蓬莱水城内的西南位置，出土了一艘元代战船。这说明在元代登州水城仍为停泊战棹的水军要塞。此后，"历代皆屯水师于此，为海防要地"[1]。清咸丰十一年（1861）之后，由于烟台开埠，登州水城（登州港）作为重要的经济、军事港口的地位逐渐没落。蓬莱水城的核心为城内海，即小海，应为大部分朝鲜使臣所乘船只的停泊之处。小海呈南北狭长形，南宽北窄，小海原来的面积要比现在大得多。今小海面积为7万平方米，南北长655米，南端距离水城南城墙25米，南部最宽处175米，北部最窄处35米，一般宽度为100米。据1984年清淤小海时所测的资料推算，小海在宋元时，水深在4米以上。[2] 朝鲜使臣曾到达的登州水城，即今蓬莱水城区域隶属于烟台市蓬莱区蓬莱阁街道办事处水城社区。

图2-9　蓬莱阁远眺登州水城，即蓬莱水城全景

---

① 民国《蓬莱县志》，台湾青年进修出版社1961年版，第14页。

② 王茂盛、王锡平、李步青：《登州港与水城》，载邹异华等编《登州古船与登州古港》，大连海运学院出版社1989年版，第144页。

图 2 - 10　登州水城内曾"藏舰蒙冲满"的小海

图 2 - 11　本书研究团队与蓬莱古船博物馆刘莉馆长及工作人员合影留念

二 蓬莱阁（蓬莱仙阁、蓬阁）

图2-12 明泰昌《登州府志》卷首图中的《狮洞烟云》图

丹崖山在府城北三里，东西二面，石壁巉岩。上有蓬莱阁，宋朱处约所建。下有三洞曰："半仙"，曰："狮子"，曰："南土"，秀丽奇绝，为一郡伟观。

——郑斗源《朝天记地图》

丹崖山在府城北三里，石壁巉岩，蓬莱阁构其上。北与长山岛相对。十余里有三洞。曰：半仙、狮子、南土，为一郡奇观。

——李民宬《癸亥朝天录》

丹崖山东、西二面石壁巉绝，又有三洞曰：半仙、狮子、南土。……其北之窟，三佛鼎坐，揭"仙人洞"三字，嘉靖十三年石刻。

——金德承《天槎大观》

郑斗源《朝天记地图》、李民宬《癸亥朝天录》、金德承《天槎大观》中均有关于丹崖山和蓬莱阁的记述。郑、李二人皆记述了位于登州府城北三里的丹崖山东、西两侧山势高峻，有名为"半仙、狮子、南土"的三个山洞。在丹崖山上有"一郡（州）伟（奇）观"的蓬莱阁。除了"半仙、狮子、南土"三洞外，丹崖山上共有十三洞，皆以"秀丽奇绝"闻名于世，这其中以狮子洞最为有名。狮子洞，即金文中所说的仙人洞，此洞在丹崖山十三洞之中最为幽邃。狮子洞"以巨石伏洞门，状若狮子，故名。内有石像五座，一名仙人洞。天将雨，则洞中出云。洞后一径深黑，有人秉炬入数里，卒莫能穷"①。即在将要下雨时，狮子洞中则会飘出烟云，此景亦为明天启年间"登州十三景"或"蓬莱十景"之一的"狮洞烟云"。此外，据金文中的记载，"仙人洞"三字为明嘉靖十三年（1534）所刻。洞内"三佛鼎坐"，这与方志中洞"内有石像五座"的记载②相左，因年代久远，具体原因待考。

蓬莱阁为登州名胜之一，闻名于海内外。阁在丹崖山上，正对登州水城的小海，背靠大海。峭壁千仞，波涛万顷。自蓬莱阁远眺海天，青碧一色，襟怀顿旷。关于蓬莱阁之名的渊源，蓬莱阁的始建者——朱处约在《蓬莱阁记》中进行了详细的记述，即"世传蓬莱、方丈、瀛洲在海之中，皆神仙所居，人莫能及其处。其言恍惚诡异，多出方氏之说，难于取信。而登州所居之邑曰'蓬莱'，岂非秦汉之君东游以追其迹，意神仙果可求也，蓬莱不得见，而空名其邑曰：'蓬莱'，使后传以为惑。……层崖千仞，重溟万里，浮波涌金，扶桑日出，霁河横银，阴灵生月，烟浮雾横，碧山远列，沙浑潮落，白鹭交舞，游鱼浮上，钓歌和应。仰而望之，身企鹏翔；俯而瞰之，足蹑鳌背。听览之间，恍不知神仙之蓬莱也，乃人世之蓬莱也。上德远被，恩涵如春，恍若致俗，于仁寿之域，此治世之蓬莱也。……名其阁曰'蓬莱'"③。进一步而言，登上蓬莱阁，不仅可以一览因秦皇汉武寻仙而闻名于世的蓬莱仙境，而且可以欣赏历代文人墨客所遗留的精美石刻。故绝大多数的朝鲜使臣在往来途中，皆会慕名前往蓬莱阁。

---

① 光绪《增修登州府志》卷3《山川》，《中国地方志集成·山东府县志辑》，凤凰出版社2008年影印本，第48册，第40页下栏。

② 同上。

③ 泰昌《登州府志》卷15《艺文三》，明泰昌元年刻本，第1页。

图 2-13　自今蓬莱田横山景区远眺蓬莱阁下诸山洞

登蓬莱仙阁

独登仙阁思悠然，万古无疆只有天。

回首茫茫碧海水，几年还是种桑田。

——吴允谦《朝天诗》

吴允谦在《海槎朝天日录》记载，天启二年（1622）六月六日，"自兵备衙门，仍寻蓬莱阁，阁在城西北最高处，构二层楼压城。北望渤海，东临大溟，南俯城中"①。在此诗中，吴允谦登高望向海中仙境，心中充满沧海桑田、兴亡盛衰之感。悠然，比喻深远的样子。碧海桑田，即桑田沧海，典出晋葛洪《神仙传·麻姑》："麻姑自说云：'……已见东海三为桑田，向到蓬莱水浅，浅于往者会时略半也，岂将复还为陵陆乎！'"②。后世以"沧海桑田"比喻世事的巨大变迁。

---

① ［朝鲜］吴允谦：《海槎朝天日录》，《楸滩集》，韩国首尔大学奎章阁藏本，第6页b。

② 《神仙传》卷3，文渊阁四库全书本，第9页a。

图 2 – 14   1939 年蓬莱阁正门①

图 2 – 15   今蓬莱阁正门

① 《蓬莱阁正门》（照片），《新民报半月刊》1939 年第 1 卷第 14 期。

登蓬莱阁①

门虚碧浪涌，楼迥彩霞明。

水落田横寨，天低不夜城。

秦皇何所得，汉帝亦无成。

远客凭栏久，沧溟月又生。

（门即水城门也）

——李民宬《燕槎唱酬集》

图 2 - 16　自蓬莱阁后，西眺田横山

　　《登蓬莱阁》为李民宬在明天启三年（1623）三月二十三日初到登州，游览蓬莱阁时所作。在诗题的自注中，李民宬记述了蓬莱阁名称的由来，即秦始皇、汉武帝皆曾在此地眺望海中神仙居住的三山（蓬莱、方丈、瀛洲）之一的蓬莱山，故名。首联是说登州水城门外波涛翻涌，海水经水城门循环往复，远望丹崖山巅的蓬莱阁壮美非常，天空中漂浮着色彩绚丽的云霞。李民宬在诗的自注中记述，"门即水城门也"。迥，

---

　　① 原诗注："秦皇、汉武遣方士，望海中蓬莱山，故名"。

远。彩霞，色彩绚丽的云霞。"水落田横寨，天低不夜城"是说作者登上
蓬莱阁，西望海边的田横山，东望曾经的不夜城。田横寨，即田横山，
在登州府城西北三里的海岸边，"与蓬莱阁相对，西、北两面皆海，石壁
高峻"[1]，汉代韩信破齐，田横与其徒五百人栖此，故名。不夜城，即
"春秋时，莱子所置邑，以日出于东，故以不夜为名，汉县属东莱"[2]，故
址为今山东省威海市荣成市埠柳镇不夜村附近。诗的颔联和尾联是说秦
始皇和汉武帝寻求长生不老，始终是徒劳。来自异国的作者长久地依靠
在蓬莱阁的栏杆处，任凭岁月荏苒，在海天交界处一轮明月再次升起。
此诗采用了由远及近，再由蓬莱阁栏杆处及远的叙述视角，描述了李民
宬前往蓬莱阁途中和站在蓬莱阁时所见到的景象，表达了作者对时光荏
苒，明月依旧的感叹。

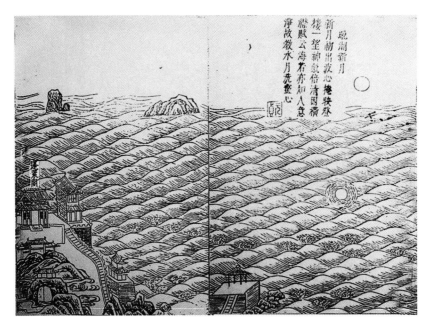

图2-17　明泰昌《登州府志》卷首图中的《晚潮新月》图

"晚潮新月"为明末登州府十三景之一。

---

① 康熙《登州府志》卷7《古迹》，清康熙三十三年刻本。

② 《太平寰宇记》卷20《河南道二十·登州》，中华书局2007年点校本，第411页。

登蓬阁①

朝鲜吏曹判书金尚宪

登州楼观跨虚空，势压沧溟万里穷。

桥石已从秦帝断，星槎惟许汉臣通。

乾坤荡漾洪波里，日月分开积气中。

半世远游今白发，百年奇绝此难同。

图 2 - 18　"势压沧溟万里穷"

自今蓬莱阁之上向东北方向远眺。

《登蓬阁》一诗为朝鲜使臣金尚宪所作。彼时金尚宪为朝鲜吏曹判书。此官职相当于明朝吏部尚书，正一品，亦简称吏判。第一二句是说登州府的蓬莱阁高耸入云，"势压沧溟"。站在蓬莱阁之上可远望万里。虚空，天空，空中。三四句是说秦始皇过海观日出的石桥自秦始皇时期就已毁断，通往银河的竹筏仅允许汉朝的使臣乘坐。"桥石"，典出晋伏琛《三齐略记》："始皇作石桥，欲过海观日出处。……始皇于海中作石桥，非人功所建。海神为之竖柱，始皇感其惠，通敬其神，求与相

---

① 收入崔有海《东槎录》。

见，海神答曰：我形丑，莫图我形，当与帝会，乃从石塘上入海三十余
里相见，左右莫动手，巧人潜以脚画其状，神怒曰：帝负我约，速去！
始皇转马还，前脚犹立，后脚随崩，仅得登岸。"① 星槎，往来于银河
的竹筏。第五六句是说天地间的倒影随海波不断地涌动，太阳和月亮，
日复一日，年复一年在蓬莱仙境的云雾之中起起落落。乾坤，指天地。
积气，聚积的阴阳之气，指天空。最后两句是说年过半百的作者金尚宪
远行至此，满头白发，平生所见的奇绝之景难以与蓬莱阁的美景相媲
美。对于金尚宪的《登蓬阁》一诗，崔有海作有一首和诗。

次《登蓬阁》

岧峣画阁入层空，徙倚还惊眼力穷。
地接华夷山不断，天低南北海相通。
仙居远隔微茫外，日毂飞腾指点中。
万里壮游襟抱豁，飘飘身世羽人同。

——崔有海《东槎录》

和诗主要是说华美的蓬莱阁耸入云霄，作者在蓬莱阁的栅栏处不断
徘徊，极目而望，却难以看到大海的尽头。陆地连接着明朝和朝鲜，在
此之间有连绵不断的山脉。天际低垂，中国的东海，抑或是朝鲜的西海
连通着明朝和朝鲜。仙人居住的三山被云雾遮挡，似乎在遥远的地方一
轮旭日东升于海平面之上，朝鲜使臣纷纷遥指赞叹：啊，这就是登州水
城的名景之一"碧浪金乌"啊。经历了万里的远游，作者早已豁达，
海风徐徐，作者感觉自己和传说中的仙人一样，要御风而飞。岧峣，
即，高峻、高耸。层空，高空。徙倚，徘徊。日毂，太阳。仙居，此处
指仙人居住的海上三神山。"碧浪金乌"，即站立于蓬莱仙阁上，"长越
东望，天色晴明，海天相际之处，初浮光耀，金冉冉而上，倏离披璀璨
遍海，皆赤而日出矣"②。壮游，怀抱壮志的远游。襟抱，襟怀抱负。

---

① （唐）欧阳询辑：《艺文类聚》卷79《灵异部下·神》，文渊阁四库全书本，第1页
b—2页a。
② 泰昌《登州府志》卷首图《碧浪金乌》，明泰昌元年刻本。

飘飘，风吹的样子。羽人，神话中的飞仙。《楚辞·远游》："仍羽人于丹丘兮，留不死之旧乡。"对此，洪兴祖补注："羽人，飞仙也。"[①] 不仅仅是蓬莱阁的美景和秦皇汉武的长生不老之梦的传说吸引着朝鲜使臣，苏轼的"海市诗"及陈抟的"福、寿"二字等名人石刻亦对朝鲜使臣有着极大的吸引力。

图 2-19　蓬莱阁所藏的清代著名书法家翁方纲摹《海市诗》[②]

天启二年（1622）六月六日，吴允谦慕名前往蓬莱阁，见到"阁在城西北最高处，构二层楼压城"。吴允谦站在蓬莱阁之上，可以"北望渤海，南俯城中"。吴允谦在蓬莱阁下，看到立有苏轼《海市诗》的石刻，但因长时间的风化侵蚀，石刻的"字画剜缺，十全二三矣"。对此，吴允谦感慨万千，留下了《东坡海市碑》[③] 一诗。

东坡海市碑

手拂苔纹石，沉吟海市诗。

银钩没复见，琼韵得还疑。

---

① 《楚辞》卷 5《远游章句第五·离骚》，四部丛刊景明翻宋本，第 6 页 a。

② 蓬莱阁管理处编：《蓬莱阁碑刻诗文赏析》，文物出版社 2013 年版，第 2—3 页。

③ 参见［朝鲜］吴允谦《海槎朝天日录》，《楸滩集》，韩国首尔大学奎章阁藏本，第 6 页 b。

　　　　　　　　异事今何在，仙踪杳莫追。

　　　　　　　　空余数点岛，荡漾碧琉璃。

　　在此诗的后注中，吴允谦介绍了《海市诗》的创作背景；蓬莱阁内《海市诗》石碑的情况；自己之前诗作——《东坡海市碑》失而复得的过程。

　　　　东坡莅登州，适十月也。欲赏海市，父老言春夏或见之，十月水寒，气闭难见。东坡祷海神祠，翌日现。蓬莱阁下，有石碑刻海市诗，东坡亲笔也。苔纹剥落，几不可见。仍成五言一律，忘失不记。昨于药裹纸得之，癸亥二月，在西郊。（吴允谦《海槎朝天日录》）

　　诗的前两句是说作者轻轻地抚摸着石碑，低声吟味着《海市诗》。彼时，石碑因经历千年风化，"字画剜缺，十全二三"。但吴允谦依旧能背诵出《海市诗》，这说明朝鲜使臣对《海市诗》非常熟悉，能够倒背如流。三四句是说刻在石碑上的《海市诗》已残缺不全，不能一睹全貌，只能反复不断地辨认、推敲。银钩，比喻遒媚刚劲的书法。唐杜甫《陈拾遗故宅》："到今素壁滑，洒翰银钩连。"[1] 琼韵，亦可作琼章，是对人诗文的美称，在此是对苏轼《海市诗》的赞称。五六句是讲苏东坡向海神祈祷，在十月深秋得见登州海市蜃楼的异事以及秦皇汉武到访蓬莱仙境，追寻仙人足迹，以求长生不老之事。这些皆已泯没在历史的长河之中。杳，无影无声。最后两句是讲如今只剩下诸岛屿和茫茫的大海。琉璃，诗文中常以喻晶莹碧透之物，在此比喻蓬莱仙阁前的碧波。

　　　　（九月）四日，乙卯。午后，与两使登蓬莱阁。丹崖万丈，飞出海头，而阁在崖上。朱栏缥缈，骋眺万里，我国之境亦可望见，而但眼力不能及矣。崖下掘为大池，划城一面，万帆簇簇，真壮观

---

[1] 参见《杜工部集》卷 5《古诗五十二首》，《续古逸丛书》景宋本，第 3 页 b。

也。有石碑刻陈希夷"寿、福"大字、苏子瞻《海市诗》尤为环奇。又有石镜，光莹洞澈，物无遁形，而天阴则尤朗云。且洞界幽深，故绝世尘，故天朗月明之夜，则隐然若群仙驾鹤骖鸾自天而降，九皋清唳，玉萧雅响，往往闻于五云之中矣。①

——李德泂《朝天录—云航海日记》

天启四年（1624）九月四日，朝鲜使臣李德泂与尹暄、洪翼汉一同游赏蓬莱阁。李德泂不仅详细地记载了"朱栏缥缈，骋眺万里"的蓬莱阁；"划城一面，万帆簇簇"的登州水城；"洞界幽深，故绝世尘"的仙人洞；还记载了"尤为环奇"的陈希夷"寿、福"大字和苏子瞻《海市诗》；"光莹洞澈，物无遁形"的石镜。据《宋史》记载，② 陈希夷，即陈抟，字图南，五代时亳州真源人。唐长兴年间中进士，有大志，初隐武当山，后居华山。雍熙初，赐号希夷先生，端拱中化形于莲花峰下。极具特色的陈抟"寿、福"石碑与东坡《海市诗》石刻，皆为稀世之物，为后世历代推崇。据曾任登州海

图 2 – 20　今蓬莱阁景区避风亭旁镜石

---

① 参见［朝鲜］李德泂《朝天录—云航海日记》（《竹泉遗稿》），载［韩国］曹圭益《朝天录—云航海日记》，《韩国文学与艺术》2008 年第 2 辑，韩国崇实大学韩国文学与艺术研究所，第 311—312 页。

② 参见《宋史》卷 457《列传第二百一十六》，中华书局 1977 年影印本，第 13420—13422 页。

防副使阎士选①所作的《镜石记》记载,② 李德洞所说的石镜, 即为镜石。庙岛之上, 有石"光明如鉴, 金谓灵气所钟", 渔人之中取其而归者, 称其为"镜石"。镜石"约方广止于径尺", "莹润圆滑", "每当日映, 若有五色射入, 山光云影, 恍惚动荡, 包含固无尽者"。曾以参将身份参与明代抗倭援朝之战, 且战功显赫的彭友德因在朝鲜境内, 目睹了"朝鲜大臣之家, 苍翠四封, 安于逸乐", 认为这是导致倭患的根源, 故在蓬莱阁立镜石, "常以之训戒将士, 为殷鉴"。李德洞在以下诗作中, 描述了当时的所见所感。

登蓬莱阁③

高楼缥缈压蓬瀛, 一统乾坤眼底平。

东接扶桑包贡远, 北连辽蓟虏尘横。

希夷异迹残碑在, 坡老雄词古壁铭。

今日壮观真梦寐, 兹游曾不料平生。

——李德洞《朝天录一云航海日记》

诗的前两联说的是, 蓬莱阁处于烟雾缥缈的丹崖山之巅, 气势磅礴, 力压传说中的蓬、瀛二山。自蓬莱阁极目而望, 海天一色, 仙境之景尽收眼底。眼前的这片海域, 东接朝鲜, 北连辽东之地。蓬瀛, 蓬莱和瀛洲, 神山名, 相传为仙人所居之处, 亦泛指仙境。包贡, 语出《尚书·禹贡》, "厥包橘柚锡贡"④, 即包裹橘柚而进贡天子, 后以包贡指代进贡。辽蓟, 指辽地(今辽宁)和蓟地(今北京市和河北省东北), 因两地邻接而并称。虏尘, 指敌寇或叛乱者的侵扰。诗的后两联是讲陈抟虽坐化于莲花峰下, 但蓬莱阁内依旧留有其书写的"福、寿"

---

① "阎士选, 江都人, 夙负隽誉, 联魁己卯、庚辰两闱, 是科罢中秘, 选授蕲县令, 有惠政。后由户部郎出守莱州。时有大侠柳廷瓒戕杀, 怨家聚徒自卫, 官军畏慑不敢撄其锋。选秘授方略擒之, 升登州海防副使。值浙兵鼓噪, 选闻变兼程赴登, 捕治一二渠魁, 登赖以安。在任三年, 修戎具, 饰武备, 暇则操觚纪物, 盖才兼文武云。升山西参政, 转右布政。"(泰昌《登州府志》卷9《人物志一》, 明泰昌元年刻本, 第33页b)

② 参见泰昌《登州府志》卷15《艺文志三》, 明泰昌元年刻本, 第9页b—11页b。

③ 标题为本书作者增加, 原诗并无标题。

④ 《尚书》卷3《禹贡第一·夏书》, 《四部丛刊》景宋本, 第4页a。

二字石碑。此外，阁内还有苏东坡的《海市诗》石刻。游观蓬莱阁美景并"细和坡翁海市诗"，这在以前是未曾想过的事情，今日终美梦成真。异迹，奇异的事迹。雄词，气势雄壮的词句。

图 2-21　今蓬莱阁景区天后宫前殿内墙两侧陈抟所书的寿、福二字

天启四年（1624）九月四日，与正使李德泂同游蓬莱阁的书状官洪翼汉在《花浦先生朝天航海录》中也详细记载了当时所见的景象。

（九月）初四日，乙卯，晴。午后，与上、副使登蓬莱阁，东望本国于苍茫云海外。苏轼所谓"渺渺兮余怀，望美人兮天一方"者，此也。凭栏揩眼，境界清真，丹崖万丈，飞出海头，果是仙区。墨客仙翁之遗篇杰句，尚着老石苍苔之面者，不可胜计。而陈希夷"寿、福"大字，苏子瞻《海市》一诗，尤为环奇，斯可以大游人眼孔。阁之小西，有石镜，大如盘，以物来照，万摸妍蚩，无所逃形，而天阴则尤朗云。其北有珠玑岩，东坡所以养菖阳者是耶。

洪翼汉见到了苏轼所说的"渺渺兮余怀，望美人兮天一方"的仙境美景，陈抟"福、寿"二字石碑以及苏东坡的《海市诗》石刻，这些"可以大游人眼孔"。相较于同一天李德泂的记载，洪翼汉还提到苏轼自珠玑岩取珠玑石"以养菖阳"之事。关于珠玑岩，苏轼曾记述："蓬莱阁下，石壁千丈，为海浪所战，时有碎裂，淘灭岁久，皆圆熟可爱，土人谓此'弹子涡'也。"① 苏轼所言的"弹子涡"，即洪翼汉所说的珠玑岩，在蓬莱丹崖山下，"石壁千丈，水中有小石，状如珠玑，或如弹丸，岁久为海浪所磨荡，圆洁光莹可爱。宋苏轼尝取数百枚，养石菖蒲，且作诗遗垂慈堂老人"②。石菖蒲，一名石蒲，为一种观赏植物。丹崖山的珠玑岩，亦是登州府著名景观之一的"万斛珠玑"。据蓬莱阁景区蓬莱古船博物馆刘莉馆长介绍，因旅游业的发展，在 20 世纪 90 年代时，珠玑岩下就已无珠玑。"累累弹丸间，琐细成珠徘"③ 的珠玑今只留存在画作之中。

图 2-22　明泰昌《登州府志》卷首图中的《万斛珠玑》图

①　《苏文忠公全集》，《东坡集》卷 18，明成化本。
②　《明一统志》卷 25《登州府》，文渊阁四库全书本，第 6 页 a。
③　《苏文忠公全集》，《东坡集》卷 18，明成化本。

图 2 - 23 今蓬莱阁前的珠玑岩

金德承在《天槎大观》中记述了蓬莱阁的沿革，即蓬莱阁所在之处"旧为海神庙，宋治平间，郡守朱处约移于西，而仍基建阁"。这样的记载与《明一统志》中的记载相似，即"蓬莱阁在府城北，丹崖山顶。旧为海神庙，宋治平间郡守朱处约移于西偏，即其故基建阁，为州人游赏之所"①。关于蓬莱阁始建的年代，方志之中的记载亦不相同，如《明一统志》记载为"宋治平年间"。但是朱处约的《蓬莱阁记》中则记述："嘉祐辛丑，治邦逾年，而岁事不愆……因思海德润泽为大，而神之有祠，俾遂新其庙，即其旧以构此阁，将为州人游览之所。"②治平为北宋时宋英宗赵曙的年号，自 1064 年至 1067 年。嘉祐为北宋宋仁宗赵祯于 1056 年至 1063 年的年号。嘉祐辛丑为北宋嘉祐六年，即 1061 年。换言之，蓬莱阁应始建于 1061 年。据明代兵部右侍郎宋应昌

① 《明一统志》卷 25《登州府》，文渊阁四库全书本，第 9 页。
② 泰昌《登州府志》卷 15《艺文三》，明泰昌元年刻本，第 1 页。

《重修蓬莱阁记》的记载,① 在明洪熙元年（1425）和明成化七年（1471）修缮的基础之上，由山东巡抚李戴倡议，登州籍武将戚继光等官绅出资，历时三年，在明万历十七年（1589）完成修缮和扩建的工程。宋应昌认为此次修缮和扩建，"规画宏敞，视旧贯什倍之"，且因"材美制钜"，故"地胜名远"。明崇祯四年（1631），毛文龙旧部孔有德叛乱，进犯登州，蓬莱阁遭到了严重的破坏。崇祯九年（1636），知府陈钟盛因目睹"荒烟蔓草，颓垣裂瓦，满目萧条"，而"感极而悲"，故重修了蓬莱阁。清嘉庆二十四年（1819），由登州知府杨本昌重修蓬莱阁，样式与今蓬莱阁相似。此后，蓬莱阁亦经历多次破坏和修缮。1982 年，蓬莱阁被评为"国家重点文物保护单位"，相关的修缮工作一直未曾中断。

图 2－24　本书研究团队与蓬莱阁景区管理处文物科袁晓春科长、
　　　　　烟台市蓬莱区政府地方史志办公室高科长等合影留念

① 参见光绪《蓬莱县续志》卷 12《艺文志上》，光绪八年刻本，第 7 页 a—9 页 a。

第三节　登州城①

一　登州城

（八月）二十三日，乙巳。早朝，发船，晚泊登州水门外，盖登州，古嵎夷国也。城上彩阁耀日，粉堞如画。城内市肆分列，青帘成队，锦绣堆积，珍货玲珑。间有青楼，凝妆美姝，半卷珠箔，娇倚纱窗，笑迎往来游客。其人物之殷盛、华丽如此，实是海上雄藩巨镇也。

（八月）二十三日，乙巳，晴。早潮上，与诸船同举帆。薄晚，泊登州水门外。登州，古嵎夷国也，地势极东，石崖薄海，丰屋崇墉，扑地擎天，实为雄藩巨镇。

上文是天启四年（1624）到达登州的朝鲜谢恩兼奏请使臣团正使李德泂和书状官洪翼汉在《朝天录一云航海日记》和《花浦先生朝天航海录》中有关登州城的记述。二人皆描述了登州城雄伟的气势。具体而言，李文描述了自城外观望登州城"彩阁耀日，粉堞如画"。洪文中描述了登州"地势极东，石崖薄海"，城内外的"丰屋崇墉，扑地擎天"。李德泂详细地记述了明末登州的繁华景象。登州府城之内，"市肆分列，青帘成队，锦绣堆积，珍货玲珑"。登州作为山东半岛与辽东半岛、朝鲜半岛的海上交通枢纽，南商北货皆在此流转交易，故经济十分繁荣。李德泂和洪翼汉目睹登州之壮景，皆感叹登州城"实为雄藩巨镇"。朝鲜使臣李民宬在《登州即事》一诗中，也描述了当时登州城的繁华之景。

登州即事

登州城外风涛翻，登州城中鼓吹喧。

六郡东南都会处，四方舟楫一城门。

---

① 使行文献中亦记载为登州内城、东牟城、齐东雄镇、登州府城。

天低海峤岚光润，云衬楼台水气昏。

今夜月明蓬阁静，葛巾潇洒对青樽。

（城西北隅，有楼曰：蓬莱阁；外城北门，名曰：水城门）

——李民宬《燕槎唱酬集》

　　此诗创作的时间应是天启四年（1624）的八月底至九月初，李民宬在登州城停留期间所作。首联是讲登州城北部的大海波涛翻滚，登州城内各种乐器的演奏之声喧闹鼎沸。鼓吹，古代的一种器乐合奏曲。颔联是讲登州城如同三国时期"江东六郡"的交汇处一样，异常繁华。往来客商人头攒动，南来北往的各种船只停泊在水城门附近。六郡，指三国时期孙策平定的江东六郡。都会，大城市。舟楫，即舟楫，泛指船只。颈联是讲海天一色，登州城西北部的丹崖山和田横山都处在云雾之中，蓬莱阁亦像仙阁一般，在雾气中若隐若现。海峤，海边山岭。岚光，日光照射山间雾气而发出的光彩。唐李绅《若耶溪》诗："岚光花影绕山阴，山转花稀到碧浔。"[1]尾联是讲与水城门附近的喧嚣不同，今夜的蓬莱仙阁非常寂静，诸友人洒脱不拘地开怀畅饮。葛巾，亦称诸葛巾、纶巾，使用葛布制成的头巾，中部有褶皱，为人文雅士或隐士所偏好。

　　朝鲜使臣崔有海于崇祯二年（1629）九月到达登州。时任兵部尚书兼右副都御史的袁崇焕向朝鲜王朝送去咨文。咨文的主要内容是要求朝鲜出兵，共同抗击后金势力。崇祯二年八月，朝鲜王朝计划派遣崔有海作为赍咨使，面见袁崇焕，共商出兵之事。崇祯二年九月，崔有海一行按计划向觉华岛（宁远卫）方向行进，但途中遭遇风暴，不得已前往登州避风。此时，伴随着毛文龙和袁崇焕之死，辽东形势极为动荡。在此背景下，崔有海在《入城》一诗中除了描写登州城的壮观，还以一种批判式的视角，评论了当时登州城内的浮华。

入城

齐东雄镇海门分，一带层城上出云。

---

　　① 《全唐诗》卷481《李绅》，文渊阁四库全书本，第17a。

万店繁华夸末俗，千家扁额尚浮文。

高冠大袖犹遵古，游手豪民不籍军。

晏子余风谁更识，经纶无路赞天君。

——崔有海《东槎录》

诗的首联是讲"齐东雄镇"——登州城是把守海上交通的要塞，登州城的城墙绵长且高大。层城，高城。诗的额联和颈联是说在国家危亡的关头，登州城内的商铺和悬挂的匾额都华而不实。虽然登州城内的众人依旧遵循古制，身着"高冠大袖"，但闲荡的"豪民"并不关心国家的命运，未能积极地从军抗敌。夸末，浮夸而不务实。浮文，华而不实的文章。游手，指闲荡不务正业。豪民，有财有势的人。籍军，即登记军籍，指从军。诗的尾联是说此时的登州内已无处寻找齐国晏婴的勤俭、谦恭之风。晏子，即对春秋时齐国人晏婴的尊称。晏婴，提倡节俭，曾数次指斥齐景公的奢靡行为。经纶，指治理国家的抱负和才能。

如前文所言，唐神龙三年（707），伴随着登州治所从牟平县迁至蓬莱镇南一里，蓬莱的建置由镇升为县，登州城始建。据道光《重修蓬莱县志》记载①，明洪武九年（1376），登州升为登州府，并设登州卫，遂登州城的规模逐渐扩大。明洪武年间（1368—1398），指挥使谢观、戚斌，明永乐年间（1403—1424），指挥使王洪相继对登州城进行修筑扩建。万历年间（1573—1620），由于倭寇进犯朝鲜，增筑敌台二十八座。崇祯年间（1628—1644），知府桂辂、戴宪明先后增高城墙三尺五寸（约一米）。

据相关方志记载②，朝鲜使臣到达登州水城进入登州城时，所见到的登州城外观应如下：府城为不规则之四方形，周长为九里，高三丈五尺，面积约八平方里。四门，东曰"春生"、南曰"朝天"、西曰"迎恩"、北曰"镇海"。其上各有楼堞，连角楼共七座。其城用砖石包砌，窝铺凡五十六间。上、下作水门三。壕池阔二丈，深一丈，断续不周匝。即明

---

① 参见道光《重修蓬莱县志》卷2《地理志·城池》，清道光十九年刻本，第11页b。
② 参见泰昌《登州府志》卷5《地理志一·城池》，明泰昌元年刻本，第1页a—2页b；民国《蓬莱县志》卷1《地方志·城池》，台湾青年进修出版社1961年版，第13页。

末登州城城墙周长为 5.38 千米，城墙高 10.9 米。登州城呈不规则的方形，总面积约为 2 平方千米。登州城有四座城门，分别为东门——春生门、南门——朝天门、西门——迎恩门、北门——镇海门。用砖石修砌的城墙上有七座供瞭望和防守之用的城楼。城墙分别与上水门、小水门、下水门三座水门相连。在登州城的周遭有宽 6.2 米，深 3.1 米的护城河。

　　1949 年以后，古登州城城墙被逐渐拆除。今烟台市蓬莱区境内，明代登州城城墙保存较为完好的是原护城河入城处的上水门部分，称为上水门遗址或登州府城墙遗址。据烟台市蓬莱区地方史志办公室高波科长介绍，发源于登州府城南部丘陵的黑水河、密水河，在登州府南交汇被引入护城河，护卫登州府城。两条河流从上水门入城后，称为画河，画河是穿过登州府城的主要河流。上水门是画河的入城门户，它由三个相同的拱券门洞组成，水门洞南北长 10.75 米、高 6.5 米、东西宽为 4.6 米，各门洞的间隔为 3.35 米。上水门下部采用巨形条石，上垒青砖，现存约 27 米城墙。通过对原下水门——古登州城南城墙遗址附近（今蓬莱区紫荆山街道故里小区以北的平房区域）居民的采访，得知

图 2-25　登州府城墙遗存

上水门区域，上水门遗存西侧。

图 2 - 26 烟台市蓬莱区故里小区以北的平房

现今城墙遗址附近的民宅地基以上的砖石都取材于古登州城墙。由于经济的高速发展，蓬莱市区的范围早已超出原古登州城的范围。基于烟台市蓬莱区史志办公室高波科长的采访，结合相应的实地考察，可以确定古登州城四个城门的原位置。东门即春生门，位置在烟台市蓬莱区钟楼东路 25 号——中国银行烟台市蓬莱区支行南侧；南门即朝天门，位于蓬莱区钟楼南路 234 号——交通宾馆东侧；西门即迎恩门，位置在蓬莱区西关路与钟楼西路交叉路口西侧；北门即镇海门，位置在蓬莱区北关路与钟楼北路交叉路口西侧。

二 军门衙门、兵备道衙门、知府衙门、监军道衙门

（五月）二十六日，晴。送堂上译宋业男，及上通事诣军门，见旗鼓官及中军，通朝鲜进贺使臣船到之，由军门即分付知府，使之下船，差人定馆舍云。

——吴允谦《海槎朝天日录》

通过吴允谦的记载，可以得知大部分朝鲜使臣团到达登州后，所要履行的外交程序。即朝鲜使臣到泊登州后，先派遣精通汉语的随行翻译官前往谒见军门（即登莱巡抚）、中军（即防抚中军游击）、旗鼓官（即防抚旗鼓守备）等官员，并向其通报朝鲜使臣使行的相关情况。在获知朝鲜使臣到达登州后，军门指派登州知府（即登州知州）通知使臣团人员下船，并为使臣团主要官员安排住宿。此后，朝鲜使臣团前往登莱巡抚衙门等官衙，行见官礼。登莱巡抚接待朝鲜使臣，询问了解相关朝鲜国内和辽东等时局、使行目的等情况。具体而言，在往返登州的途中，吴允谦一行接触的主要登州官员有登莱巡抚——陶朗先、防抚中军游击——蔡同春、防抚旗鼓守备——施元震、登州知府——鲁廷彦、兵备道（兵巡道、海防道）——谭昌言、监军道——杨述成。

军门，即登莱巡抚，亦称防海巡抚都御史。为登莱地区最高官员，一般为正二品或从二品。清光绪《增修登州府志》记载①，天启元年，明朝在登州设巡抚登莱一职，赞理军务，号防抚军门，亦称防院，专主调兵御寇。崇祯二年，裁撤。三年，复设。明末，担任登莱巡抚的有陶朗先（天启元年任）、袁可立（天启二年任）、武之望（天启四年任）、李嵩（天启六年任）、孙国祯（天启七年任）、孙元化（崇祯三年任）。中军与旗鼓官皆为登莱巡抚帐下之官。中军，即海防道中军，亦称防抚中军游击，为率游兵往来防御之职，武官从三品。明末，担任防抚中军游击的有蔡同春（天启元年任）、许定国（天启二年任）、周洪谟（天启四年任）、罗寰英（天启六年任）、裴希度（天启七年任）、王廷臣（崇祯三年任）。旗鼓官，即防抚旗鼓守备，亦称旗鼓官守备，为防抚中军游击的下级军官。明末，担任防抚旗鼓守备的有施元震（天启元年任）、方壮猷（天启四年任）、张斌才（天启五年任）、郭绰（天启七年任）、强世爵（崇祯七年任）。兵备道和监军道将在后文详述。

（五月）二十七日，晴。吾与副使、书状早诣伺候。军门坐堂，遣答应官引入，立于楹外壁。上使吾先拜，副使次之，书状又

① 参见光绪《增修登州府志》卷25《文秩一》，《中国地方志集成·山东府县志辑》，凤凰出版社2008年影印本，第48册，第251页。

次之，拜毕，仍立西楹外。军门进立楹内，近外，吾即持国王拜帖及礼单、单字、咨文使通官跪呈军门，大概披阅后，招通官问："海路难险劳苦，因问柳涧船尚无去处否？吾其时劝留来，春发船，柳使臣不听吾言，轻易发船遂至颠覆，寻常矜恻。"

答曰："使臣不幸适遭风变，此天时使然。不听老爷分恐是此，则人事亦未画也。蒙老爷慈念，溺死及病死使臣之尸皆得返乡国。国王感老爷之盛意，一国之人无不歆叹。"

军门答曰："两使臣皆不得保全而归，国王送礼、谢帖，深愧深愧。"

……

仍言："辽路阻隔，俟唯许海路后，始得治船发来进贺大礼，至今稽缓，国王寻常痛闷。今既幸得无事下陆，愿即打发夫马，使获快速登程，毋令久滞延日。"

军门答曰："当即分付，且定伴送护行，国王谢帖明间当修付也。"

吾等请辞，遂各两拜作揖而退，仍还船上。

——吴允谦《海槎朝天日录》

上文主要记述了天启二年（1622）五月二十七日，初到登州的登极使吴允谦、副使边瀷、书状官刘应元以及随行翻译官共同谒见登莱巡抚陶朗先的场景。登莱巡抚派近侍官员——答应官将朝鲜使臣团三位使臣引至登莱巡抚衙门大堂前的影壁处。在影壁前，三位朝鲜使臣按官阶高低，依次向登莱巡抚行跪拜礼。礼毕后，登莱巡抚上前接受使臣团随行翻译官跪呈的朝鲜"国王拜帖及礼单、单字、咨文"等。陶朗先大致浏览朝鲜使臣呈现的文书后，向朝鲜使臣解释自己当时曾劝说朝鲜使臣柳涧等人延迟出发，但因其未能听取自己的劝说，执意发船归国，而在途中遭遇不幸，对此"寻常矜恻"。正使吴允谦则对陶朗先帮助"溺死及病死使臣之尸皆得返乡国"等事，表达了感谢。彼时，朝鲜光海君亦通过朝鲜使臣团，向登莱巡抚陶朗先递交了"谢帖"。这也从侧面说明了明末登莱巡抚一职在明、朝友好关系的维持方面，起了十分积极且重要的作用。吴允谦等人拜托陶朗先，在役夫与车马等方面予以帮助，以便使臣团能够尽早启程前往北京。陶朗先当面应允，并为朝鲜使臣团指派了伴送官。朝鲜使臣对此十分感谢，向陶朗先各跪两拜，作揖后，离开了登莱巡抚衙门。因未定暂寓之处，故返回使臣船上。柳涧船，即天启元年（1621），朝鲜进香使臣团正使柳涧①所乘的船只。因登莱巡抚陶朗先皆尽其所能地为朝鲜使臣提供便利，故朝鲜使臣对其印象极佳。

陶御使请见

兵巡陶老爷，招我入房中。

接话音虽异，书怀意可通。

权推拯溺手，仁大活人功。

厚惠终何报？三生隔海东。

——安璥《驾海朝天录》

《陶御使请见》中提及的陶御使，即陶朗先。陶朗先，字元辉，浙江人。朝鲜使臣安璥初到登州，创作此诗的时间是天启元年六月二十六日。此时，陶朗先以按察副使的身份担任海防道，即兵巡道。此诗内容简单明了，主要讲当日兵巡道陶朗先会见朝鲜使臣安璥，双方虽然操持着不同国家的言语，但"书怀意可通"。陶朗先向遭遇风暴，在海难中幸存下来的朝鲜使臣提供各种帮助，安璥认为陶朗先所做的一切是"仁大活人功"，并发自肺腑地感叹"厚惠终何报？三生隔海东"。拯溺，拯救溺水之人，引申为打开危急的局面。活人，救活他人。安璥一行通过海路前往登州的途中，遭遇海难，"方物、文书之漂落于旅顺"，且"一行无盘缠，方在饥饿中"②。对此，与朝鲜使臣安璥以兄弟相称的陶朗先"加员役护送，在登则给公廪赡用足。一路支费，弟再赠以多金。务令宾至如初，酬其忠顺。至其失落方物及漂遗本章，弟自当代为题明达天听也"③。换言之，陶朗先不仅代朝鲜使臣向明朝廷说明朝

① 柳涧（1554—1621），字老泉，号后材，朝鲜文臣。

② ［朝鲜］安璥：《驾海朝天录》，美国哈佛大学燕京图书馆藏本，第22页a。

③ 同上。

鲜使臣遗失贡物和文书，而且为朝鲜使臣团众人在登州期间以及往返北京的路途中提供经济支持，并派遣官员和兵士保护朝鲜使臣团沿途安全。此外，陶朗先认为朝鲜使臣"水路辛苦，赶路亦陷，何以去了？当令备造轿子担送耳"①。正是陶朗先这些无微不至的关怀和帮助，让安璥由衷地赞叹"仁大活人功"。

清光绪《增修登州府志》记载②，登莱巡抚衙门初以察院为行台，后即钟楼西旧登州卫署改建公署。因年代久远，登莱巡抚衙门由察院迁往登州卫署旧址处的时间难以考证。换言之，明末登莱巡抚与朝鲜使臣友好交往的场所是在察院旧址还是在登莱巡抚衙门（抑或登州卫署）原址处，难以确切地考证。据烟台市蓬莱区史志办公室高波科长介绍，今蓬莱区钟楼西路北侧的蓬莱剧场③就是登州卫署和登莱巡抚衙门的原址，当地人称此处为军门宅。此称谓正是源于明清时期的登莱巡抚衙门，即军门衙门。察院原址在今烟台市蓬莱区戚继光故里景区西侧的居民区。

> （五月）二十八日，晴。定馆舍于开元寺，午后一行皆下馆。
>
> 二十九日，晴。军门令中军蔡同春设宴于教场……
>
> 六月初一日，阴曀。夕，军门差人送标文，中有一行员役赏银：译官二两，军官一两，打角奴子一钱。人别封闻军门辞递，新军门可立，河南人，六月二十七日间上任云。
>
> 初二日，晴。朝，送译官、军官诣军门谢。……夕，蔡中军差人送礼单，真青纱一端，玉色纱一端，紫衣包一，紫大袜一，金扇四，杭帨蓬莱十景一幅，天地茶二封。
>
> 初三日，晴。朝，送人参一斤，回答中军。
>
> 初四日，早朝，送（译官）宋业男诣兵备道衙门，陈军门④分付夫马打发今已累日，夫马至今无影形，留滞闷迫之情。兵备道即

---

① ［朝鲜］安璥：《驾海朝天录》，美国哈佛大学燕京图书馆藏本，第22页a。

② 参见光绪《增修登州府志》卷25《文秩一》，《中国地方志集成·山东府县志辑》，凤凰出版社2008年影印本，第48册，第251页下栏。

③ 据媒体报道，2019年四月，蓬莱剧院部分坍塌。现已全部拆除。

④ 此处"陈军门"应为"陶军门"，属误记。

差一官往知府，督促期于明日打发。

> 初六日，晴。……仍诣兵备道辞，兵备道坐堂接见，行礼如军门，礼毕，闭外门引入后堂，时相揖甚恭，设椅坐。吾于东壁，书状于西壁，差退，进南行茶。兵备问："气力如何？时当极热。恐议政劳苦生病。不必促，须缓行慎摄为望。"茶罢，辞出兵备，还引出外至坐堂，更行礼而出。招宋业男问议政年几何？答曰："六十四。"兵备答："何以堪行"云云。
>
> ——吴允谦《海槎朝天日录》

吴允谦一行向军门（登莱巡抚）陶朗先行见官礼的次日，即天启二年（1622）五月二十八日，陶朗先为朝鲜使臣"定馆舍于开元寺"，并命令手下兵备道中军，即海防道中军蔡同春在登州府校场（演武场）设宴款待朝鲜使臣一行。陶朗先派人向吴允谦送递使行途中所需的公文——标文，并打赏使臣团随行人员。这种友好的行为发生在登莱巡抚陶朗先"辞递"，而继任登莱巡抚袁可立上任之前的空白期。换言之，陶朗先并未因卸任公职而忽视朝鲜使臣，而是出于明、朝友谊的大局，向朝鲜使臣提供帮助。此外，或许亦是在登莱巡抚陶朗先的影响下，兵备道中军蔡同春也对朝鲜使臣的到来，表现出极大的善意和热情。中军蔡同春不仅领军门令，设宴款待朝鲜使臣团，还以个人的名义，向吴允谦赠送极具中国特色的丝织品、纸扇、茶叶等礼品。吴允谦亦在次日赠送蔡同春朝鲜的特产人参，作为回礼。六月四日，因役夫、马匹之故，吴允谦派翻译官前往兵备道衙门诣见谭昌言。谭昌言随即派遣下官前往登州知府进行督促，以便能让朝鲜使臣团尽早发行。六月七日，吴允谦一行在即将离开登州前往北京时，特意前往兵备道署，辞别兵备道谭昌言。谭昌言所言的议政，即领议政吴允谦。领议政位居朝鲜议政府官员之首，为正一品，相当于明朝内阁首辅一职。谭昌言对待吴允谦一行，极为恭谦，礼数极备，并因"时当极热"，担心朝鲜领议政吴允谦"劳苦生病"，并叮嘱"不必促，须缓行慎摄为望"。

> （九月）二十九日，丙辰，晴。早朝兵巡道谭昌言衙门，行见

官礼，礼毕，即引生等于东偏私空，坐以倚子，行茶礼，以为
厚待。

——赵濈《燕行录一云朝天录》

上文是朝鲜冬至、圣节兼谢恩使臣团正使赵濈在《燕行录一云朝天
录》中对兵巡道，即吴允谦提及的兵备道——谭昌言的记述。换言之，
谭昌言自始至终都十分厚待朝鲜使臣，这样友好的态度应缘于其个人对
朝鲜使臣的好感及维系明、朝友谊的大局。兵巡道、兵备道、海防道三
者虽指同一官职，但具体而言，在时间出现的顺序上，有些许差别。兵
巡道为明代官制，"布政司参政、参议分司诸道号分守道；按察司副使
佥事分司诸道，号分巡道；又有兵备巡海各道"①。明弘治十二年
（1499）为整饬兵备，始设兵备道，驻莱州。明嘉靖三十四年（1555），
兵巡道开始兼管海防事务。兵巡道、兵备道，抑或海防道公署在"登
州南门内和丰仓旧址处"②。

　　（六月）初五日，雨。……朝，送宋业男、权得中诣知府衙
门，更请夫马，知府即差眼前人皆发。……
　　初六日，晴。晚门吾与书状诣知府衙门辞。知府答曰："气甚
热，闻议政年襄恐劳体免见。回来时必秋凉，当面谢"云。

——吴允谦《海槎朝天日录》

上文记载了吴允谦在天启二年（1622）六月五日，派翻译官前往
登州知府衙门，面见登州知府鲁廷彦，请求在役夫、马匹方面给予帮
助。鲁廷彦当即命令手下官员前去核实和督办调集使臣团所用的役夫和
马匹。在吴允谦一行即将启程前往北京时，特意前往登州知府衙门，同
鲁廷彦辞别。但因天气炎热且吴允谦年事已高，故鲁廷彦告知吴允谦免
见，并承诺吴允谦自北京"回来时，必秋凉，当面谢"。

---

　　① 光绪《增修登州府志》卷25《文秩一》，《中国地方志集成·山东府县志辑》，凤凰
出版社2008年影印本，第48册，第252页上栏。
　　② 同上。

　　（九月）二十六日，晴。行六十里到登州，寓前日所寓开元寺。是夜，雷雨、晓雨大作。

　　二十八日，晴。留寺。早门见监军，请铁锚、船粮，皆诺。

——吴允谦《海槎朝天日录》

　　上文是吴允谦自北京返回登州，待风乘船回国之际所留下的记载。天启三年（1623）九月二十八日，吴允谦请见监军，请求为朝鲜使臣团归国提供铁锚和粮食等物资。监军杨述成对于吴允谦的要求，一一应允。光绪《增修登州府志》记载①，监军，即监军道，始设于明天启元年（1621），清初裁。监军道署在登州城钟楼南的旧军器局处。

　　据烟台市蓬莱区史志办公室高波科长介绍，明清时期的兵备道署（或兵巡道署、海防道署）原址位于烟台市蓬莱区糠市街。明清时期的登州知府衙门原址即今烟台市蓬莱区紫荆山街道府门南街北尽头处的后勤部队司令部所在地；监军道署原址位于烟台市蓬莱区紫荆山街道万寿村内的大衙门口弄附近。另据烟台市蓬莱区登州街道长裕小区居民张素使（女，73岁）介绍，她为土生土长的长裕村居民，现在长裕村的面积已扩大不少，但最早的长裕村就是现在的长裕小区。糠市街又名糠市弄，当地居民称为糠市巷，是今烟台市蓬莱区登州街道长裕小区以北、烟台市蓬莱区干部休养所第二干休所以南的小巷。小巷呈东西走向，长度约260米。据烟台市蓬莱区紫荆山街道万寿村村民张行瑞（男，75岁）介绍，大衙门口街当地人称为大衙门口或衙门口弄。在其记事时，大衙门口街的衙门原址还有少量残留。当时的衙门坐北朝南，面积很大。在张行瑞老人的带领下，笔者一行找到了位于万寿村内的大衙门口弄。

---

　　① 参见光绪《增修登州府志》卷25《文秩一》，《中国地方志集成·山东府县志辑》，凤凰出版社2008年影印本，第48册，第254页上栏。

图 2 – 27　明清时期的兵备道署（兵巡道署、海防道署）原址

今烟台市蓬莱区登州街道长裕小区以北的糠市弄。

图 2 – 28　监军道署原址

今烟台市蓬莱区紫荆山街道万寿村内的衙门口弄。

三　教场（演武场、训炼院、训炼厅）

如前文所述，朝鲜使臣吴允谦在初到登州后，面见登莱巡抚陶朗先，其后陶朗先命令中军游击蔡同春押宴于登州演武场，为朝鲜使臣接风洗尘。不仅是在来程中，在归程中，大部分朝鲜使臣在登州乘船归国之前，登莱巡抚也会命令手下官员在演武场设宴为朝鲜使臣送行。朝鲜使臣亦称演武场为教场、训炼院、训炼厅，这其中演武场与教场（即校场）的称谓是中式记述。训炼院是朝鲜时期，负责武艺测试、军事操练及习读兵书的官署。换言之，"训炼院"和"训炼厅"为朝鲜特有的名称，在此指登州的演武场或校场。据民国《蓬莱县志》记载①，登州演武场，亦称北校场或演武厅，在登州城北门——镇海门外的路北。其内有将台一座，计厅三楹，太公庙三，义堂二所，厅之东有旗纛（饰以鸟羽的大旗）台一座。该演武场由登州知府李思齐，始建于明洪武三年（1370）。

> （九月）初二日，癸丑，晴。……食后，中军以军门分付设宴于演武场，送票文速之，一行偕往。中军引三使臣升堂，礼毕，先举一杯酒北向酹地。东为客位，西为主位，坐定，琼羞绮食，霞列电举，礼数不同，尊俎大异。鸣笳叠鼓，左右叠奏，飞旆扬旌，前后掩映，亦一奇观。……酒礼成于七勺，罢归。演武场在城东门外海岸上，平沙无垠，驰道如砥，即我东训炼院一规，而扁额题"神武"字矣。
>
> ——洪翼汉《花浦先生朝天航海录》

明天启四年（1624）八月二十三日，朝鲜谢恩兼奏请使臣团一行自朝鲜到达登州。此时，登莱巡抚为新上任的武之望，防抚中军游击为周洪谟。八月二十九日，正使李德泂、副使吴翿、书状官洪翼汉一同前往登莱巡抚衙门行见官礼。九月二日，中军周洪谟在演武场设宴款待朝鲜使臣。洪翼汉还描述了演武场和演武厅。即登州府的"演武场在城东门外海岸上，平沙无垠，驰道如砥"。对此，洪翼汉认为登州演武场的规制与朝鲜的"训炼院"相仿。立于演武场的坊表上书写着"神武"

① 参见民国《蓬莱县志》卷2《政治志·驻军编制武备》，台湾青年进修出版社1961年版，第157页。

二字。虽依清康熙《蓬莱县志》记载①，演武场位于登州城的北门外，但是如果洪翼汉一行是经登州城东门——春生门，亦会到达城北海边的演武场。此外，通过洪翼汉关于宴席的记述，可以大致还原出明末登州官员，以官方身份，宴请朝鲜使臣的过程及场景。具体而言，先由登州最高官员——登莱巡抚武之望下令，中军游击将军周洪谟承命。待各方面准备完成，中军游击向朝鲜使臣发送宴请文书，朝鲜使臣前往宴请地点。中军游击在演武厅外将朝鲜使臣引入厅内，相互行礼。中军举杯朝北，将杯中之酒撒于地面。其后，以"东为客位，西为主位"的顺序落座。此后，在席间享用"琼羞绮食"的同时，"鸣笳叠鼓，左右叠奏"，"飞旆扬旌，前后掩映"。对此，洪翼汉认为此宴会"亦一奇观"。

图 2-29　《朝天图》中《齐登州外城（图）》局部——演武场

韩国陆军博物馆收藏，韩国韩国学中央研究院郑恩主教授供图。

换言之，以登莱巡抚武之望为代表的登州各级官员都十分重视朝鲜使臣的到来，朝鲜使臣已感受到登州官员的热情。"酒礼成于七勺"，即"七爵"，亦称为"七爵礼"。《大明会典》记载："凡中宴礼仪同大宴但进酒七爵。"② 以"七爵礼"款待朝鲜使臣，从侧面再次证明了登州官员对朝鲜使臣的重视。与书状官洪翼汉一同出席宴会的正使李德泂留有如下的无题诗作。

---

① 参见康熙《蓬莱县志》卷1《武备》，清康熙十二年刻本，第23页a。
② 《大明会典》卷72《礼部三十·宴礼》，明万历内府刻本，第6页a。

初随旌节莅南州，争道山西第一流。

帅府威声闻紫塞，将军雄略擅青油。

关防左海新开镇，恢复全辽佐运筹。

倘荷皇恩完使事，当趋棨戟谢君侯。

此诗主要是赞美登莱巡抚武之望，感谢中军游击周洪谟的盛情款待。首联是说作者出使明朝来到位于黄海南部的登州，席间在座的诸人皆争相称赞军门武之望是出身于西北地区将领中的佼佼者。旌节，此处指古代使者所持的符节，以作凭信。《左传》："司马握节以死，故书以官。"① 南州，泛指南方地区，此处指登州。秦汉时期，称崤山（在今河南省洛宁县北）、华山以西地区为山西，又称关西，泛指中国西北地区。颔联是说军门武之望的威名响彻辽东诸边关，武之望拥有非凡的谋略，善于行军打仗。紫塞，北方边塞，指秦始皇所筑的长城，泛辽东边关。晋崔豹《古今注》："秦筑长城，土色皆紫，汉亦然，故云紫塞焉也。"② 青油，又称梓油，涂抹在军帐之上，用以防雨，此处泛指行军打仗。颈联是讲明朝在登州新设了登莱巡抚等官职，登州也成为边防重镇。这必定有助于明朝收复辽东的失地。左海，谓海居于东。陈澔在《礼记述注》中注："天地之间海居于东，东则左也。"③ 尾联是说若能承蒙皇恩，并在武军门的帮助下，完成出使明朝的外交任务，必定会由衷地感谢在座诸位的帮助。荷，承蒙。棨戟，有缯衣或油漆的木戟。古代官吏所用的仪仗，出行时作为前导，后亦列于门庭。趋，古代的一种礼节，小步快走，表示恭敬。

> （三月）十九日，丁卯，晴。……诘朝，军门送名帖，请宴于演武场。……午后赴宴，馔品丰侈，礼数殊优，情极缱绻。可知待我国之道矣。

> ——洪翼汉《花浦先生朝天航海录》

---

① 《春秋左传注疏》卷8，文渊阁四库全书本，第7页a。
② 《古今注》上卷，四部丛刊三编景宋本，第10页b—11页a。
③ 《礼记述注》卷27《乡饮酒义第四十五》，文渊阁四库全书本，第24页a。

上文是洪翼汉一行在完成使行任务，自北京返回登州后，中军游击周洪谟再次在演武场设宴，为朝鲜使臣送行。此次践行宴同接风宴一样，"馔品丰侈，礼数殊优，情极缱绻"。登州官员对朝鲜使臣如此盛情款待让洪翼汉赞叹不已。安璥在《驾海朝天录》的归程中，也详细地记述了当时践行宴的场景。

> （十月）初八日，晴。往陶爷衙门，辞之，则进茶慰之，殷勤作别曰："好行，好行。"出往船所，因潮移船。又往宴所，则陶爷令中军游击将军蔡同春押宴于训炼厅。馔品极备，接礼甚盛。

天启二年（1622）十月五日，朝鲜使臣安璥一行，自北京返回登州，准备乘船归国。十月八日，安璥等人前往登莱巡抚衙门向给予使臣团莫大帮助的陶朗先辞行。陶朗先不仅预祝使臣团一帆风顺，平安到达朝鲜，还命令中军游击将军蔡同春，在登州城北的演武场内为朝鲜使臣举行饯别宴。因涨潮，水位上涨，船只可以进出水城门，故安璥前往登州水城的小海，命人将所乘船只移往水城门外，以便不日乘船归国。安璥在下面这首无题之作中，也描述了当时宴请的场景。

> 受命分巡道，开筵训炼厅。
> 高官咸在位，卫士峻奔庭。
> 礼数恭传爵，谈论快建瓴。
> 殷勤终日宴，相对似神灵。
>
> ——安璥《驾海朝天录》

此诗主要是讲中军蔡同春领命兵巡道，即从兵巡道升任登莱巡抚的陶朗先，在演武场设宴为朝鲜使臣饯别。登州各主要官员都参与此次宴请。在席间，双方礼数恭谦，依次推杯置盏，谈论着国家大事。咸，全，都。爵，古代饮酒的器皿，三足，以不同的形状显示使用者的身份。

据蓬莱市紫荆山街道万寿村村民张行瑞（男，75 岁）介绍，登州府演武场，又称北校场，大致范围在今烟台市蓬莱区蓬莱阁街道北关村以北至海边沙滩，即今烟台市蓬莱区海滨文化广场一带。20 世纪四五十年代时，演武场内还存有方形的土筑高台。此土台应为登州演武场的将台。

图 2－30　自蓬莱阁远眺明末登州演武场原址——烟台市蓬莱区海滨文化广场

沙滩旁的建筑群所在之处。

四　开元寺

开元寺是安璥、吴允谦、李民宬、赵濈、李德泂等朝鲜使臣在登州的暂居之所。金德承在《天槎大观》中仅简单地介绍了开元寺，"开元寺，亦开元时所创，故名"①。即朝鲜使臣提及和入住的登州开元寺，始建于唐代开元年间，历史悠久。据明泰昌《登州府志》和民国《蓬莱县志》记载，② 开元寺，在（登州府）城内西南坊（的）南天门街，亦称西大寺。为蓬莱著名的古刹，建于唐开元二十八年（740）。明永乐八年（1410），重建。此后，在明天启年间与清顺治十七年（1660）先后重修。其规模宏大，为蓬莱县境内各寺之冠。

（十月）初四日，辛酉，晴。食后，周览开元寺，法堂扁额以

① ［朝鲜］金德承：《天槎大观》，《少痊公文集》卷 2，韩国国立中央图书馆藏本，第 22 页 b。

② 参见民国《蓬莱县志》卷 2《政治志·宗教寺庙》，台湾青年进修出版社 1961 年版，第 84 页。

空天廓宇刻金字悬之，庭际两边立大碑，堂上坐三大佛，四面列立
观音、罗刹之像，极其怪诡。关羽之像，亦在东边。屋瓦以青琉璃
覆之。夜则张灯，鸣鼓击锣。焚香礼佛，一日不懈。

——赵濈《燕行录—云朝天录》

（八月）二十九日，辛亥。……辞出（军门），因往文
庙……傍有开元寺，殿宇亦宏丽，与圣庙并列，其辱先圣甚矣。

——李德泂《朝天录—云航海日记》

上文分别是赵濈和李德泂对登州开元寺的记述。结合赵文和烟台市
蓬莱区史志办公室高波科长的介绍，可以大致还原出赵濈当时见到开元
寺的场景。即天启三年（1623）九月二十九日，赵濈一行入住开元寺。

图 2-31　今蓬莱古船博物馆内复原的开元寺正门

十月四日，在吃完早饭后，游览了开元寺。法堂，即宣讲佛法的正殿——大雄宝殿。在正殿的匾额之上是用"空天廓宇"的豪放笔法刻写的"开元寺"三个鎏金大字。在开元寺的庭院两侧各立大石碑。在正殿内有三座佛像。正中的坐像为佛祖释迦牟尼，两侧站像分别为左右协侍阿难和迦叶。释迦牟尼像的右侧供奉观世音菩萨，左侧供奉地藏王菩萨。在正殿的两侧各坐九尊罗汉，即十八罗汉像，李民宬对此有"极其怪诞"之感。在大殿的东侧还有关公的雕像。因开元寺拥有面积广大的寺田，历史悠久，故开元寺内的建筑覆以"青琉璃"，殿阁嵯峨，美轮美奂。这与李德洞描述的"殿宇亦宏丽"的记载相一致。开元寺内的僧侣"夜则张灯，鸣鼓击锣。焚香礼佛，一日不懈"。但，李德洞目睹了这样的景象，认为开元寺的地理位置与供奉儒家圣贤的登州府学相邻，辱没先圣。

题开元寺

（寺在登州城中，唐开元中所创也，一行寓焉）

开元皇帝好神仙，竺教兼崇结胜缘。

沙界众生依佛日，龙伦八部护诸天。

远人来讨客尘喻，老衲空参鬼窟禅。

面壁妨调摩诘病，朝朝车马寺门前。

——李民宬《燕槎唱酬集》

《题开元寺》一诗是天启三年（1623）朝鲜使臣李民宬在暂住开元寺时所作。六月十三日，李民宬一行到达登州，"遂从南门入寓于开元寺"①。南门，并不是登州城南门——朝天门，而是登州水城的南城门——振扬门。具体而言，李民宬一行应是先出登州水城南门——振扬门，其后经登州城西北的来宾桥（今烟台市蓬莱区北关路与沙浦路交接的环岛处），沿登州城西城墙外的小道，到达登州城的西城门——迎恩门，自此门进入登州城到达开元寺。诗的一二句是讲唐玄宗李隆基虽

---

① 参见［朝鲜］李民宬《癸亥朝天录》，《敬亭集续集》卷1，韩国首尔大学奎章阁藏本，第27页 b。

信奉神仙，但也尊崇佛教，并结下善缘。胜缘，佛教语，善缘。三四句是说唐代开元年间，有许多人信奉佛教，众天神守护着神界的天空。沙界，佛教语，谓多如恒河沙数的世界。依佛，皈依佛门。龙伦八部，即天龙八部。佛教分诸天、龙及鬼神为天、龙、夜叉、干闼婆、阿修罗、迦楼罗、紧那罗、摩睺罗伽八部。因八部中以天、龙二部居首，故曰天龙八部。诸天，指神界的众神位，后泛指天界。五六句是说自远方而来的异国之客向开元寺内的高僧请教佛法，高僧告知李民宬不能仅仅倚靠打坐的方式来参透佛法。客尘，佛教语，指尘世的种种烦恼，喻旅途劳顿。老衲，年老的僧人。鬼窟禅，亦称枯木禅、髑髅禅、黑山鬼窟禅，是一种错误的参禅之法。具体而言，修行人沉溺在幻想的世界中，无法辨别幻想世界与真实世界的界限。此种错误修行的外在表现形式仅为打坐。最后两句是说整日面壁打坐难以宣扬佛法、普度众生，应该像开元寺内的诸高僧一样，采用面照相辅的方式，宣扬佛法，这样才会香火鼎盛。摩诘，是维摩诘的简称。大居士维摩诘，与释迦牟尼生活于同一时期，善于应机化导。曾经以称病为由，向释迦佛遣来问讯的舍利弗及文殊师利等宣扬大乘深义。朝朝，天天；每天。在开元寺内，李民宬还留有《骤雨诗》一诗。

骤雨诗

隐几才闻万窍风，波涛声撼太虚空。
谁将一片江南地，移就营丘水墨中。

——李民宬《癸亥朝天录》

据《敬亭集》记载①，在入住开元寺后，李民宬对正使李庆全"尝作《骤雨诗》一绝"。此诗主要是说伏在几案上听着船外的狂风，船舱外波涛撼天之声亦响彻云霄，这样的感觉如同刚刚经历的那般，历历在目。在经历了这般磨炼后，终于在齐鲁大地上，见到了如诗如画的蓬莱。隐几，靠着几案，伏在几案上。万窍，指大地上大大小小的孔穴。典出《庄子·齐物论》："夫大块噫气，其名为风。是唯无

① 参见［朝鲜］李民宬《敬亭集·年谱》卷1，韩国首尔大学奎章阁藏本，第10页b。

作，作则万窍怒呺。"① 太虚，指天，天空。营丘，古邑名，此处代指山东。水墨，水墨画的简称。李庆全在听闻《骤雨诗》后，认为诗中所述正是李民宬"过海朝天之谶也，事皆前定，岂可逃耶"②。李民宬在《癸亥朝天录》中还记载了其在开元寺内，与登州文人之间的交流和友谊。

> （六月）二十一日，庚辰，留登州。……吴相公大斌送示诗稿，乃与登州兵宪及乡绅所相唱和者，请依韵见掷，列于诗卷，甚恳。遂次以遗之。吴来见札示曰："承惠四章，何感如之。后二诗，非胸藏琬琰、口吐珠玑不能也。通示此城搢绅士大夫，皆敛衽敬服，我中国能有几人哉，非敢面誉貌言也"。……吴公，号晴川，越州山阴人。故游击宗道之族父也。宗道东征时，以都司来驻我国。宣庙见其揭帖，亟加称赏，命承文院裒集前后之揭缮写以进，后终于镇江尤吉（即游击的通假记述）。晴川来从镇江，今寓登州之开元寺。

> ——李民宬《癸亥朝天录》

据上文李民宬的记载，吴大斌，号晴川，越州山阴（今浙江绍兴）人，为前游击吴宗道的族父，即堂叔父。吴大斌与吴宗道叔侄二人与朝鲜颇有渊源。在明万历抗倭援朝时，吴宗道以"都司"一职随军东征。朝鲜国王李昖（宣庙，为朝鲜宣祖李昖的庙号）见其所写公文，极有文采，称赞有加，并"命承文院裒集前后之揭缮写以进"。据《山阴州山吴氏族谱》的记载③，因"万历丙辰，辽左失守"，吴大斌"浮海至登州"，暂居登州开元寺。在明末孔有德进犯登州时，为守气节，绝食而亡。因与朝鲜使臣李民宬同住开元寺，吴大斌向李民宬送示诗稿，并恳请其作和诗以赠。对此，李民宬欣然应允。对于吴大斌的诗，李民宬

---

① 《庄子》卷1《南华真经卷第一·庄子内篇齐物论第一》，四部丛刊景明世德堂刊本，第19页。

② ［朝鲜］李民宬：《癸亥朝天录》，《敬亭集续集》卷1，韩国首尔大学奎章阁藏本，第27页 b。

③ 参见乾隆《绍兴府志》卷55《人物志十五》，清乾隆五十七年刊本。

评价"重厚温雅，且有诗声，见重于士大夫"①。

> （六月）二十二日，辛巳，留登州。来时伤于海路，连日苦呻，是日始获差可。浙人王荣示王摩诘《辋川图》，其画并诗俱摩诘亲笔也。顾无知画者，不能辨其真赝。然即画有诗韵，即诗有画趣，意非摩诘不能辨此。……作于开元庚午，而今偶得见于开元寺。寺亦创于开元中。丹青琬琰，同其悠久，而邂逅于千载之后、万里之外，似非偶然。遂留玩数日而还之。
>
> ——李民宬《癸亥朝天录》

因旅途劳顿，在到达开元寺后，李民宬一直被病患折磨，精神萎靡，但令其颇感意外和欣慰的是见到了王维的《辋川图》。因王维的作品画中有诗，诗中有画，故李民宬"不能辨其真赝"。王维，字摩诘，唐诗人、画家。开元年间进士，累官至给事中。《辋川图》主要表达了文人对庄园生活的向往。李民宬认为，在远距朝鲜万里之外的登州开元寺内见到了非常有名且创作于唐开元年间的《辋川图》，这"似非偶然，遂留玩数日而还之"。

来时寓登州开元寺逢夜雨②

以"远客坐长夜，雨声孤寺秋。请量东海水，看取浅深愁"为韵作二十绝，仍为录上东照，以俟斤正。

之九③

石岛驾银山，黄城渡黑水。

天教护我舟，稳送登州寺。

之十六

王事严程急，孤忠后代看。

---

① ［朝鲜］李民宬：《癸亥朝天录》，《敬亭集续集》卷1，韩国首尔大学奎章阁藏本，第33页。

② ［韩国］赵冕熙编：《（韩文）朝天日乘及燕行录及（汉文）酬唱录》，韩国同光出版社2002年版，第179—180页。

③ 诗的标题，原文仅有"一"至"二十"的序号，"之"为本书作者所加。

明朝黄县路，去去任征鞍。

　　以上两首诗是朝鲜使臣赵濈在初到登州，暂寓开元寺时所作的二十首绝句的第九首和第十六首。此二十首绝句创作的时间，据诗题《来时寓登州开元寺逢夜雨》，应是赵濈暂居开元寺期间所写，但未言明创作时间。《燕行录一云朝天录》中记载："（九月）二十九日，丙辰，晴。……一行下处定于开元寺。"①　"（十月）初九日，丙寅，晴。……午时，夏伴送来催发行，即为发行。"②　换言之，赵濈暂寓开元寺的时间是在天启三年（1623）九月二十九日至十月九日。在此期间，仅有"（十月）初三月，庚申，雨"③　的记载最为符合"寓登州开元寺逢夜雨"的天气和时间条件，故以上两首诗的创作日期可能是天启三年（1623）十月三日。如前文黄城岛部分所述，天启三年，赵濈在北京玉河馆内与其他朝鲜使臣多有唱和。因天启三年，册封奏请使臣团在北京停留时暂住玉河馆东关，故东照指册封奏请使臣团的正使李庆全、副使尹暄、书状官李民宬等人。斥正，请水平较高或作者尊重之人修改或点评自己诗作的敬语。简言之，《来时寓登州开元寺逢夜雨》的二十首五言绝句是赵濈在天启三年（1623）十月三日夜，暂居登州开元寺所作。此后，赵濈在北京玉河馆内将此诗抄录赠送给当时亦在北京的李庆全、尹暄、李民宬等人。

　　《之九》主要描述了令赵濈印象深刻的石城岛、黄城岛及黑水海等海路使行必经之处，表达了赵濈对上天佑护自己平安渡海，到达登州开元寺的感激。石岛，即石城岛，明末属辽东，是朝鲜使臣海路使行必经的岛屿之一。据郑斗源《朝天记地图》记载④，石城岛西至长山岛三百里水程。明末的石城岛，今亦称石城岛，隶属辽宁省大连市庄河市。黄城和黑水分别为前文所述的黄城岛和黑水洋。天教，上天示意，以为

---

　　①　[朝鲜]赵濈：《燕行录一云朝天录》，[韩国]林基中编《燕行录全集》第12册，韩国东国大学出版部2001年版，第281页。

　　②　同上书，第288页。

　　③　[朝鲜]赵濈：《燕行录一云朝天录》，[韩国]林基中编《燕行录全集》第12册，韩国东国大学出版部2001年版，第284页。

　　④　参见[朝鲜]郑斗源《朝天记地图》，韩国成均馆大学尊经阁藏本。

教诲。

《之十六》则是讲使行日程十分紧迫，自己心怀忠胆赤诚，必能不负王命，完成使行的任务。王事，王命差遣的公事。严程，期限紧迫的路程。孤忠，忠贞自持，不求人体察的节操。明天就要离开登州，前往黄县，继续漫漫的使行之路。明朝，即明天。去去，即远去。征鞍，像远行的马一样，此处指旅行者所乘之马。虽诗中说明日即将启程前往黄县，但因夫役、马匹未齐，未能如期发行。

如前文所述，天启三年六月十三日，李民宬与李庆全等皆入住登州开元寺，虽因"所寓僧房壁虱甚苦"，于六月十七日，"移寓于寺门外吕家"①，但在看到赵溦所作题为《来时寓登州开元寺逢夜雨》的二十首绝句后，李民宬有感而发，进行了唱和。

奉次赵花川开元寺逢雨韵

"以远客坐长夜，雨声孤寺秋。请量东海水，看取浅深愁。"为韵

之一②

孤帆落寺门，古郭炊烟晚。

枕上夜来声，萧疏凭近远。

之四

夜雨闭秋寺，残灯眠上方。

明朝看白发，个个缘愁长。

之十三

城古近不夜，地雄海岱东。

谁新唐代殿，金碧耀葱茏。

——李民宬《燕槎唱酬集》

上文即李民宬所作和诗之一、之四、之十三。《之一》和《之四》主要描述了李民宬到泊登州，入住开元寺以及夜宿开元寺时内心中无尽

---

① 参见［朝鲜］李民宬《癸亥朝天录》，《敬亭集续集》卷1，韩国首尔大学奎章阁藏本，第31页a。

② 诗题"之一""之四""之十三"为本书作者所加。

的愁绪。萧疏，寂寞；凄凉。《之十三》则是描述"地雄海岱东"的东牟古郡，在"不夜"之下，尽显沧桑之感。唐代的开元寺，在日光之下"金碧耀葱茏"。海岱，渤海与泰山的合称，指今山东省渤海至泰山之间的地带。葱茏，朦胧。

作为朝鲜使臣在登州城下榻的驿馆之一，即始建于唐开元年间的开元寺，给朝鲜使臣留下了难忘的记忆。这样的记忆有初到登州时的喜悦和历尽"十死九生"后的欣慰，有同明朝友人唱和的情投意合，亦有见到中国名人字画的庆幸。当然，还有潮湿阴冷的僧房内"萧疏凭近远"的寂寞和乡愁以及"去去任征鞍"的豪迈。

据烟台市蓬莱区史志办公室高波科长介绍，开元寺原址位于（登州）旧城的西南角（今武霖村西部），正门向东，临府门南街。开元寺在民国初期，占地面积约六千平方米，建筑面积两千至三千平方米。该寺为中轴对称三进式院落，正门东临府门南街，主体建筑由东而西依次布局为：门房、正殿、诵经堂、藏经阁，两侧有厢房，诵经堂前两侧分别建有钟亭和鼓亭，藏经阁南侧接僧人居所和膳房。该寺建筑皆为庙宇式建筑，除正殿和诵经堂覆青色琉璃瓦外，其他建筑皆覆一仰一复小青瓦，脊置六兽。门房内有明柱四根，屋面歇山。正殿为大雄宝殿，体量最大，平面略呈正方形，四面有明廊，屋面开山，双重檐，是该寺举行重大活动处。诵经堂又名僧伽和尚堂，体量次之，屋面歇山，平面呈长方形，是僧人诵经和举行一般法事处。藏经阁为二层木构楼体，小巧精致，一层东侧有明廊，用于存放经书和住持禅房。南北厢房前皆有明廊，为远来香客、云游僧人、挂单僧人借宿处。钟、鼓二亭皆为木构四柱凉亭，各悬铁钟、大鼓一具。民国后期，私立进华小学设于该寺。1947 年，国民党军拆其诵经堂、藏经阁及钟亭、鼓亭，木料用于修筑城防工事。其余建筑日后陆续被拆除。

笔者一行前往开元寺原址附近进行实地考察，在故里小区，有幸采访了该小区 87 岁高龄的于天路老人。据于天路老人介绍，故里小区的"故里"二字是因为小区位于明朝爱国将领戚继光故里南侧，故名。当地人称开元寺为"西大寺"。开元寺位于原登州城的西南隅，坐西朝东。今故里小区南侧的城墙街就是原登州城的南城墙处。建于 20 世纪 90 年代末的故里小区就建在开元寺的原址之上。于天路老人的讲述与

图 2 - 32　笔者一行在于天路老人家中采访

明泰昌《登州府志》中关于开元寺的记载一致，即"开元寺在（登州）府城西南隅"①。结合实地考察，坐西朝东的开元寺原址位于今烟台市蓬莱区府门南街南侧尽头处。20 世纪 90 年代末，开元寺的原址之上建设了烟台市蓬莱区紫荆山街道"故里小区"的 1 至 4 号居民楼。

五　普静寺（普净寺）、关北村（金家铺）

朝鲜使臣在登州暂寓之处，除了上文所说的开元寺还有普静寺和北关村。

> 普净寺在城北，丹臒照耀，金膀辉煌，宝殿弥漫数百间，释迦如来佛齿在此。以镇海水洋溢之害，军门以下，皆顶礼云。

上文为郑斗源在《朝天记地图》中关于登州"普静寺"的记载。普净寺为普静寺的转音记述。依郑斗源的记载，位于登州城北的普静寺金碧辉煌，悬挂金色的匾额。寺内的房屋多达数百间，规模宏大。丹臒，指普静寺所涂饰的色彩。金膀，即金榜，金色的匾额。弥漫，连绵

---

① 泰昌《登州府志》卷 5《地理志一·寺观》，明泰昌元年刻本，第 56 页 a。

不断。宝殿，佛殿。此处需要注意的是，"释迦如来佛齿在此。以镇海水洋溢之害，军门以下，皆顶礼云"的记载。释迦和如来佛，皆指佛教的创立人——释迦牟尼。佛齿，即佛牙。换言之，郑斗源听说，为祈求佛祖保佑登州城及城内的百姓免受海水侵害，明末登州普净寺内，供奉着佛祖齿骨舍利。以登莱巡抚为首的登州各级官吏皆对此顶礼膜拜。但，关于普静寺内供奉佛祖舍利的内容，笔者并未在相关的方志中找到。如果郑斗源的记述属实，那将是对明末登州府境内佛寺和佛教信仰等相关史实的重要补充。

> （八月）二十五日，丁未，晴。朝，黄孝诚等还自知府衙门，受票文……令假馆于普静寺。奉安表、咨文、输置方物于法堂，与上使寓东、西禅房。二十七日，己酉，阴。……偕上、副使游普静寺。僧奇玄、明友等六七人持宝扇及雪花笺，乞诗甚恳，各题赠一绝。神将李仁男等来请置酒，盖上使初度日也。行厨所供虽极中国异品，非吾土食性所惯，益觉客味之酸辛。何时得返故国？黄鸡、白酒、紫鲜、银鳞，为先生一寿，以慰今日苦楚哉。
>
> 二十八日，庚戌，晴。……寺僧持一册来示，即舍施名录。所谓大施主居首者，都督沈有容、总兵毛文龙等大小官员无不与焉。法堂左右，各悬金字青板。左隅则题："年月日，登州知府鲁廷彦、同知翟栋、通判乔凤翔、推官王名晋、知县汪裕重修"；右隅则题："钦差镇守山东等地都督府都督沈有容鼎建"。嗟夫！搢绅士夫犹如此，况蚩蚩岷俗乎？圣路长湮，从可知矣。

上文为朝鲜使臣洪翼汉在《花浦先生朝天航海录》中有关普静寺的记载。第一条记载不仅说明普静寺是朝鲜使臣在登州的暂寓之所，同时也说明朝鲜使臣所携带的表文和咨文的重要性。天启四年（1624）八月二十五日，使臣团上通事黄孝诚[①]从登州知府衙门领受票文（登州府颁发

---

① "（八月）初四日，丙戌，乃开洋简辰也。……卯时，（洪翼汉）与正使李德泂、副使吴翻领率译官知事表廷老……上通事黄孝诚……四十余人，乘各船。"（［朝鲜］洪翼汉：《花浦先生朝天航海录》卷1，韩国国立中央图书馆藏本，第2页a）

证明朝鲜使臣身份，及使臣团可以使用驿道沿途驿馆的一种凭证），并得知自己一行将暂寓登州水城旁的普静寺。因表文和咨文为朝鲜与明朝的重要外交文书，故将其"奉安"于普静寺的正殿之中。第二天，洪翼汉与上使，即正使李德洞、副使吴翻一同游览普静寺。寺中奇玄、明友等僧人仰慕朝鲜文人的文采，故"持宝扇及雪花笺，乞诗甚恳"。对此，朝鲜使臣一一应允。登州副将李仁男等军官在普静寺内设宴款待朝鲜使臣。为朝鲜使臣准备的酒肴皆"极中国异品"，但洪翼汉因"非吾土食性所惯"，顿感"客味之酸辛"，自问"何时得返故国"？并期盼着回到朝鲜，再次品尝清炖黄鸡、清甜的马格利酒、新鲜的苏子叶以及美味的鲜鱼，"以慰今日苦楚"。奉安，安置神像、神位等亦称奉安。表文，为朝鲜王朝上呈明朝皇帝的文书。咨文，朝鲜王朝与大明王朝往来外交文书的一种。具体而言，咨文是以朝鲜国王的名义，向明朝六部（礼部、户部、吏部、刑部、兵部、工部）照会、通报、答复的外交文书。书写咨文所用的纸张由朝鲜造纸署特别制作。法堂，即寺中演说佛法的讲堂，此处应为普静寺的正殿——大雄宝殿。置酒，陈设酒宴。异品，珍奇的物品。白酒，白颜色的酒，此处指朝鲜特有的米酒——马格利酒（**막걸리**，makgeolli），亦称浊酒。先生，此处为自称。

在第二条文献中，洪翼汉记述了天启四年（1624）八月二十八日，僧人为其展示了一本普静寺的"舍施名录"。该名册中，"大施主居首"。资助较多者主要是以"都督沈有容、总兵毛文龙"等为首的登州及辽东的各级官吏。在普静寺大雄宝殿的两侧分别悬挂着"金字青板"，左为"年月日，登州知府鲁廷彦、同知翟栋、通判乔凤翔、推官王名晋、知县汪裕重修"；右为"钦差镇守山东等地都督府都督沈有容鼎建"。从此记述中可以得知两点。其一，明末普静寺重修的时间为天启初年。据明末泰昌《登州府志》记载①，普静寺在登州府城北门外，迎仙桥东，正统十年建。即，普静寺始建于明初的1445年。清康熙《登州府志》记载②，天启元年，鲁廷彦（山西人，举人）任登州知府

① 参见泰昌《登州府志》卷5《地理志一·寺观》，明泰昌元年刻本，第56页a。
② 参见光绪《增修登州府志》卷25《文秩一》，《中国地方志集成·山东府县志辑》，凤凰出版社2008年影印本，第48册，第254页上栏。

（知州）；天启三年，翟栋（陕西人，举人）任登州府同知；天启二年，乔凤翔（山西人）任登州通判；天启三年，王名晋（任丘人，举人）任登州推官；天启元年，汪裕（商城人）任蓬莱县知县；天启元年至天启四年，沈有容擢升为中军都督金事，充总兵官。换言之，始建于明初的普静寺，重修于明天启三年（1623）至四年间。进一步而言，由登州主要官员捐资重修的普静寺，在刚刚修缮完成后，就作为李德泂、吴翻、洪翼汉等朝鲜使臣的暂寓之所，这从侧面反映出，天启初年登州官员对朝鲜使臣的重视和照顾。其二，登州各级官员捐资修葺佛寺——普静寺，这说明，明末登州乃至辽东地区，各级官员对佛教十分尊重的态度。这也从侧面佐证了朝鲜使臣郑斗源在《朝天记地图》中"军门以下，皆顶礼"的记载与史实相符。这种现象应与明末动荡的辽东局势有着很大的关系。因目睹登州官员重视佛教，故自幼深受儒家文化熏陶的朝鲜使臣洪翼汉感叹，就连当地的官员都如此尊奉佛教，更何况愚昧无知的百姓，并对"圣路长湮"感到痛心疾首。

天启四年（1624）八月二十五日，李德泂和洪翼汉等朝鲜使臣"始受衙门标文（即，洪翼汉所说的票文），馆于普静寺"[①] 后作诗一首。

> 暮寻萧寺寄孤栖，风浪余惊尚未低。
> 地隔重溟家信断，天遥故国梦魂迷。
> 山川自别声音异，文轨相同礼法齐。
> 万里归心悬魏阙，客窗秋雨听寒鸡。

李德泂在此诗中，记述了使臣团入住普静寺的场景及其当夜内心的感受。首联是说到达登州水城得知暂寓之处后，一行人在日暮时分，找寻并前往佛寺——普静寺。此时，作者因海路中十死九生的遭遇，心情还久久未能平复。萧寺，唐李肇《唐国史补》："梁武帝造寺，令萧子云飞白大书'萧'字，至今一'萧'字存焉。"[②] 后因称佛寺为萧寺，此处

---

① ［朝鲜］李德泂：《朝天录—云航海日记》（《竹泉遗稿》），载［韩国］曹圭益《朝天录—云航海日记》，《韩国文学与艺术》2008 年第 2 辑，韩国崇实大学韩国文学与艺术研究所，第315 页。

② 《唐国史补》卷中，文渊阁四库全书本，第 9 页 a。

指普静寺。颔联是说大海分割了登州与朝鲜，使人无法获知家乡的消息，身处与故国海天相隔的登州普静寺内，作者内心充满了对朝鲜的无限思念。重溟，指大海。家信，家中传信的人。梦魂，古人以为人的灵魂在睡梦中会离开肉体，故称。颔联是说虽然作别了朝鲜壮美的山河，心中充满无限惆怅，但明朝大地之上，文字和车轨，甚至是礼仪法度都同朝鲜一样。这种制度和文化上的相同，带给作者一丝慰藉。文轨，文字和

图2-33　《朝天图》中《齐登州外城（图）》
局部——普静寺
韩国陆军博物馆收藏，韩国韩国学中央研究院郑恩主教授供图。

车轨，指天下的统一或文章的规范。《礼记·中庸》："今天下车同轨，书同文，行同伦。"① 礼法，指礼仪法度。尾联是讲身处万里异国的作者，内心始终牵挂着故国朝鲜。黎明时，秋雨敲击着僧房的窗户，寒风中亦传来了鸡鸣声。魏阙，古代宫门外两边高台上的楼观，楼观下常为悬布法令之所，后亦指宫殿或朝廷，此处是指朝鲜王朝。《庄子·让王》："身在江海之上，心居乎魏阙之下。"② 寒鸡，即寒风之中的鸡鸣，语出韩愈《秋怀诗十一首》之七："寒鸡空在栖，缺月烦屡瞰。"③

图 2 - 34　20 世纪 20 年代的普静寺④

---

① 《礼记》卷 16《中庸第三十一》，《四部丛刊》景宋本，第 10 页 a。
② 《庄子》卷 9《庄子杂篇·让王第二十八》，四部丛刊景明世德堂刊本，第 36 页 b。
③ 《全唐诗》卷 481《韩愈》，文渊阁四库全书本，第 15 页 b。
④ 陈麻编著：《美国镜头里的中国风情》，中国文史出版社 2011 年版，第 65 页。在原文中，此照片的标题为《（登州）海边的庙》。据清康熙《蓬莱县志》中的记载，位于海边的寺庙有水城西侧的永福寺、观音堂，水城东侧的关帝庙、普静寺。根据图片中寺庙的方位，可以看出，拍摄者应是自西南向东北拍摄。在图中寺庙的前方有沙滩的痕迹，寺庙亦为避海水侵害，筑于高台之上。换言之，照片上的庙宇应位于登州水城东侧的沙滩旁。登州城内有多处关帝庙，位于蓬莱水城旁的关帝庙，当地人称"小关帝庙"，顾名思义，规模较小的关帝庙。图中的寺庙为两进结构，左右有偏房（僧房），最北侧有主殿、侧殿，规模较大。此外图中的庙宇与韩国陆军博物馆收藏的《朝天图》中《齐登州外城（图）》中描绘的普静寺在外观上相似。综合来看，照片中的寺庙应为 20 世纪 20 年代登州城北的普静寺。

普静寺，赠明宇上人

（寺在蓬莱阁）

蓬莱不必问群仙，逢着西来第一禅。

香满古寮三籁静，海天无际月轮圆。

——吴翻《燕行诗》

　　在此诗题注中，吴翻记述"寺在蓬莱阁"，此处应为误记。据洪翼汉《花浦先生朝天航海录》中"（九月）初四日，乙卯，晴。……午后，与上、副使登蓬莱阁"① 和李德泂《朝天录一云航海日记》中"（九月）四日，乙卯。……午后，与两使登蓬莱阁"② 的记载，天启四年（1624），谢恩兼奏请使臣团在初到登州期间，即天启四年（1624）八月二十二日至九月十一日，正使、副使、书状官三人仅在九月四日下午，一同前往蓬莱阁观览，且无相关的寺庙记载。此外，据清初康熙《蓬莱县志》中的记载③，在登州水城内的蓬莱阁附近的佛寺，主要有千佛寺、毗卢阁、弥陀寺等，并未有普静寺。此外，据洪翼汉《花浦先生朝天航海录》中的记载，"（八月）二十七日……僧奇玄、明友等六七人持宝扇及雪花笺，乞诗甚恳，各题赠一绝"④，吴翻记述的"明宇上人"应与洪翼汉所说的"明友"僧人为同一人。即因登州方言发音和使臣团随行翻译官的转述等原因，出现谐音异字的不同记载。简言之，《普静寺，赠明宇上人》中的普静寺并不在蓬莱阁，而在登州水城外的东侧，即朝鲜使臣在登州的寓居之所。

　　《普静寺，赠明宇上人》一诗内容简单明了，全诗主要是讲到达登州的朝鲜使臣，因蓬莱是仙人居住的地方，而不必向诸仙人询问仙境所在何处。入寓"西来第一禅"，即普静寺，作者内心亦十分高兴。僧房

---

　　① ［朝鲜］洪翼汉：《花浦先生朝天航海录》卷1，韩国国立中央图书馆藏本，第19页b。

　　② ［朝鲜］李德泂：《朝天录一云航海日记》（《竹泉遗稿》），载［韩国］曹圭益《朝天录一云航海日记》，《韩国文学与艺术》2008年第2辑，韩国崇实大学韩国文学与艺术研究所，第312页。

　　③ 参见康熙《蓬莱县志》卷6《寺观》，清康熙十二年刻本，第8页a—9页a。

　　④ ［朝鲜］洪翼汉：《花浦先生朝天航海录》卷1，韩国国立中央图书馆藏本，第14页b—15页a。

内香烟袅袅，佛寺内外，万籁寂静，透过窗户，看到一轮明月悬挂于海天一色的夜幕之中。问群仙，语出元金好问《茗饮》"邂逅华胥犹可到，蓬莱不拟问群仙"①，在这里强调蓬莱仙境天下闻名。逢着，遇到。寮，小屋。籁，古时的乐器——萧。三籁，天空中发出的声音称天籁，大地之上发出的声音为地籁，人发出的声音称为人籁，典出《庄子·齐物论》："女闻人籁而未闻地籁，女闻地籁而未闻天籁夫！"②，此处指天地万物所发出的声音。月轮，圆月，亦泛指月亮。明泰昌《登州府志》记载③，普静寺在登州府城北门——镇海门外，迎仙桥之东。清道光《重修蓬莱县志》记载④，迎仙桥在登州府城北关，普静寺西，当地人呼为赛画桥。烟台市蓬莱区史志办公室高波科长告诉笔者，迎仙桥应始建于宋代，清光绪七年（1881），知府贾瑚、知县江瑞采重修。此桥在今蓬莱水城东侧。

图 2 - 35　今蓬莱水城振扬门东侧的迎仙桥近景

① 《全金诗》卷 70，文渊四库全书本，第 19 页 b。
② 《庄子》卷 1《南华真经卷第一·庄子内篇齐物论第二》，四部丛刊景明世德堂刊本，第 18 页 b—19 页 a。
③ 参见泰昌《登州府志》卷 5《地理志一·寺观》，明泰昌元年刻本，第 56 页 a。
④ 参见道光《重修蓬莱县志》卷 2《地理·桥梁》，清道光十九年刻本，第 3 页 a。

如前所述，登州北城门——镇海门，原址位于烟台市蓬莱区北关路与钟楼北路交叉路口西侧。结合迎仙桥的位置，普静寺原址应在今烟台市蓬莱区蓬莱阁街道北关村附近。据北关村村民栾庭恩（男，60 岁）介绍，原北关村的范围仅是北关北巷和北关南巷的范围。在北关村内原来有两座庙，一座是土地庙，位于迎仙桥旁；一座则是不知道名字的庙宇。未名庙宇被毁于 20 世纪 70 年代。结合明泰昌《登州府志》的记载，此未名庙宇极有可能是朝鲜使臣所记载的普静寺。换言之，明末普静寺原址可能在今北关村南部的宏亮旅社处。

此外，天启二年（1622）五月二十五日，朝鲜使臣吴允谦到泊登州城下，并留宿船上。在船上听到了普静寺的钟声，有感而发，创作了题为《登州船上，次枫桥夜泊》的两首诗作。

登州船上，次枫桥夜泊
（城外有寺，时闻钟声）
之一①
潮落汀沙已暮天，客愁如海倚蓬眠。
城边古寺钟声到，疑是枫桥夜泊船。

之二
登州城外水如天，愁倚舵楼夜不眠。
家在汉滨身万里，任教江月属渔船。

——《朝天诗》

《登州船上，次枫桥夜泊》是吴允谦模仿唐张继《枫桥夜泊》的韵和意境等而创作的诗作。当时，张继夜宿姑苏城外的江船之上，听闻寒山寺的钟声，有感而发写下了《枫桥夜泊》一诗。在诗中，张继描绘了月落乌啼、江枫渔火、客船孤寂的情景，表达了羁旅异乡的感愁。初到登州，吴允谦夜宿海船之上，听闻普静寺的钟声，不禁联想到张继的《枫桥夜泊》一诗，便创作了《登州船上，次枫桥夜泊》，在诗中同样

---

① "之一""之二"为本书作者所加。

也表达了羁旅怀乡之情。

　　第一首诗主要是说天色渐晚，海边的沙滩上留下了潮落的痕迹，异国的过客听着船外的海浪声，倚靠着船舱的篷窗入睡。在似睡非睡之间，听到登州水城边的普静寺传来的钟声，让作者感到此刻恰似张继在姑苏城枫桥旁的泊船之夜。汀沙，海边平地上的沙子。暮天，傍晚的天空。蓬，蓬草。第二首主要是说明月之下的登州城外海天一色，因身处万里外的异国，作者心中十分思念朝鲜汉江旁的家，故而"愁倚舵楼夜不眠"，只能"任教江月属渔船"。水如天，平静的海面如同明净的天空。舵楼，指挥船舵的瞭望台。汉滨，指汉江之滨。此外，朝鲜使臣全湜曾宿于登州城的北关村内，留有《登州即事》一诗。因普静寺与北关村位置皆位于登州水城东侧的滨海处，故在此一并分析。

登州即事

　　十月登州关北村，天寒怯病掩重门。
　　城临海国涛声壮，窗近民廛市语喧。
　　臣职死生非所念，旅游愁苦不须论。
　　中原更隔千千里，未暇悲吟忆故园。

——全湜《朝天诗》

　　天启五年（1625）九月十三日，全湜一行到达登州，入宿登州的金家铺，并创作了《登州即事》一诗。即事，以当前事物为题材的诗。首联是说进入晚秋的十月，全湜病卧在登州城外北关村金家铺的馆舍内。通过前文所述的《皇城夜泊》《庙岛偶吟》等诗，可知63岁高龄的全湜在进入登州黄城岛时，就因长时间的海路使行，身患疾病。故在到达登州、入住金家铺后，只能卧床休息。颔联是说登州城和北关村濒临大海，大海的波涛声不断地传来。金家铺位于熙攘的北关村内，馆舍的窗外不时传来无法听懂的异域之声，作者心中充满了寂寞之感。重门，屋内的门。民廛，亦称廛里，古代城市平民的居住区。颈联是说虽海路使行危险异常，但作者早已将生死置之度外，更不必谈论羁旅的愁苦。旅游，谓长期寄居他乡。

尾联是讲自登州到明朝京师还有万里的路程，没有时间哀叹和回忆故乡。未暇，没有时间顾及。悲吟，哀叹。中原，泛称中国，此处指明朝京师。全湜所说的北关村（金家铺），即今烟台市蓬莱区蓬莱阁街道的北关村。

图 2-36　今烟台市蓬莱区蓬莱阁街道北关村
（明末金家铺所在地）内的北关北弄

六　万寿宫

朝鲜使臣在登州的暂寓之所，除了上文所说的开元寺、普静寺、北关村金家铺外，还有登州的万寿宫。

> （六月）二十日，晴。……是夕，馆吾行于万寿宫。宫内，庙堂也。庭宇静僻，道士居焉。
>
> ——安璥《驾海朝天录》

上文是天启元年（1621）六月二十日，安璥在初到登州，入住登州万寿宫的场景。当时的万寿宫为庙宇，环境幽静，在庙宇内居住有道士。安璥在见到此景后，有感而发，写下了下面一诗。

> 横槎跨海挟天风，来入蓬莱万寿宫。
> 道士说经闲日永，乡人祈福屡年丰。
> 草煎不老茶尝熟，砂炼长生药有功。
> 自古燕齐多异事，神仙如在杳茫中。

　　此首七律简单明了，主要是讲作者一行在历尽海上艰辛后，终于到达登州，入住了"蓬莱万寿宫"。在天气较为炎热的六月天，寺观中的道士在悠闲地诵读着经书。登州府的乡人纷纷前来祈求每年都有一个好的收成。道士一边慢慢地煎煮着长生不老的茶，一边徐徐地品尝着颜色浓深的茶汤。见到此景，作者不禁想起了道家炼制丹药的场景，感叹用硃砂炼制的丹药有使人长生不老的功效。自古在燕齐的大地上就有许多奇怪之事，但众人苦苦追寻的神仙和长生之梦皆消失在虚妄之中。天风，风行天空，此处是指海路使行途中所经历的狂风。年丰，一年中农作物的丰收。燕齐，指战国时期的燕国和齐国，即今河北、山东一带。砂，道家所炼丹砂，即丹药的简称。

　　明泰昌《登州府志》记载："祐德观在府城南。唐开元间建，有司岁时朝拜，圣节于此习仪。后改名'万寿宫'。万历四十八年（1620）副使陶朗先、知府徐应元、知县段展重修。"[①] 烟台市蓬莱区史志办公室高波科长介绍，明清时期的万寿宫位于登州城内"三山"之一的凤凰山之上，其址在今烟台市蓬莱区紫荆山街道蓬莱基督教堂东侧的高地之上，二者隔画河而望。当地人亦称万寿宫为道观庙。万寿宫内奉祀玉皇大帝，大殿是仿照旧帝王宫殿的式样建造的，门前为龙墩，殿内蟠龙绕梁，昂首在神位上。院内有赑屃驮碑，古柏繁茂。万寿宫庙会是正月初九，每逢会期，人山人海，盛况空前。清代之后，由于无人主持，万寿宫的香火逐渐断绝，院内成了慈善机构和慈善家向穷苦百姓施舍之处。民国时期，这里曾设有职业学校。新中国成立后，景熙小学和蓬莱县医院曾相继设在这里，今为居民区。

---

① 泰昌《登州府志》卷5《地理志一·寺观》，明泰昌元年刻本，第56页a。

七　登州文庙（文庙）

　　文庙府县处处皆有之。正殿当北，左右斋庑、讲堂、藏经阁、斋室，仿佛我国成均馆，而法制雄壮，丹青眩曜，牌牓皆用金字，殆不可比也。至于书院，亦处处有之而差少焉。

——郑斗源《朝天记地图》

　　（八月）二十九日，辛亥，晴。……（作别军门后）来路转往肃文庙，谒素王，即塑像，海口河目，微露瓠犀。而诸子十哲之像左右，列侍汉、唐以下诸儒，皆于东西庑设位，至丘琼山而止。

——洪翼汉《花浦先生朝天航海录》

　　上文是朝鲜使臣郑斗源与洪翼汉在《朝天记地图》和《花浦先生朝天航海录》中有关登州府文庙的描述。郑斗源叙述了登州境内不仅有府学，即由府一级行政机构设置的古代官学，登州府下辖的各县内也都有县级的官学，即县学。此外，在登州府各地还有民间兴办的各种书院。郑斗源在观览登州府学后，认为登州文庙的规制在建筑的排列和构成上，与朝鲜的最高官学——成均馆相仿。朝鲜时期的成均馆，亦称泮馆、太学、学宫，是朝鲜王朝负责儒学教育的最高学府，由孔庙（祭祀孔子）和明伦堂（讲授儒学）等主要建筑构成。郑斗源认为登州的文庙"法制雄壮，丹青眩曜，牌牓皆用金字"，远胜于朝鲜的成均馆。庑，堂下周围的走廊、廊屋。天启四年（1624）八月二十九日，洪翼汉等人在作别登州军门后，并未直接返回暂寓之处——登州城北的普静寺，而是特意前往登州府学，必拜谒"素王"，即孔子。洪翼汉则进一步描述了登州文庙正殿，即大成殿（先师庙）内诸塑像的陈列情景。孔子塑像"海口河目，微露瓠犀"。在大成殿内还供奉孔门十哲塑像。汉、唐等时期的诸儒则位列大成殿两侧的庑房内，供后人祭祀。供奉的诸儒牌位中最后一个为丘琼山。丘琼山，即丘濬（1421—1495），字仲深，琼山人，明代著名的思想家、文学家、政治家。海口，指大而深的嘴。河目，上下眶平正而长的眼睛。古人认为圣贤相貌皆奇表异相，有

异于常人。瓠犀，瓠瓜的子。《毛诗·硕人》："齿如瓠犀。"① 十哲，
即孔子弟子中的十位贤者，分别为闵损、冉耕、冉雍、宰予、端木赐、
冉求、仲由、言偃、卜商、颜回。

> （十月）初六日，癸亥，晴。……夕，往谒文庙，行四拜礼入圣
> 殿。周览则五圣十哲各为塑像，东西庑位版一跌，或立四五位而无
> 椟。明伦堂在后，尊经阁又在后，如我国泮宫之制。庭际芜没，堂
> 陛尘深，无一介儒生，只守庙数人在外，外门扁额称："棂星门"。
>
> ——赵濈《燕行录—云朝天录》
>
> （八月）二十九日，辛亥。……辞出（军门），因往文庙，谒
> 素王即塑像也。四圣十哲之像左右列侍，傍有开元寺，殿宇亦宏
> 丽，与圣庙并列，其辱先圣甚矣。
>
> ——李德泂《朝天录—云航海日记》
>
> （九月）十三日，庚午，晴。留登州。早朝，诣知府，知府往
> 教场不得见。仍祗谒文庙，五圣及十哲皆为塑像，东西庑设木主，
> 殿宇荒凉，板槛摧折，寂无弦诵之声。
>
> ——申悦道《朝天时闻见事件启》

朝鲜使臣郑斗源与洪翼汉描绘了明末登州府学"法制雄壮，丹青眩
曜"，朝鲜最高学府成均馆亦与之"殆不可比"。在登州府学的规制方
面，赵濈与郑斗源的观点一致，即"如我国泮宫之制"。但，赵濈描述
明末登州府学，"庭际芜没，堂陛尘深，无一介儒生"，仅仅有几名看
守文庙的人。申悦道描述的登州府学亦是"殿宇荒凉，板槛摧折，寂
无弦诵之声"。换言之，登州府学在明末呈现出凋敝之景。李德泂则认
为开元寺与文庙相邻，是"辱先圣甚矣"！这里需要注意一点，即关于
大成殿内供奉塑像牌位的描述。赵濈、申悦道记述为"五圣十哲"，而
李德泂记述为"四圣十哲"。这种记述上的差异，并非误记，而是源于
记述者是否将孔子计入其中。五圣，亦称儒家五圣，指孔子和其弟子颜
子、子思、曾子、孟子。四圣则仅仅指颜子、子思、曾子、孟子。位

---

① 《毛诗》卷3《卫淇奥诂训传第五》，《四部丛刊》景宋本，第11页。

版，祭祀时，用以书写神位的木板。木主，木制的神位，上书死者姓名以供祭祀，又称神主，俗称牌位。板槛，木板栏杆。摧折，毁坏；折断。弦诵，弦歌诵读。《礼记·文王世子》："春诵，夏弦。"郑玄注："诵谓歌乐也，弦谓以丝播诗。"① 进一步而言，自幼受儒学熏陶的朝鲜使臣，虽感叹于登州府学的凋敝之象，但是内心之中仍旧充满了对孔子的崇敬与膜拜。

谒登州文庙

之罘碣石极天东，谁为先师创庙宫。

一变燕齐迂怪俗，大成邹鲁圣贤风。

仙槎敢诧横牛斗，春服行将学冠童。

列像俨然亲炙地，何如当日梦周公。

——吴翻羽《燕行诗》

《谒登州文庙》一诗是副使吴翻于天启四年（1624）八月二十九日，与正使李德泂和书状官洪翼汉在离开军门衙门后，特意前往登州文庙，进行拜谒后所作。诗的首联和颔联是说在秦皇汉武曾东巡尽头的登州，何人为先师孔子建造了规模宏大的庙堂呢。正是孔子改变了燕、齐之地怪诞的风俗，在齐鲁大地上掀起了"礼乐教化"之风。之罘，一作芝罘，即芝罘山（亦称芝罘岛），位于今山东烟台市北部。《史记·秦始皇本纪》："（始皇）二十九年，登之罘，刻石。"② 碣石，山名，此处是指位于辽宁省葫芦岛市绥中县城西的海中礁石。《汉书·武帝纪》："行自泰山，复东巡海上，至碣石。"③ 先师，称孔子。一变，变革。燕齐，指战国时燕国和齐国。后泛指今河北、山东一带。迂怪，迂阔怪诞。大成，即大成至圣先师或大成至圣文宣王，是孔子的尊号。邹，孟子故乡；鲁，孔子故乡。后以"邹鲁"指文化昌盛之地，抑或礼仪之邦。圣贤风，指孔子平生致力于恢复的周代"礼乐教化"之风。

---

① 《礼记》卷6《文王世子第八》，《四部丛刊》景宋本，第13页b。
② 《史记》卷6《秦始皇本纪第六》，文渊阁四库全书本，第18页b。
③ 《汉书》卷6《武帝纪第六》，清乾隆武英殿刻本，第29页a。

颈、尾两联是讲在登州文庙肃穆的氛围和孔圣人的塑像、牌位前，怎敢言说乘木筏游历仙界等荒诞诡异的故事，内心中只想着穿着春服，像齐鲁大地的当地人一样，遵循着孔圣人"礼乐教化"的教谕。府学内摆放的诸塑像就在面前，如同诸圣贤亲自面授解惑。虽岁月荏苒，但此时作者的感受恰如孔子梦周公。仙槎，亦作泛槎、泛查、汎槎，典出晋张华《博物志》卷三。① 相传天河通海，有居海岛者见每年八月海上有木筏来，因登木筏直达天河，见到牛郎织女。后因以"仙槎"喻指乘木筏登天。诧，欺谩。横，横渡。牛斗，指二十八星宿中的牛宿和斗宿，即牵牛星和南斗星，典出见《晋书·张华传》。② 传说在吴晋时期，牛斗之间常有紫气，雷焕认为宝剑之气上冲于天所致。在豫东丰城内，雷焕与张华各得一把宝剑。其后，宝剑入水，化作两条数丈长且光彩照人的龙。春服，春日穿的衣服。《论语》："暮春者，春服既成。"③ 冠礼，古代男子二十岁时的成人仪式。冠童，意为接受冠礼的成年人和未接受冠礼的儿童，指成人及儿童。亲炙，接受教育熏陶。《孟子·尽心下》："非圣人而能若是乎？而况于亲炙之者乎？"朱熹集注："亲近而熏炙之也。"④ 孔子梦周公典出《论语》："子曰：'甚矣，吾衰也！久矣，吾不复梦见周公'"。⑤ 周公，周文王之子，姓姬名旦，帮助兄长——周武王推翻殷商的统治，建立周朝，并加强、稳固周朝统治之基。周公还整备周朝的礼乐制度，因其所著的《周礼》而为后世所推崇备至。孔子一直思慕并试图重振周公所创置的礼乐制度。衰，即衰老。因身体衰老，自感不久于人世，故孔子感叹难以完成重振周公之礼的夙愿。此处，吴翻借"孔子梦周公"，表达自己对孔子的敬仰和追随之意。

谒文庙塑像

地尽三齐庙殿成，森严遗像似天生。

八方仁化乾坤大，千古容光日月明。

① 参见《博物志》卷3，清指海本，第3页b—4页b。
② 参见《晋书》卷36《列传第六》，清乾隆武英殿刻本，第15页a—23页b。
③ 《论语》卷6《先进第十一》，四部丛刊景日本正平本，第11页a。
④ 《孟子》卷14《尽心章句下》，《四部丛刊》景宋本，第6页a。
⑤ 《论语》卷4《述而第七》，四部丛刊景日本正平本，第1页b。

岱岳崔嵬留圣迹，柏林萧瑟听韶声。

烧香若待观周处，谁识乘槎别有情。

——崔有海《东槎录》

　　《谒文庙塑像》是崇祯二年（1629）崔有海停留登州期间，拜谒登州文庙时所作。首联是说在三齐旧地——山东东部的尽头，建有祭祀孔子等诸贤儒的登州府学。其内的塑像威严肃穆，奇表异相，就好像天然形成的一样。三齐，秦灭亡后，项羽以齐国故地分立齐、胶东、济北三国，皆在今山东东部，后泛称山东东部为“三齐”。森严，威严。天生，天然生成。颔联是说孔子仁慈地教化四方，其功与天地同齐。流传千年的孔子的名望，可以与日月争辉。仁化，仁慈的教化。乾坤指天地。颈联是讲孔子在泰山之巅留下了“观天下”，在齐国留下了“闻韶”的圣迹。这样的圣迹让作者感叹孔子“览大者意大”[1] 的广阔胸襟和对礼乐文明的执念。岱岳，泰山。崔嵬，山巅。《诗·小雅》：“习习谷风，维山崔嵬。”[2] 圣迹，即孟子所说的“孔子登东山而小鲁，登泰山而小天下”[3]。闻韶，《论语·述而》：“子在齐闻《韶》，三月不知肉味，曰：‘不图为乐之至于斯也！’”[4] 韶，相传为舜时的音乐，孔子推为尽善尽美，后以闻韶比喻听帝王之乐或听美好乐曲。尾联是讲作者在登州文庙内烧香礼拜孔子像，这就像当年“孔子观于周庙”一样，让人受益匪浅。有谁能体会到海路使行的艰险与不易。孔子观周，指孔子入周问礼。当时孔子前往洛阳，向老子询问礼乐，遍览洛阳内各庙宇、殿堂。此次入周问礼，加深了孔子对周公所创之“礼乐教化”的认识和敬仰。

　　据明泰昌《登州府志》和清光绪《增修登州府志》记载[5]，登州

---

① 《孟子》卷13《尽心章句上》，《四部丛刊》景宋本，第10页b。
② 《毛诗》卷13《谷风之什诂训传第二十·毛诗小雅》，《四部丛刊》景宋本，第1页b。
③ 《孟子》卷13《尽心章句上》，《四部丛刊》景宋本，第10页b。
④ 《论语》卷4《述而第七》，四部丛刊景日本正平本，第3页b—4页a。
⑤ 参见泰昌《登州府志》卷5《地理志一·学校》，明泰昌元年刻本，第21页a；光绪《增修登州府志》卷10《学校》，《中国地方志集成·山东府县志辑》，凤凰出版社2008年影印本，第48册，第86页下栏。

府学，即登州府学宫在登州府治南，始建于宋大观年间。明洪武初知府毕汝舟重建，宣德间杨守顺、天顺间韩守敏、成化间张守鼎相继修葺。弘治年间，知府寇守林建大成门、知府罗守绮增置斋号。正德年间，知府秦守伟重修。嘉靖十年，建敬一亭，立御制《敬一篇》及《注释视听言动心五箴》碑于棂星门之西地，又建启圣祠于儒学门之东。正德三十九年，知府卢守宁创名宦、乡贤二祠于启圣祠之前。关于登州府学的庙制，具体来说中为大成殿，东、西为两庑，前为棂星门及石坊，坊之南泮池，文庙门在焉。东、西庑南之偏为神库，偏右近南为神厨、宰牲所。庙门街之左、右立兴贤、育才二坊。殿后为明伦堂，左、右四斋，曰淮德、修业、时习、日新。卧碑在堂东，偏东教授宅，又东及修业斋，后为训导宅，号房三十五间。万历八年（1580），知府刘自化买民地，开云路，建云衢坊。万历十五年（1587），知府王诏重修。万历三十三年（1605），推官冀述修明伦堂，三十九年（1611），知府黄体仁建尊经阁。泰昌元年（1620），知府徐应元重修。明崇祯五年（1632），府学毁于孔有德叛乱之战，崇祯九年（1636）重修，此后皆有修葺。据烟台市蓬莱区史志办公室高波科长介绍，明清时期的登州府学应在今烟台市蓬莱区戚继光故里南侧，府门南街东侧，府学前弄北侧的区域。另据烟台市蓬莱区紫荆山街道武霖社区居委会的王化亮老人（男，70岁）讲述，今武霖社区居委会附近就是当时府学的一部分。

综上所述，按照明代的称谓，朝鲜使臣在登州城内的主要活动地点名称为：1. 军门衙门（登莱巡抚衙门）；2. 兵备道衙门（海防道衙门）；3. 知府衙门；4. 监军道衙门；5. 演武场（教场、训炼院、训炼厅）；6. 开元寺，7. 普静寺（普净寺）、北关村（金家铺）；8. 万寿宫；9. 登州文庙（文庙、登州府学）。按照考证、实地考察和采访记录，现在位置分别为如下。1. 前期登莱巡抚衙门，即察院原址，在烟台市蓬莱区戚继光故里景区西侧的居民区。后期登莱巡抚衙门，即登州卫署原址在今烟台市蓬莱区钟楼西路北侧的蓬莱剧场。2. 烟台市蓬莱区登州街道长裕小区北侧的密汾南街附近。3. 烟台市蓬莱区紫荆山街道府门南街北尽头处的后勤部队司令部。4. 烟台市蓬莱区紫荆山街道万寿村内的大衙门口街附近。5. 烟台市蓬莱区海滨文化广场和宝龙广场附近。6. 烟台市蓬莱区紫荆山街道"故里小区"的 1 至 4 号居民楼。7. 烟台市蓬莱区蓬莱阁街道水城村和北关村附近。8. 烟台市蓬莱区紫荆山街道蓬莱基督教堂东侧的高地之上。9. 烟台市蓬莱区紫荆山街道武霖社区居委会附近。

第三章　登州城至黄县东界

仅就来程而言，登州作为朝鲜使臣海路使行的海上终点，同时也是陆上使行的起点。在海上行程中，朝鲜使臣面对的是"十生九死"的濒死体验和"亦没奈何"的无助，而在陆上行程中，朝鲜使臣则要面对自登州府治——蓬莱县至京师一千八百里的劳顿之苦。但与海上行程相比，在陆上行程中，朝鲜使臣会途经许多人文历史积淀较为深厚和风景秀美的地方。这对于自幼深受儒家文化熏陶且熟知中国历史的朝鲜使臣而言，可以说是一种劳顿之苦的代偿。自登州城至黄县东界的路程中，朝鲜使臣所记载的地名整理如下：杏花村（陈尚书杏花村）、"叠石浦"橛门、"蓬县仙观"坊表（"蓬瀛别区"橛门）、山店。

第一节　杏花村（陈尚书杏花村）

据朝鲜使臣郑斗源《朝天记地图》的记载，[①]"自登州府发行，行十里，有杏花村，臣望见千株树木，缭绕柴门"。金德承在《大观天下》中的记载更为详细，即"陈尚书迪，洪武时人，有孙其学亦为尚书，城南十里有别业，台砌花木，幽静可观，村曰：杏花村，楼曰：是亦楼"[②]。换言之，位于登州城南十里的杏花村为陈氏一族的别墅，即本宅外另建的园林住宅。此处种植了千棵杏树，亦建有观景的楼台——"是亦楼"，因远离登州城的喧嚣，非常幽静，在杏花盛开之际，景色

---

①　参见［朝鲜］郑斗源《朝天记地图》，韩国成均馆大学尊经阁藏本。
②　［朝鲜］金德承：《天槎大观》，《少痊公文集》卷2，韩国国立中央图书馆藏本，第23页b。

秀美，值得观赏。《明史》《明书》记载，① 陈迪，字景道，祖籍宣城。明洪武年间，历任府学训导、翰林院编修、侍讲、山东左参政、云南右布政使等职。明建文年间，官至礼部尚书，加封太子少保。因不屈从于明成祖朱棣，陈迪与其子陈凤山、陈丹山等六人被杀于闹市。陈迪之妻管氏则在家中自缢身亡。陈迪五个月大的幼子被乳母（蓬莱当地人称"石婆婆"）藏匿于干涸的水沟中，幸免遇难。陈珠八岁被仇家所害，被发配至抚宁，后寻徙登州，落籍蓬莱。成化年间，宁国知府涂观建立祠堂祭祀陈迪。此后，追赠陈迪为太保，谥忠烈。陈迪的子孙因守边于登州卫，遂占登州籍。陈其学为陈鼎之子，少聪慧，博闻强识，嘉靖年间进士，历任御史、陕西佥事、榆林参议、陕西参政、副都、户部侍郎、兵部左都总督、兵部右都总督等职，官至刑部尚书。致仕还乡后，在其故里——登州建大忠祠，以祭祀陈其学并传承其忠节的精神。万历二年（1574），卒，年八十余，谥恭。

一般而言，朝鲜使臣自登州往来京师所行的道路为官道（民间称老官道），即官方修筑的驿道。据金尚宪和郑斗源的记载，杏花村在城南十里，且蓬莱至黄县的驿道亦经过其旁。明末泰昌《登州府志》记载："杏花村在城南三里，为陈京兆鼎所卜筑，因花得名。"② 即，登州方志中记载明末杏花村为陈其学之父陈鼎所建，位于登州城南三里。据《明史》记载，③ 明弘治十八年，即1505年，陈鼎考中进士。正德四年，1509年，任礼科给事中。因揭发考试舞弊，得罪宦官廖堂等人，在吏部尚书杨一清的解救下，陈鼎被削官为民。嘉靖元年，即1522年，官复原职，升任河南参事。后改任陕西副使，升任浙江按察使。因廉洁耿直，被召任为应天府尹。在上任应天府尹之前，去世。故方志中称陈鼎为京兆，即应天府尹。进一步而言，陈鼎初建杏花村的时间应在其削官为民，返回故里蓬莱的那段时间，即1509—1522年。

关于杏花村的方位，朝鲜使臣的记载与方志中的一致，即在登州城

---

① 参见《明史》卷141《列传第二十九》，中华书局1974年影印本，第4025—4026页；（清）傅维鳞撰：《明书》卷132《列传四·名臣传十七》，清畿辅丛书本，第1页a。

② 泰昌《登州府志》卷6《地理二·古迹》，明泰昌元年刻本，第47页b。

③ 参见《明史》卷188《列传第七十六·陈鼎》，中华书局1974年影印本，第4994—4995。

的南边。但是关于杏花村与登州城的距离，二者的记载相去甚远。这样不同的记载，缘于二者的计算方式不同而产生的差异。泰昌《登州府志》中的计算方式为登州城与杏花村的直线距离，而朝鲜使臣的记载则是所行路程的距离。据朝鲜使臣李民宬在《癸亥朝天录》中"出南门外十里许"①，到达杏花村的记载（下文详述）可知，朝鲜使臣是自登州城南门出发，因登州城南地势高低不平，会迂回到达杏花村，故所走距离应远远大于直线距离。结合地图，明末杏花村的位置应在今烟台市蓬莱区紫荆山街道司家庄村附近。这样的推测，得到了陈其学后人陈顺学的肯定。据陈顺学介绍，杏花村为陈其学之父——陈鼎所建，明代末期的杏花村为今烟台市蓬莱区紫荆山街道司家庄村的居民区杏花苑。在杏花苑小区建成以前，每年的四五月份，漫山遍野盛开的杏花非常好看。

天启三年（1623），书状官李民宬在《癸亥朝天录》的来程中，更为详细地记载了与正使李庆全、副使尹暄同游杏花村的场景。

> （六月）二十三日，壬午，留登州。……李恂言：杏花村景致可赏。或云：杏花已非时节，无可观，不如其已。禹启贤力赞之。正使遂命驾出南门外十里许。树木荟蔚，中有曲楼，登之小憩。主人陈君出接，名梦斗，奎垣其号。梦琛之族弟，举人云。白沙径还，余同石楼往寻溪南池阁，前有翠屏回磴，遂独往攀跻，满城阓阛，皆在目中。夕，与正使联辔而还。

六月二十三日，李民宬一行的堂上译官，②即翻译官李恂向使臣团的成员提议，登州城南的"杏花村景致可赏"。但也有使团官员认为六月非杏花花期，"不如其已"。但是上通事③禹启贤则极力称赞杏花村，

---

① ［朝鲜］李民宬：《癸亥朝天录》，《敬亭集续集》卷1，韩国首尔大学奎章阁藏本，第24页b。

② "（五月）二十二日，辛亥，晴。……坐堂上译官李恂……三十八名坐焉。"（［朝鲜］李民宬：《癸亥朝天录》，《敬亭集续集》卷1，韩国首尔大学奎章阁藏本，第9页b）坐堂上译官又称堂上译官，简称堂译，属堂上官。堂上官指朝鲜时期正一品至正三品的堂官。

③ "（五月）二十六日，乙卯，大风雨。……上通事禹启贤以罪除，申启融代之。"（［朝鲜］李民宬：《癸亥朝天录》，《敬亭集续集》卷1，韩国首尔大学奎章阁藏本，第13页a—第14页a）朝鲜正三品以下的翻译官称为通事，通事之中的上级称为上通事。

故正使李庆全带领众人前往杏花村。"树木荟蔚，中有曲楼"，看到朝鲜使臣后，陈氏家族的长者陈梦斗出来迎接朝鲜友人。陈梦斗，号奎垣，是陈梦琛的族弟。陈梦琛是陈其学的孙子。此后，李民宬与石楼李庆全登上溪南池阁，总览登州城景。这里令人感兴趣的是，为何译官李恂向众人提议去距登州城较远的地方？难道是精通汉语的李恂在和登州人交流的过程中得知此处值得游玩？事实并非如此，这缘于朝鲜人李恂熟知登州的名胜。天启三年（1623）并不是李恂初次到登州的时间。据《朝鲜王朝实录》记载："辛酉十月二十四日辛卯，备边司启曰：'即接权尽己状启，则间关万死之余，得以生还，诚为多幸。一行行李，尽付于洪涛巨浪之中，犹幸李恂银子，得保于腰带，以应盘费不足之处。'"[①] 即，李恂初次到达登州的时间应该是天启元年（1621）六月。作为译官，跟随安璥一行完成出使任务后，返回朝鲜。天启三年（1623），李恂第二次作为翻译官，跟随李民宬一行出使明朝。据赵濈《燕行录一云朝天录》记载，[②] 李恂于天启三年，第三次随朝鲜使臣团出使明朝。换言之，据现有文献记载，在天启三年以前，李恂至少已经跟随朝鲜使臣团到过登州一次，且到过处于驿道旁的杏花村，对杏花村风景之美记忆犹新。故李恂提议朝鲜使臣游赏杏花村。此外，据其"力赞之"的表述，上通事禹启贤也应当在此前到过登州，并去过杏花村，但除了申悦道在《朝天时闻见事件启》中提到禹启贤作为上通事，于崇祯元年（1628）再次跟随使臣团来登州的内容外，并未见到其他史料有记载。李民宬在游赏杏花村时，还留有《次杏村主人楼题韵》一诗。

次杏村主人楼题韵

繁阴绿缛当纷葩，绝胜春天赏韵花。
绕磴风烟迷粉堞，映空楼观杂霏霞。
谁知客路吟诗处，犹是村童报酒家。

---

① 《朝鲜王朝实录·光海君日记》卷58，光海君十三年十月二十四日。

② 参见［朝鲜］赵濈《燕行录一云朝天录》，［韩国］林基中编《燕行录全集》第12册，韩国东国大学出版部2001年版，第380—381页。

却记清滦万柳坞，寄题还与北人夸。

（永平府有名园，号曰万柳庄）

——《癸亥朝天录》

　　诗的首联、颔联是讲眼前的杏树林绿荫遮蔽，春天时节应是观赏杏花的绝佳之处。因临近傍晚，雾气萦绕着杏花村内溪南的池苑楼阁，站在楼阁之上眺望，"满城阛阓，皆在目中"。颈联和尾联是讲没有人知道自己使行途中的吟诗之处，这好似唐代杜牧《清明》一诗中"牧童遥指杏花村"的感觉。时至今日，作者依旧记着永平府滦河旁美丽的万柳庄，并与明朝文人一同写诗夸赞万柳庄的场景。永平府，元代称永平路，明洪武四年（1371）改称为永平府，辖抚宁、卢龙、乐亭、昌黎、迁安县北境，东至今山海关以东、辽宁省绥中县部分地区，西至今迁西县、唐山市以西，南至渤海沿岸。永平府辖区北依长城，南濒大海，东扼山海关，西距京城较近，自古为军事要地，有"两京咽喉"之称。① 李民宬曾在明万历三十年，即朝鲜宣祖三十五年（1602）作为朝鲜世子册封奏请使臣团的书状官，自辽东陆路，前往北京时，途经永平府。在时隔近三十年后，李民宬再次踏上明朝的疆土，看到登州杏花村时，联想到了当时万柳庄②的美景。此诗表明，在时隔多年后，再次以书状官身份来到明朝时，李民宬对明朝文化的认同，并未因时间的流逝而消失。在李民宬到登州的三年之后，即天启六年（1626）八月来程中，金尚宪一行到达登州时，亦慕名游赏杏花村。当时虽或因临近寒秋，杏花村呈现出破败之景，但金尚宪对陈氏家族的功绩依然赞赏有加。

登州城南，故陈尚书杏花村

台废楼空野草荒，杏林萧索已秋霜。

平泉旧业今芜没，樵牧相逢说赞皇。

——《朝天录》

---

　　① 参见秦皇岛市地名办公室编辑《河北省地名志·秦皇岛市分册》，河北省地名委员会1986版，第232页。

　　② "出（永平府）土门东北里许，踏水涉泚为李确、齐方伯万柳庄，庄临流（即滦河），亭曰：醉流。"（光绪《永平府志》卷19《封域志·山川一》，清光绪五年刻本，第10页 a）

前两句是讲深秋时节的杏花村中"台废楼空"，野草丛生。满园秋霜的杏树林早已凋敝。据其《八月十五日，登庙岛城楼玩月，次春城韵》《登州九月六日大风雨》《登州买盆菊置座侧，临发有感，次去非韵》等诗作，① 金尚宪一行应是在八月末或九月初特意前往杏花村游玩。后两句是说杏花村如今已荒废，但是登州百姓依旧传颂着陈氏家族的功绩。平泉，为平泉庄，此处借指杏花村。平泉庄是唐宰相李德裕在离洛阳 30 千米处建造的庄院，以奇石异木著称。赞皇，指李德裕，李德裕曾被封为"赞皇县伯"（赞皇，今河北省石家庄市西南的赞皇县）。崇祯三年（1630），郑斗源一行在前往黄县的途中，经过杏花村，仅看到"千株树木，缭绕柴门"之景。因笔者未找到相关方志中关于登州杏花村的详细记载，无法确定杏花村在崇祯三年（1630）之后的情况，但据嘉庆《大清一统志》中的记载："（陈其学之）孙梦琛知思州府，梦瑝训导，崇祯末，孔有德破蓬莱，俱死焉。"② 换言之，天启六年（1626）金尚宪在游赏杏花村时，杏花村已现颓废之景。崇祯四年（1631）毛文龙旧部孔有德在占领登州城后，对登州城进行破坏。在此期间，陈氏族人陈梦琛、陈梦瑝等相继被杀，杏花村或许也在此时被破坏并遭废弃，只留下杏花林向世人倾诉着曾经的辉煌。

综上所述，杏花村是在 1509—1522 年，由陈鼎所建，可能被毁于崇祯四年。杏花村自明末至民国初年一直隶属于蓬莱县北沟保赤山社，民国初年为北沟保赤山社司家庄村。今为烟台市蓬莱区紫荆山街道司家庄村杏花苑小区。在高波科长和陈顺学的带领下，笔者一行来到了杏花苑小区，据实地考察，建在杏花村原址之上的杏花苑地势较高，杏花苑正门前的公路并不水平，而是西高东低。且在杏花苑的东侧现依旧保持着原貌，为低矮的山丘。不难想象四五月份，此处杏花盛开的美景。

---

① ［朝鲜］金尚宪：《朝天录》，《清阴集》卷 9，韩国国立中央图书馆藏本，第 16 页 b—17 页 a。

② 嘉庆《大清一统志》卷 173《登州府》，上海古籍出版社 2008 年影印本，第 452 页。

图 3 - 1　今杏花苑东侧满是杏树的山丘

第二节　"叠石浦" 櫺门

依郑斗源记载，自登州城行十里到达杏花村；行二十里到达"叠石浦" 櫺门。

> 自登州府，西至黄县，六十里程也。……行二十里，有櫺门，书之曰："叠石浦"，必为古迹而臣未得详焉。
>
> ——郑斗源《朝天记地图》

櫺门，也称为牌坊，包括坊表、华表等，属于一种纪念性和标志性建筑，是中国古代建筑的一个特殊类别。它多矗立在古代寺观、祠庙、陵墓、园林附近等地以及城市街衢路口和桥梁等处。其中，坊表又称牌楼，是一种单排立柱，起划分或标志入口作用的建筑物。在山林风景区，多在山道上建坊表，既是景区、寺观的前奏，又是山路进程的标志。华表则为成对的立柱，起标志或纪念性作用。"叠石浦"中的"叠"，即重叠之意。浦，水边或河流入海的地区。"叠石浦" 櫺门应在明代的石门山，即今烟台市蓬莱区紫荆山街道的赤山（海拔 187 米）。具体分析如下。

其一，"石门山，在县治西十里。出口礧石，为驿路，故名"①。礧石，砌石或垒石为壁。即，石门山在蓬莱县衙西南十里的地方。作为驿路，即驿道的石门山出口有石头所垒的石壁，因此称为石门山。这解释了叠石浦中的"叠"之意。关于石门山，南朝宋之刘子房②在《石门山》中写道："峨峨石门山，苍苍两崖僻。云栈中盘纡，风涛外撞击。……俯身蓬莱城，孤塔出云立。独向雾中来，遥遥羡云翼"③。这说明，石门山山势较高，可俯视登州城，亦可远眺蓬莱海市仙境。处于石门山高处的栈道蜿蜒曲折，行进于此，可以听到波涛击岸之声。据烟台市蓬莱区史志办公室科长高波介绍，在赤山附近，曾有明代的烽火台——十里墩。这说明此处是明清时期蓬莱县急递铺之一的赤山铺，相关内容将在后文详述。

其二，康熙《蓬莱县志》记载，④ 蓬莱黑石山位于石门山的西侧；黑水位于蓬莱县城南十里，发源黑石山，流经登州府境内，西北入海。据高波科长介绍，黑水，蓬莱当地人称为画河，为季节性河流，是蓬莱县的护城河。此河流经蓬莱县城内，由蓬莱水城东侧河口入海。这解释了叠石浦中的"浦"之意，即河流入海的地区。进一步而言，画河对于登州或蓬莱而言十分重要，且黑石山与石门山东西相列。但因石门山为驿道所经之处，为昭显黑水河，即画河，故明末在石门山出口立有"叠石浦"櫊门。

其三，光绪《增修登州府志》⑤ 中石门山在蓬莱县衙西南十里的记述与郑斗源"行二十里为'叠石浦'櫊门"⑥ 的记载在里程数方面有一定的差别。这种差异应与前文所述的"杏花村"情况相同。即前者为距县治的距离，后者为实际途经的距离。不论怎样，仅就蓬莱地方历史

---

① 泰昌《登州府志》卷6《地理志二·山川》，明泰昌元年刻本，第7页 a。

② 刘子房（456—466），字孝良，南朝宋孝武帝之第六子。

③ 康熙《山东通志》卷53《艺文·诗》，清康熙四十一年刻本，第17页 b。

④ 参见康熙《蓬莱县志》卷1《山川》，清康熙十二年刻本，第6页 a、第8页 a。

⑤ 参见光绪《增修登州府志》卷3《山川》，《中国地方志集成·山东府县志辑》，凤凰出版社 2008 年影印本，第48 册，第40 页下栏。

⑥ ［朝鲜］郑斗源：《朝天记地图》，韩国成均馆大学尊经阁藏本。

图 3 - 2　今烟台市蓬莱区紫荆山街道李庄村东北侧的赤山

而言，郑斗源的记载无疑是一种重要的补充。

　　此外，朝鲜使臣在到达"叠石浦"橺门之前，还会途经蓬莱县的接官亭之一的五里桥。据康熙《蓬莱县志》记载："接官亭有二，一为五里桥，一为三十里铺。"① 依道光《重修蓬莱县志》记载："接官亭有二，一、城西南，五里桥。二、城西南，二十里铺茶棚。"② 作为往来官员迎送酬接的接官亭，作为传递文书的急递铺以及用于军事防御的报警台或烟墩都会位于驿道或官道沿线。蓬莱县的接官亭所在地从清初的五里桥与三十里铺变为五里桥与二十里铺。据清代至今的各时期蓬莱区行政区划记录，③ 可知五里桥的称谓一直沿用至今，现为烟台市蓬莱区紫荆山街道的五里桥村。

---

① 康熙《蓬莱县志》卷 1《公署》，清康熙十二年刻本，第 17 页 b。
② 道光《重修蓬莱县志》卷 2《地理志·公署》，清道光十九年刻本，第 24 页 b。
③ 清初至 1949 年，参见民国《蓬莱县志》卷 2《政治志·行政区域》，台湾青年进修出版社 1961 年版，第 60—77 页；1949 年至今，参见山东省蓬莱市史志编纂委员会编《蓬莱县志》，齐鲁书社 1995 年版，第 46—48 页。

第三节　"蓬县仙观"坊表（"蓬瀛别区"欞门）

自北京返回登州的途中，关于黄县至登州城的途经地，安璥在《驾海朝天录》记载如下：

> （十月）初五日，晴，大风，日气甚寒。过黄县，渡黄河，历太史遗风、淳于古里、蓬县仙观、莱岳具瞻。夕入登州，宿开元寺。是日，行九十里。

据同治《黄县志》中的记载，"太史遗风""淳于古里""蓬县仙观""莱岳具瞻"都是坊表的名称。换言之，"太史遗风""淳于古里"坊表，应该是为纪念"太史慈"与"淳于髡"而立；"蓬县仙观""莱岳具瞻"坊表，则应是作为当时著名景观的点缀或引导标志而立。"太史遗风""淳于古里""莱岳具瞻"这些坊表在登州府的黄县境内或蓬莱县与黄县交界处，相关内容在后文详述。笔者翻阅了登州府、蓬莱县、黄县等相关方志，并没有发现关于"蓬县仙观"坊表的记载。而且其他朝鲜使臣对于蓬莱县境内所经地点的记载也寥寥无几。结合方志中有关"太史遗风""淳于古里""莱岳具瞻"坊表的记载，可以明确安璥关于此段途经地名的记载并不是按照所经地点的顺序记载。对于自黄县至登州城所经地名，安璥留有一首如下的诗作。

途中捃摭地名合作一律示同行

古里淳于氏，遗风太史公。
蓬岛仙观壮，莱岳具瞻崇。
山势星环北，波光日出东。
欲将游览处，收拾入诗中。

————《驾海朝天录》

首先，"蓬县仙观"中的"蓬县"应为登州府所属的蓬莱县，故"蓬县仙观"坊表应位于蓬莱县境内。其次，蓬岛指蓬莱山或蓬莱，亦

泛指仙境。据安璥所言，站在或处于"蓬县仙观"坊表处，可以眺望
位于海中壮阔的"蓬岛""仙观"或蓬莱海市仙境。那么，"蓬县仙
观"坊表应距离登州城和海岸线不远，地势较高，并且处于蓬莱县与
黄县之间的驿道之上。据明泰昌《登州府志》的记载，符合安璥记载
的地点有二，分别为"石门山"和"望海岭"。第一，"石门山，在县
治西十里。出口甃石，为驿路，故名"①。现在的"赤山"（海拔187
米）即为明代的"石门山"。第二，"望海岭，在县西南十五里，山路
崎岖，至此岭始见海，故名"②。望海岭在蓬莱县城西南十五里。此地
山路崎岖难行，到达此处后可以望见登州城北部的大海，故称"望海
岭"。洪翼汉在《花浦先生朝天航海录》中对蓬莱境内的驿道描述为，
"山势周遭，石路崎岖"③。这与民国《蓬莱县志》中"蓬境多山，旧
有官道，大都崎岖难行"④ 的记载相一致。蓬莱境内的官道或驿道大部
分位于山中，且非常崎岖，不便行进。

　　在实地考察途中，笔者采访了蓬莱区紫荆山街道李庄村村民李克清
（男，64岁）。李克清为蓬莱市林业局职工，负责李庄村一带的护林工
作，较熟悉当地山丘的情况。据李克清介绍，望海岭在蓬莱区北沟镇曲
家沟（村）一带。笔者驱车前往曲家沟村，采访了曲家沟村村民曲德
仁（男，70岁），曲德仁自幼住在曲家沟，对曲家沟周围的地名变化较
了解。曲德仁告诉笔者望海岭就是曲家沟村东北方向的高坡。现在被蓬
莱区民和生态园（民和牧业公司）所建的围墙隔断。在西侧的隔断处
还留有古代的老官道（即驿道）。民和牧业在曾经的望海岭范围内养殖
鸡等家禽。在找到曲德仁所说的望海岭处后，笔者一行并未见到安璥所
说的"山势星环北，波光日出东"之景。仅仅找到了曲德仁所说的老
官道原址。古驿道呈东北—西南走向，宽约4米，长约100米，为夯土
路面。笔者一行又驱车前往李庄村进行采访。据李庄村村民李梅昌
（男，69岁）介绍，位于曲家沟村东北的山岭的确是望海岭，只因笔者
站在民和生态园后侧的围墙处，故无法看到全景。笔者一行又驱车前往

---

①　泰昌《登州府志》卷6《地理志二·山川》，明泰昌元年刻本，第7页a。

②　同上。

③　［朝鲜］洪翼汉：《花浦先生朝天航海录》卷1，韩国国立中央图书馆藏本，第23页b。

④　民国《蓬莱县志》卷2《政治志·道路》，台湾青年进修出版社1961年版，第135页。

民和生态园的正门。站在民和生态园的正门前，可俯视蓬莱市区，即古登州城，亦可远眺蓬莱海市仙境，此处正是安璥所说的望海岭。

图 3 - 3　安璥所说的"山势星环北，波光日出东"之处即望海岭
自望海岭极目东望即可"俯身蓬莱城"，远观蓬莱仙境。

图 3 - 4　望海岭西侧的古驿道原址

此外，郑斗源在《朝天记地图》中还记载：① "自登州发行，行三十里，有櫺门，书之曰：蓬瀛别区，盖夸美之也。" 蓬瀛指蓬莱和瀛

---

① 参见〔朝鲜〕郑斗源《朝天记地图》，韩国成均馆大学尊经阁藏本。

洲，神山名，相传为仙人所居之处。因蓬莱仙境与海上仙山互为关联，故此处泛指蓬莱仙境。别区，不同的区域。"蓬瀛别区"櫺门的两侧风景迥异。换言之，在"蓬瀛别区"櫺门所在之处可以眺望蓬莱县北部的大海，而另一侧则为陆地。朝鲜使臣申悦道在《归路登蓬莱阁》一诗中也言及"蓬瀛别区"。

归路登蓬莱阁

杰构巍然碧海头，秦皇当日创斯楼。
波连河汉通真界，地接蓬瀛认别区。
一去仙童终不返，三神灵药竟难求。
登临便觉尘襟爽，自诧男儿办壮游。

此诗是崇祯二年（1629）五月（闰四月）五日，申悦道在归程途中，游赏蓬莱阁所作。诗的首联和颔联主要是描述了蓬莱阁"杰构巍然"，并因昔日"秦皇"所到之处而闻名。丹崖山前的阔海碧波连接"河汉"并"通真界"，蓬莱阁是"接蓬瀛认别区"。杰构，佳作。当日，昔日；从前。河汉，指银河。诗的颈联和尾联则是讲作者感叹秦始皇为长生不老所作的诸多努力都是徒劳。在登上蓬莱阁观景之后，顿觉心胸宽阔，并自欺地想"男儿办壮游"。此诗中的"地接蓬瀛认别区"的"蓬瀛"与"别区"应是源自申悦道对曾途经蓬莱县望海岭"蓬瀛别区"櫺门的回忆。

郑斗源和申悦道提及的"蓬瀛别区"櫺门正是安璥所记载的"蓬县仙观"坊表所在之处，抑或方志中记载的"至此岭始见海"[①] 之望海岭。关于望海岭，明朝大学士薛瑄[②]有诗曰："骢马晓辞莱子国，北上高岗俯辽碣。辽阳万里天风寒，山溪二月凌澌结。空蒙极目春无边，春

---

① 参见泰昌《登州府志》卷6《地理志二·山川》，明泰昌元年刻本，第9页 b。

② 薛瑄（字德温，号敬轩），山西河津人，教谕薛贞（1355—1425 年，1384 年中举人）之子。1420 年，薛瑄通过乡试，次年中进士。1438 年 4 月至 1439 年 9 月，薛瑄被任命为山东提学金事。薛瑄在提督学政期间曾经到过山东省许多地方督学试士，如临淄、乐陵、德州、琅琊、登州、高密、德州、东平、巨野、嘉祥、汶上、邹平、青州、胶州、栖霞、泰安、莱芜、兰陵、宁阳、兖州、曲阜，留下许多诗文（参见［美］富路特、房兆楹原主编，李小林、冯金朋主编《明代名人传》3，时代华文书局 2015 年版，第 842—843 页；刘书龙《历下人文·历下名人游踪（古近代卷）》，济南出版社 2014 年版，第 99 页）。

涛汹含涵春烟。还从绝顶下长披，高城忽起沧溟前。沧溟倒浸红楼影，通衢四达尘埃静。……瀛海茫茫未足夸，真是人间一泓水。"① 明正统四年（1439）二月，山东提学佥事薛瑄从古莱子国即黄县（今龙口）出发，前往登州府督学试士。在经过望海岭时，创作此诗。位于望海岭处，极目而望春色无边，春波滔滔。从望海岭的长坡下来之后，可以看到一座高大的城池矗立在大海之前。这佐证了从望海岭的顶端可远眺蓬莱茫茫的海域。此外，光绪《增修登州府志》中也记载："望海岭，在城西南十五里。西来者，驻足一望，海天万里毕见于前。"② 日出东方之时，站在安璥和郑斗源所说的"山势星环北，波光日出东"，即望海岭之上，远眺壮美的"蓬岛仙观"和"蓬瀛仙境"，海面波光粼粼，非常壮观。简言之，作为著名景观的点缀或引导标志的"蓬县仙观"坊表和"蓬瀛别区"欂门应当是在望海岭，即今烟台市蓬莱区紫荆山街道的民和生态园正门附近。

此处，还需要注意一点，即方志和郑斗源对望海岭的方位和距离的不同记载。光绪《增修登州府志》中记载，望海岭在蓬莱县城西南十五里，而郑斗源在《朝天记地图》中记载，自登州城行三十里到达望海岭。出现不同记载的原因除了前文所说的计算方式不同以外，还应该有两种可能的原因：其一，综观郑斗源在《朝天记地图》登州部分的记载，郑斗源应当对蓬莱县至黄县的距离十分了解，但是因"蓬境多山，旧有官道，大都崎岖难行"③，在行走山路的过程中产生了错觉，导致记载的里程是依据已知的地理常识和主观感受而得出的结论。

　　自登州府，西至黄县，六十里程也。行十里，有杏花村，臣望见千株树木，缭绕柴门。行二十里，有欂门，书之曰："叠石浦"，必为古迹而臣未得详焉。行三十里，有欂门，书之曰："蓬瀛别区"，盖夸美之也。行四十里，有欂门，书之曰："莱山耸翠"。行

①　泰昌《登州府志》卷6《地理志二·山川》，明泰昌元年刻本，第9页b—10页a。
②　光绪《增修登州府志》卷3《山川》，《中国地方志集成·山东府县志辑》，凤凰出版社2008年影印本，第48册，第40页下栏。
③　民国《蓬莱县志》卷2《政治志·道路》，台湾青年进修出版社1961年版，第135页。

五十里，涉黄水，黄水者，与泽水合流，北入于海。

——郑斗源《朝天记地图》

如前所述，杏花村位于登州城南三里，叠石浦是指登州城西南十里的赤山，"蓬瀛别区"櫺门则是位于登州城西南十五里的望海岭。"莱山耸翠"坊表则是位于黄县与蓬莱县交界①的黄县急递铺——柞杨铺附近。黄水位于黄县城东十里，②即位于蓬莱县西五十里。"莱山耸翠"坊表和黄水等内容将在后文详述。换言之，除了杏花村、叠石浦、蓬瀛别区这三处记载的距离与方志中的记载不同以外，"莱山耸翠"坊表和黄水的记载则与方志的记载相一致。笔者在实地考察的过程中，自赤山至曲家沟村的道路为崎岖且高低落差较大的山间小路。在此山间小路上开车行驶，会给人一种"看山跑马"之感。但是在到达蓬莱区三十里店村，即蓬莱急递铺——山头店铺原址附近时，地形则由山地转变为平原。简言之，因在山路中行进产生了距离上的错觉，郑斗源将叠石浦与蓬瀛别区原本相距五里的距离，记载为十里。其二，因使行途中的劳顿之苦以及公事繁忙，郑斗源仅仅是途经某地时记载地名和里程数，在条件允许的时候再将其整理补充完整，在此过程中，难免会出现偏差。郑斗源《朝天记地图》的其他部分也存在类似的误记。

如前节所述，蓬莱县的接官亭所在地从清初的五里桥与三十里铺变为五里桥与二十里铺。三十里铺，即前文所说的距蓬莱县三十里的急递铺——山头店铺，今为烟台市蓬莱区北沟镇的三十里店村。那么另一处位于驿道之上的接官亭应当在哪呢？二十里铺茶棚，顾名思义为在二十里铺的茶棚。那首先要确定二十里铺在何处。从字面意思来看，二十里铺应当与三十里铺相似，距登州城分别为二十里和三十里的急递铺；从方位来看，五里桥与二十里铺茶棚都位于登州城的西南方向；从距离来看，从五里桥出发，沿驿道前行十五里可到二十里铺。由于此处地形多为低山与丘陵，驿道崎岖，因此二者之间的直线距离应当小于十五里。

---

① "蓬莱县西至黄县东界三十七里。"（康熙《蓬莱县志》卷1《疆域》，清康熙十二年刻本，第5页a）

② 参见同治《黄县志》卷1《疆域志》，清同治十年刻本，第7页a。

据道光《重修蓬莱县志》记载，① 清代在登州城设城守营，将城守营与水师营共十营编为水陆六营。陆营分为左营、中营、右营。水营亦分为左营、中营、右营。其中陆营的中营分管五座用于警备和通信的烟墩（烽火台），分别为西十里铺（墩）、西二十里铺（墩）、西三十里铺（墩）、南三十里铺（墩）、南六十里铺（墩）。从登州城往黄县方向有西十里铺（墩）、西二十里铺（墩）、西三十里铺（墩）。此外，明泰昌《登州府志》记载，② 登州急递铺总铺，在府城西关。由府治——蓬莱县抵黄县的急递铺分别为赤山铺、上口铺和山头店铺。由明代"凡十里设一铺"③ 的规定，可知从登州城西关④的蓬莱县急递总铺出发往黄县方向，行十里到赤山铺，行二十里到上口铺，行三十里至山头店铺。那么西十里铺（墩）应当在赤山铺，即十里铺与赤山铺指代为同一地点。西二十里铺（墩）应当在上口铺，即二十里铺与上口铺指代为同一地点。据烟台市蓬莱区史志办高波科长讲述，十里墩在赤山，二十里墩在上魏家，三十里墩在三十里店。据蓬莱区北沟镇上魏家村民魏玉平（女，69 岁）讲述，上魏家村北为原黄县至蓬莱的老官道（驿道），在老官道的北侧曾有一座茶棚庙，20世纪 40 年代毁于战火。在庙的对面，即老官道南侧还曾有一座烟墩，烟墩被毁于 20 世纪 70 年代。此烟墩即二十里墩。虽然不能确定上魏家村北的茶棚庙与道光《重修蓬莱县志》中记载的接官亭——二十里铺茶棚是否为同一地点，但是二者应当有着千丝万缕的联系。上魏家与赤山都位于登州城的西南，上魏家与赤山的直线距离约为 4000 米左右，符合前面的推论条件。这都证明了现在的蓬莱区上魏家村是古驿道所途经的蓬莱县急递铺——上口铺。另据魏玉平介绍，驿道从村北穿过，往登州城方向到达上口高家村，往黄县方向到达草店村。并

---

① "清，登州设城守营，并水师营十营，并为六营。水陆各左右中三营。" "烟墩：中营分管墩五座。西十里铺、西二十里铺、西三十里铺、南三十里铺、南六十里铺。"（道光《重修蓬莱县志》卷 4《武备·营制》，清道光十九年刻本，第 4 页 a）

② 参见泰昌《登州府志》卷 5《地理志一·官署》，明泰昌元年刻本，第 11 页。

③ 《大明会典》卷 121《驿传三》，明正德四年校正六年刻印本。

④ 西关位于登州城西门之外，今大致为紫荆山街道辖区。据蓬莱区史志办高波科长介绍，登州城至黄县的驿道始发点应为登州城外西南的窑坊村。今为烟台市蓬莱区紫荆山街道三里桥社区窑坊村。此后还会经过三里桥，今为烟台市蓬莱区紫荆山街道三里桥社区三里桥村。

且在上魏家村的西南约 2000 米处，还存留着一段驿道残存，以及一座位于驿道之上的石桥。据实地考察，古驿道位于上魏家村和草店村之间，驿道在此处由东北—西南走向变为南北走向。路面宽约 3—4米，长度约 1000 米，为夯土路面。位于驿道之上的桥洞名为广济桥，始建年代不详。

图 3-5　上魏家村村碑

据登州和蓬莱县各方志记载，① 明末的蓬莱急递铺——上口铺，清代和民国初年称为二十里铺，二十里店或上口铺，今为烟台市蓬莱区北沟镇上魏家村。据上魏家村村碑记载，明万历年间，魏姓由下魏家村迁此，因为位于下魏家上游，故取名上魏。自明末至民国初年，上魏家村一直隶属于蓬莱县北沟保北林社，今属烟台市蓬莱区北沟镇。

---

① 参见泰昌《登州府志》卷 6《地理志二·乡都》，明泰昌元年刻本，第 36 页 a；康熙《蓬莱县志》卷 2《隅社》，清康熙十二年刻本，第 9 页 a；道光《重修蓬莱县志》卷 2《隅社》，清道光十九年刻本，第 18 页 a；民国《蓬莱县志》卷 2《政治志·民政》，台湾青年进修出版社 1961 年版，第 60 页；山东省蓬莱市史志编纂委员会编《蓬莱县志》，齐鲁书社 1995年版，第 44—71 页。

图 3-6 上魏家村北部的驿道原址

图 3-7 位于上魏家村和草店村之间的古驿道遗存

图 3-8　位于上魏家村和草店村之间的古桥梁原址

第四节　山店

天启六年（1626），金地粹一行在登州向黄县使行途中，留有《黄县夜》一诗，在诗中金地粹描述了在此段路程中朝鲜使臣的夜行景象。

黄县夜

东牟城外暝烟时，黄县途中人已稀。

夜里独行山店远，数家灯火隔林微。

——金地粹《朝天录》

从诗的题目"黄县夜"来看，此诗是金地粹在经蓬莱县进入黄县境内后所作，但诗中的内容则是金地粹回顾此前途中的场景。前两句是讲当登州水城外升起傍晚的云雾时候，蓬莱县通往黄县的驿道上，行人也渐渐地变少。元、魏时，登州曾名东牟郡，故金地粹在此处用东牟城指代登州城。暝烟，傍晚的烟霭。唐戴叔伦《过龙湾五王阁访友不遇》：

"野桥秋水落，江阁暝烟微。"① 后两句是说作者金地粹并不是与正使金尚宪同行，而是自己带领着一队人马独自走在前往黄县的驿道之上。回首望去，已渐渐远离"山店"进入黄县境内。此时，驿道旁的树林中依稀透着远处农家的灯光。山店应为蓬莱县急递铺——山头店铺的简称。

如前所述，蓬莱县烟墩——西十里铺墩，在赤山铺，即十里铺与赤山铺指代为同一地点。西二十里铺墩在上口铺。那么，西三十里铺（墩）是否在山头店铺，即三十里铺与山头店是否指代同一地点？山头店铺距登州城，即蓬莱县三十里。山头店铺到黄县东界为七里（蓬莱西至黄县界三十七里），再往前十里，过黄县界就到了黄县官铺——柞杨铺（后文详述）。换言之，从山头店铺至柞杨铺之间再无官属急递铺。据实地采访，三十里铺今为烟台市蓬莱区北沟镇的三十里店村。在对三十里店村村民鲁德财（男，66 岁）的采访中得知，由于从蓬莱到三十里店村的距离为三十里，且村中以前有一个店，所以叫作三十里店村。从三十里店村出发，沿着古驿道往黄县方向行进，会到达大姜家村。在鲁德财的带领下，笔者一行找到了一段位于三十里店村南部的古驿道原址。据实地考察，此段驿道呈东北—西南走向，宽 3—4 米，长约 1 千米，为夯土路面。另据三十里店村村民郝宏贤（男，82 岁）讲述，在 20 世纪 40 年代以前，三十里店村由两个村组成，分别为三十里店上村（村民姓氏以王姓为主）和三十里店下村（村民姓氏以郝姓为主），两村中间被一土丘隔断。在 20 世纪 40 年代，村里将土丘移除，两村并为一村，即三十里店村。在今三十里店村的东部，即曾经的三十里店上村，有三十里铺墩的残留，当地人称为烟墩，此烟墩被毁于 20 世纪 50 年代。经实地考察，十里铺墩的残留四周用石头围砌，占地约 10 平方米，高约 6 米。由于时间过于久远，现已无法辨别三十里铺、山头店铺与三十里店上村、三十里店下村的对应关系。但不论怎样，明清时期的三十里铺、山头店铺都是指今烟台市蓬莱区北沟镇的三十里店村。进一步来说，金地粹所说的山店，即山头店铺为今烟台市蓬莱区北沟镇三十里店村。在郝宏贤老人的带领下，笔者找到了（西）三十里铺墩的原址。

① 参见《全唐诗》卷 273《戴叔伦》，文渊阁四库全书本，第 60 页。

图3-9　三十里店村内的（西）三十里铺墩原址

图3-10　右侧的土路即为三十里店村南部的古驿道原址

　　1931 年，蓬黄北县路通车。此路是"由蓬莱城，经五里桥、草店、三十里店、西正、诸由观（属黄县），至黄县"①。这是一条建于古驿道之上的现代公路。在各经由地中，归属蓬莱县的为五里桥、草店、三十里店、西正，蓬黄（蓬莱至黄县）官道从村中穿过，带动了草店村的发展。民国时期的西正村现在被一分为三，分别是西正高家村、西正李家村、西正楼下村。据高波科长讲述，村子原来有一座按照蓬莱阁样式建造的古楼，当时村子被称为"西正古楼村"。西正古楼村位于登州至黄县驿道旁。这都印证了今草店村和西正楼下村都为古时登州城至黄县驿道的所经地。结合三十里店村村民鲁德财的叙述，我们前往位于三十里店村西南的蓬莱区大姜家村进行实地考察。我们有幸找到了见证古驿道变迁的大姜家村村民姜代田（男，86岁）。据姜代田老人讲述，他本人年轻时承包了位于古驿道（登州城至黄县）南侧的土地，种植桃子，每天都到此来劳作。古驿道往黄县方向经过蓬莱的河润村，经诸由观（镇）进入黄县境，到黄县县城。同村村民姜代词（男，76 岁）也证实了姜代田老人的说法。在两位老人的带领下，我们找到一段位于大姜家村西北方位的古驿道。姜代田老人告诉我们，位于古驿道旁的那几棵树，树龄应该有几百年的历史，在他的记忆中这些树不曾被破坏过。

　　赵㴶在《燕行录—云朝天录》来程中对于登州城至黄县城段，特别是三十里驿路的记载如下：

　　　　（十月）初九日，丙寅，晴。……午时……即为发行。三十里到黄县界官铺，歇马买面疗饥，即发，过蓬壶内境，昏，到黄县城外北关宿。今日行六十里也。……大野弥漫，人居稠密，阡陌齐整，来年方殷。青柳、白杨井井成行，沿路两傍植以树木，无一丈缺处矣。山东柴贵，草根、马粪在在干烧。青柳、白杨易生易长之物，故勤用栽植，逐年割其最生以为之薪，且养其本条以为材木，炊火以秫秸，吃马以粟草。稻田绝无所见，盖山东易旱，引水处甚

---

　　① "境内长十七千米，路宽七尺，为古代驿道。"（民国《蓬莱县志》卷 2《政治志·道路》，台湾青年进修出版社 1961 年版，第 136 页）

稀，故官禁水田，使不耕播，凡百民间生理类此着实。且三里、五里之间，老翁、儿子持插与筐，去来牛、马、骡、驴之粪，放即盛去，盖为之粪田也。……

天启四年（1624）作为冬至使的赵溅说，他们从登州去北京，在离开登州城三十里到达黄县界的官铺，即黄县管辖的急递铺，稍作休整后，又经过"蓬壶内境"。蓬壶即蓬莱县。换言之，赵溅一行在到达黄县界之后又进入蓬莱县境，其后穿越黄县东境到达黄县城的北关。"蓬莱县，西至黄县界三十七里。"①"黄县，东至蓬莱县界二十三里。"② 蓬莱县至黄县之间的驿道距离为六十里。另据明泰昌《登州府志》记载，③ 位于蓬莱县与黄县交界处，即黄县东界的黄县急递铺为柞杨铺，清代亦称为作羊铺，俗称诸由铺。即，柞杨铺距登州城为四十里。结合前文所述，蓬莱县至黄县的驿道，在清末之前，并没有改道或取直。从登州城向黄县出发，行三十里，应为蓬莱县山头店铺。由此可知，赵溅应是将蓬莱县所属的"山头店铺"误记为黄县所辖的"柞杨铺"。

据赵溅"青柳、白杨井并成行，沿路两傍植以树木，无一丈缺处矣"的记述，并结合实地考察的结果，即自蓬莱区三十里店村至黄县城（龙口市里）皆为平原，赵溅所描述的场景位于蓬莱区三十里店村至黄县东界（即今烟台市蓬莱区北沟镇小王家村西侧）的可能性最大。赵溅还记述了，明末因"山东柴贵"，人们普遍使用"草根、马粪"等燃料。因"青柳、白杨易生易长之物"，故山东境内广泛地种植青柳、白杨等树木，每年将新长出的枝条作为柴薪，"养其本条以为材木"。在明朝末期，由于后金势力在辽东崛起，加之国内农民起义不断，明朝财政出现了较大的危机。这直接加重了劳动人民税赋负担。在多如牛毛

---

① 康熙《蓬莱县志》卷1《疆域》，清康熙十二年刻本，第5页a。这与泰昌《登州府志》中的记载相一致。也就是说明代末期至清代初期，蓬莱县与黄县的交界处没有改变。
② 泰昌《登州府志》卷6《地理志一·疆域》，明泰昌元年刻本，第1页a。
③ 参见泰昌《登州府志》卷5《地理志二·官署》，明泰昌元年刻本。"作羊铺，东北二十（俗名诸由铺）"（康熙《黄县志》卷2《墩铺》，清康熙十二年刻本，第14页a）。

的杂税中，就有柴薪税，故出现了赵濈所说的"山东柴贵，草根、马粪在在干烧"之景。此外，朝鲜种植水稻的历史十分悠久，且朝鲜人民的主食皆为稻米。作为朝鲜使臣的赵濈在途经此地后，特别留意朝鲜与山东在种植农作物方面的区别。明末赵濈在山东境内，因"稻田绝无所见"，推测"山东易旱，引水处甚稀，故官禁水田"。但在明洪武年间，朝鲜使臣权近在途经山东莱州府朱桥驿时，创作了《宿诸桥驿》一诗。诗中权近描述当时莱州府朱桥驿的景象是"田园千亩稻初收"①。换言之，自明洪武年间至明天启年间，因山东地区气候和降水变化，造成了山东水稻种植面积的大幅减少。战乱、天灾以及农田的侵占等各种原因，导致"青柳、白杨并成行"的景象不复存在。但若徘徊于此段古驿道之上，环顾四周，"大野弥漫，人居稠密，阡陌齐整，来年方殷"之感会涌上心头。

图 3-11　蓬莱区北沟镇大姜家村西北的古驿道原址

---

① ［韩国］林基中编：《燕行录全集》第 1 册，韩国东国大学出版部 2001 年版，第202 页。

图 3－12　蓬莱区北沟镇大姜家村标识牌

图 3－13　蓬莱区北沟镇西正楼下村村碑

据相关方志记载，① 明末的蓬莱急递铺——山头店铺，清初至民国初年称为山头店铺、三十里铺、三十里店村。今为烟台市蓬莱区北沟镇三十里店村。据三十里店村碑记载，明朝初期，郭姓由小云南②迁至此。后见东边有个烽火台，烽火台旁边有一条官道，于是便在官道边开了一个店。因此地距登州府三十华里，距黄县城也是三十华里，故取村名为三十里店。三十里店村，明末属蓬莱县北沟保三十里店社，清康熙年间至清光绪年间属蓬莱县北沟保社，1933 年属第五区三十里店乡，1947 年属正义乡，今属烟台市蓬莱区北沟镇。

　　（九月）十二日，癸亥，晴。自登州抵荒莱铺，则山势周遭，石路崎岖，而黄县以后，幅平铺，村落鳞次。场圃筑前，果园树后，鸡鸣犬吠，浑带太平之象矣。

上文为天启四年（1624），洪翼汉在《花浦先生朝天航海录》的来程中有关蓬莱县荒莱铺记载。相关方志中并没有相关记载，且荒莱铺的记载仅仅出现在洪翼汉《花浦先生朝天航海录》之中。荒莱从字面意思来看，应为荒地之意。这里的铺可做两种解释。一为传递文书的官方急递铺；一为民铺，即从事各种非农业生产的铺户。据洪翼汉的记载，可知登州城至荒莱铺段的驿道多是山路，崎岖难行，沿路都十分荒芜。而荒莱铺至黄县的驿道则十分平坦，村落鳞次栉比。或许因荒莱铺前后的巨大反差，洪翼汉称为荒莱铺。同书状官洪翼汉一同前往北京的正使李德泂在《朝天录一云航海日记》中则对荒莱铺并未记录。总之，荒莱铺应位于登州至黄县东界之间，且靠近黄县东界的位置。具体位置待考。此外，在关于登州城至黄县东界的记载中，多次出现朝鲜使臣误记的情况。如前文所述，赵溅在《燕行录一云朝天录》的来程中，将蓬

---

① 参见泰昌《登州府志》卷 6《地理志二·乡都》，明泰昌元年刻本，第 36 页 a；康熙《蓬莱县志》卷 2《隅社》，清康熙十二年刻本，第 9 页 a；道光《重修蓬莱县志》卷 2《隅社》，清道光十九年刻本，第 18 页 a；民国《蓬莱县志》卷 2《政治志·民政》，台湾青年进修出版社 1961 年版，第 60 页；山东省蓬莱市史志编纂委员会编《蓬莱县志》，齐鲁书社 1995 年版，第 44—71 页。

② "小云南"一词多出现在山东、东北的族谱中，具体指何处，学界对此并无定论。

莱县所属的三十里铺误记为黄县官铺——柞杨铺。与此相类同的误记是吴允谦在《海槎朝天日录》中提到"（登州发行）行到三十里，有里门，书额曰：'淳于故里'。盖疑淳于髡所居里名也"①，即淳于故里在黄县柞杨铺（后文详述）。换言之，吴允谦是将黄县的柞杨铺误记为蓬莱县的三十里店铺。

综前所述，按照明代的称谓，朝鲜使臣从登州城至黄县东界所经地名依次为 1. 杏花村（陈尚书杏花村）；2."叠石浦"橛门（赤山铺、石门山）；3."蓬县仙观"坊表（"蓬瀛别区"橛门、望海岭）；4. 上口铺；5. 山店（山头店铺、三十里铺）。按照考证及实地考察，现在的称谓，依次是 1. 蓬莱市紫荆山街道司家庄村的杏花苑小区；2. 蓬莱市紫荆山街道的赤山；3. 蓬莱市北沟镇曲家沟村东北方向的高坡；4. 蓬莱市北沟镇上魏家村；5. 蓬莱市北沟镇三十里店村。此外，据实地考察和采访记录，自登州城至黄县东界，依现代地名，朝鲜使臣还曾途径以下地区 1. 烟台市蓬莱区紫荆山街道三里桥村；2. 蓬莱区紫荆山街道五里桥村；3. 蓬莱区北沟镇上口高家村；4. 蓬莱区北沟镇草店村；5. 蓬莱区北沟镇西正楼下村；6. 蓬莱区北沟镇大姜家村；7. 蓬莱区北沟镇河润村。从窑坊村出发按照以上经由地到达今龙口市诸由观镇的距离约为 20 千米，与康熙《蓬莱县志》中"蓬莱县，西至黄县界三十七里（约 20 千米）"②的记载相接近。

---

① ［朝鲜］吴允谦：《海槎朝天日录》，韩国首尔大学奎章阁藏本，第 6 页 b—7 页 a。
② 康熙《蓬莱县志》卷 1《疆域》，清康熙十二年刻本，第 5 页 a。

第四章　黄县东界至黄县城

　　朝鲜使臣到达黄县柞杨铺，亦称作羊铺（俗称诸由铺），进入黄县管辖的地界，经二十三里至黄县县城。对于此段路途，洪翼汉在《花浦先生朝天航海录》的来程中记有："（九月）十二日，癸亥，晴。……午后（自登州）发行，历淳于髡故墟，宿黄县。是日，行六十里。……自登州抵荒莱铺，则山势周遭，石路崎岖，而黄县（东界）以后，幅平铺，村落鳞次，场圃筑前，果园树后，鸡鸣犬吠，浑带太平之象矣。"① 换言之，天启四年（1624）朝鲜使臣洪翼汉一行在进入黄县境内，看到了沿途村落、农田、果园鳞次栉比，显示出一派繁荣、安定之景。除此之外，绝大多数朝鲜使臣并未留下相关记录。自黄县东界至黄县城段的路程中，朝鲜使臣所记载的地名整理如下："莱山耸翠"櫺门（"莱岳具瞻"里门）、"淳于故里"里门、淳于髡故墟、淳于髡故里、淳于村、黄河、黄水、"太史遗风"坊表、黄县城（黄县、县北馆、黄县东馆驲）。

第一节　"莱山耸翠"櫺门（"莱岳具瞻"坊表）

　　（自登州发行）行四十里，有櫺门，书之曰："莱山耸翠"，莱山在黄县东南二十里。《封禅书》云：齐之八祠，莱山为月主。臣望见群峰苍翠，横亘西南。

——郑斗源《朝天记地图》

① ［朝鲜］洪翼汉：《花浦先生朝天航海录》卷1，韩国国立中央图书馆藏本，第23页 b。

上文为郑斗源在《朝天记地图》中，关于"莱山耸翠"橺门，即"莱山耸翠"坊表的记载。耸翠，如字面意思，形容山峦、树木等高耸苍翠。依郑斗源所说，莱山在黄县东南二十里，其上有齐国八祠之一的月主祠。据嘉靖《山东通志》和康熙《黄县志》等方志记载，① 莱山，亦名莱阴山，或之莱山，为黄县之镇山。峰峦秀爽，松柏蓊郁，绵亘十余里，四望如一始，传说多仙圣所居。在莱山之上，还有"黄县八景"之中的四景，② 即"古洞朝阳""清泉漱石""松山岏翠""莲池毓秀"。换言之，莱山为黄县的主山，风景秀美，与传说中的海上三神山一样，为神仙居住的地方，且"松山岏翠"与"莱山耸翠"都是指莱山上

图 4-1 黄县《莱山图》

"翠环叠巘云拥晴风，禅林栖胜精舍藏修。"③

① 参见嘉靖《山东通志》卷 6《山川下》，《天一阁藏明代方志选刊续编》，上海书店 1990 年影印本，第 51 册，第 438 页；康熙《黄县志》卷 1《疆域志》，清康熙十二年刻本，第 5 页 b；同治《黄县志》卷 1《疆域志》，清同治十年刻本，第 5 页 b；《齐乘》卷 1《山川》，中华书局 2012 年校释本，第 65 页。

② 参见康熙《黄县志》卷 2《坛庙寺观》，清康熙十二年刻本，第 11 页 a。

③ 康熙《黄县志》卷首图《莱山图》，清康熙十二年刻本，第 6 页 a、第 7 页 b。

图 4 – 2　今莱山全景①

的树木高耸青绿。《史记》云："秦始皇东巡海上，行礼祠八神：一曰天主，祠天齐；二曰地主，祠太山、梁父；三曰兵主，祠蚩尤；四曰阴主，祠三山；五曰阳主，祠之罘；六曰月主，祠之莱山；七曰日主，祠成山；八曰四时主，祠琅邪。"②月主祠，因秦始皇的祭祀而显耀后世，而黄县的莱山，也因月主祠被后世所广知。站在郑斗源所说的"莱山耸翠"櫺门之处，应当可以远望莱山的全部景色。

关于莱山，朝鲜使臣安璥和金德承也有相关的记载。如前所述，安璥一行自黄县返回蓬莱县时，途经了"太史遗风、淳于古里、蓬县仙观、莱岳具瞻"等地，并留下了"莱岳具瞻崇"的诗句。金德成在《天槎大观》中进一步记述，黄县"自府西南六十里也。界标：莱岳具瞻"③。这说明，"莱岳具瞻"坊表是蓬莱县和黄县分界的标志，站在"莱岳具瞻"坊表所立之处，可以瞻望莱山的全景。换言之，郑斗源所说的"莱山耸翠"櫺门和安璥、金德成所说的"莱岳具瞻"坊表的所在之处，皆是可以远观莱山的地方，那么二者是否在同一处地点？

首先，依郑斗源的记载，自登州城发行，朝黄县方向行四十里到达"莱山耸翠"櫺门。如前所述，蓬莱县西至黄县界三十七里，而黄县东至蓬莱县界二十三里，且黄县急递铺抵蓬莱有二：南王和柞杨。即，自黄县城至登州，行十里为南王铺，行二十里为柞杨铺，行三十里为蓬莱

---

①　山东省龙口市史志编纂委员会编：《龙口市志》，齐鲁书社 1995 年版，卷首图片。

②　《史记》卷 12《封禅书》，清乾隆武英殿刻本。

③　［朝鲜］金德承：《天槎大观》，《少痊公文集》卷 2，韩国国立中央图书馆藏本，第 23 页 b。

县山头店铺。反之，自登州至黄县，行三十里至山头店铺，行四十里至黄县柞杨铺，行五十里至南王铺。这也就是说依郑斗源的记载"莱山耸翠"橱门的位置应在黄县急递铺——柞杨铺。其次，依金德承所言，"莱岳具瞻"坊表为蓬黄两县的界标，位于登州城西南三十七里或黄县东北二十三里的蓬黄交界之处。换言之，"莱岳具瞻"坊表也应在黄县柞杨铺的东侧，靠近蓬莱县界的地方。再次，据存世的黄县方志记载，① 关于"莱岳具瞻"坊表位置的记载也不相同。具体而言，康熙《黄县志》记载，② 莱岳具瞻（坊表在黄县城）二十里东交界。此记载与朝鲜使臣安璥、金德承的记述相一致，即"莱岳具瞻"坊表位于黄县东界，即蓬黄交界。同治《黄县志》记载："莱岳具瞻，东南二十里。"③ 换言之，"莱岳具瞻"坊表距黄县二十里，但方位的记载则是由清前中期的"东"变为清后期的"东南"。结合同治《黄县志》中关于莱山的表述，④ 即莱山为黄县之镇山，在县东南二十里，一名之莱山，绵亘十余里，四望如一，这是否说明清代"莱岳具瞻"坊表的位置由黄县东交界的柞杨铺变为莱山附近？⑤ 因时间久远，相关真实信息无法考证。但不论怎样，在最接近朝鲜使臣使行时间的清代初期，"莱岳具瞻"坊表的位置也应当同"莱山耸翠"橱门一样，位于黄县柞杨铺。进一步而言，两座坊表都应位于途经柞杨铺的驿道旁。

据相关方志记载，⑥ 距黄县城东北二十里的急递铺，明代末期称为柞杨铺，清康熙年间至清乾隆年间称为作羊铺、柞杨铺、诸由店铺（俗称），清同治年间称为柞杨铺、诸由铺，清光绪年间亦称柞杨铺，民国时称为诸由店铺。1948 年以后，以横贯诸由观村的东西大街为界，据南北

① 因明正德、嘉靖、崇祯年间纂修的《黄县志》现已佚失，其他明代方志，例如泰昌《登州府志》中并无相关记载。

② 参见康熙《黄县志》卷2《建置志·坊表》，清康熙十二年刻本，第16页a。

③ 同治《黄县志》卷2《营建志》，清同治十年刻本，第10页b。

④ 参见同治《黄县志》卷1《疆域志》，清同治十年刻本，第5页a。

⑤ 据同治《黄县志》关于莱山"四望如一"的表述，清同治年间"莱岳具瞻"坊表或已消失，撰修方志的文人仅仅是依据前人撰修的方志，将"莱岳具瞻"理解为莱山之上眺望四方所见之景皆相同，将"莱岳具瞻"坊表的位置记载为黄县东南二十里的莱山附近。

⑥ 参见泰昌《登州府志》卷5《地理志一·官署》，明泰昌元年刻本，第12页b；龙口市人民政府地名办公室编《山东省龙口市地名志》，1992年版，第9—59、125页。

方向，将诸由观村分为诸由南村和诸由北村，1970 年，两村分别称为南村和北村，1981 年地名普查时恢复为诸由南村和诸由北村。简而言之，明末黄县所属的柞杨铺为今龙口市诸由观镇诸由南村和诸由北村。现在在诸由观镇依旧有一条街称为官道街。据龙口市政府地方史志办公室孙建义主任介绍，此街的西段原为以前蓬莱县至黄县的驿道，后来在原驿道的基础之上，修筑了官道街。自幼居住在诸由北村的村民李庆兴（男，66 岁）介绍，因老官道（古驿道）是从自家的门前经过，对老官道的变迁十分了解。在诸由南村和诸由北村之间有一条东西大街，当地人也称其为中心街，过去是蓬莱至黄县的官道。从前经过诸由观的官道呈东北—西南走向，由烟台市蓬莱区小王庄村进入诸由观的东门，出西门（今诸由观镇电影院附近）后去往黄县城。"莱岳具瞻"坊表和"莱山耸翠"櫺门应在柞杨铺的东门或西门附近。在孙建义主任和李庆兴的带领下，笔者一行找到了古驿道原址以及柞杨铺的东门原址。在柞杨铺东门原址处远眺西南方向的莱山，即可领略"莱岳具瞻"和"莱山耸翠"之美景。据实地考察，位于诸由南村和诸由北村之间的古驿道长度约 300米，路面宽度约 3 米。与烟台市蓬莱区北沟镇曲家沟村、三十里店村的古驿道相似，为夯土路面，驿道走向为东北—西南。

图 4 - 3　诸由南村和诸由北村之间的古驿道原址

第二节　"淳于故里"里门①

> （六月）初七日，晴。晡时，夫马齐到，发行。夕，到黄县。距登州六十里。行到三十里，有里门书额曰："淳于故里"，盖疑淳于髡所居里名也，无人可问。令译官问之村夫，不知也。雇骡三十余驮，载方物二十余驮，堂上译官及堂上军官子第皆给骡。到黄县见士人问之，果是齐辩士髡之居也。
>
> ——吴允谦《海槎朝天日录》

上文为朝鲜使臣吴允谦在自登州前往黄县的途中，对"淳于故里"里门的记载。如吴允谦所述，天启二年（1622）六月七日下午三点至五点，自登州出发，在日落时分到达黄县城。行三十里后，看到"淳于故里"里门，猜测此是淳于髡所居里之名，并命译官上前询问当地的农人，但并未得知答案。在到达黄县城后，询问当地的文人，吴允谦得到了肯定的答案。此外，吴允谦一行在前往黄县的途中，因方物，即朝鲜的土产（主要有人参、银器、虎皮、扇子等）太多，不得不雇佣二十余匹骡马，并雇用了十余匹骡子供随行的高级官员骑乘。如前文所述，吴允谦从登州城出发，行三十里并非到达淳于故里，而是到达了蓬莱县所属的三十里铺。行四十里才会到达淳于故里，即黄县的柞杨铺。同治《黄县志》记载："淳于故里，在柞杨铺。"② 里门为闾里的门，古代二十五家为一闾。汉人有表闾之制，闾者里门也，表忠良于里门之上。③

据《史记》记载，④ 辩士淳于髡（约公元前386—前310年），齐国

---

① 使行文献中亦记载为淳于髡故墟、淳于髡故里、淳于古里、淳于村。此外，关于"淳于髡"，使行文献中皆记为"淳于髡"。"髡"同"髡"。为还原史实，本书依使行文献的记述，使用"淳于髡"一词。

② 同治《黄县志》卷1《疆域志·古迹》，清同治十年刻本，第10页b。

③ 卢绳：《卢绳与中国古建筑研究》，知识产权出版社2007年版，第29页。

④ 参见《史记》卷126，清乾隆武英殿刻本；《太平寰宇记》卷19，中华书局2007年点校本，第378页。

人，虽出身贫微，其貌不扬，但博闻强记，能言善辩，曾数次出使各诸
侯国，不负君命，不辱国格。淳于髡去世时，有三千弟子为其服丧，可
见其在齐国有巨大的影响力。在齐国封建制度的巩固和发展、齐国振兴、
稷下学宫的复盛等方面，淳于髡都起了重要的促进作用。换言之，明末
由于黄县当地人认为此处为淳于髡的故里，为表淳于髡之忠良，在柞杨
铺东侧设里门，其上标示"淳于故里"四字。如第五章第一节中所述，
柞杨铺曾有东、西二门，因吴允谦是自登州前往黄县，即自东向西而行，
故"淳于故里"里门在柞杨铺的东门可能性较大。这样的推断得到了孙
建义主任的肯定。据孙建义主任讲述，原诸由观村东的官道口处曾有一
座古烟墩，[①] 当地人称为东墩，在东墩前有"淳于故里"和"太史故里"
两座石碑（关于"太史故里"后文详述），两座石碑有一人多高，石碑之
上以楷书刻字，但现在石碑早已不知去向。通过图4-4，世人可以还原

图4-4 《朝天图》

韩国国立中央博物馆藏本。

---

① 据清乾隆《黄县志》的记载，村民口中的"东墩"为黄县东北二十里的小河口墩（参
见乾隆《黄县志》卷3《建置志·墩铺》，清乾隆二十一年刻本，第53页 b）。

当时朝鲜使臣自登州前往黄县途中，经过淳于髡故里的场景。在图幅的右上角，可以明确淳于故里，即"淳于髡故里"里门的样式。结合孙建义主任的介绍，明末木质的"淳于故里"里门应在其后的岁月中被石碑所代替。此外，安璥所说的"淳于古里"，与李德泂和洪翼汉所说的"淳于髡故墟"也都是指"淳于故里"坊表。

此外，在从登州前往黄县的途中，吴翿留有一首名为《淳于村》的诗作。

淳于村

齐东野外见遗村，独爱鸱夷解世纷。
楼观月明歌吹沸，夜深何处更留髡。

仅仅从字面意思上看，淳于村是以姓氏淳于来命名的村庄，此村是否就是吴允谦所说的淳于故里呢？作为天启四年（1624）谢恩兼奏请使的副使，吴翿与正使李德泂、书状官洪翼汉一同赴京，我们可以通过李德泂和洪翼汉的记录还原出淳于村的位置。李德泂《朝天录—云航海日记》："九月十二日，午后始离登州，历淳于髡故墟，宿黄县。"[①]洪翼汉《花浦先生朝天航海录》："（九月）十二日，午后发行。历淳于髡故墟。宿黄县。是日行六十里。"[②] 由此可知，吴翿所提及的淳于村应为李德泂与洪翼汉所说的淳于髡故墟，即淳于故里。

该诗前两句是说在齐国东边的田野外见到了历史悠久的村庄，但唯独偏爱那化解世间纷争的淳于髡。遗村，指淳于髡曾经居住过的村子，即柞杨铺。鸱夷，亦作"鸱鷾"，为马皮制成的酒袋，用于盛酒。《国语·吴语》："王愠曰：'孤不使大夫得有见也。'乃使取申胥之尸，盛以鸱，而投之于江。"韦昭注："鸱鷾，革囊。"[③] 《汉书·陈遵传》："鸱夷滑稽，腹如大壶，尽日盛酒，人复借酤。"颜师古注："鸱夷，韦

① ［朝鲜］李德泂：《朝天录—云航海日记》（《竹泉遗稿》），载［韩国］曹圭益《朝天录—云航海日记》，《韩国文学与艺术》2008 年第 2 辑，韩国崇实大学韩国文学与艺术研究所，第 263 页。
② ［朝鲜］洪翼汉：《花浦先生朝天航海录》卷 1，韩国国立中央图书馆藏本，第 23 页 b。
③ 《国语》卷 19《吴语》，《士礼居丛书》景宋本，第 5 页。

囊，以盛酒，即今鸱夷滕也。"① 指代因滑稽和能言善辩闻名于世的淳于髡。后两句是讲在柞杨铺高大的楼阁内作者观赏着皎洁的明月，歌乐声非常嘈杂，深夜之中哪里才能挽留异国的过客呢？楼观，泛指楼殿之类的高大建筑物。歌吹，歌声和乐声。留髡，典出《史记·淳于髡传》②：某日，淳于髡参加宴会，会后主人送走其他客人，独留淳于髡痛饮。此诗描述了吴翻与其他朝鲜使臣在途经柞杨铺时，进入柞杨铺内的楼阁吃晚饭时的场景，表达了作者对淳于村内居民热情好客之举的感激，使其在劳顿的使行途中得到了休养，得以放下世间烦扰，尽情享受这短暂的轻松时光。

图 4 - 5　明末柞杨铺东门——"淳于故里"里门原址
今龙口市诸由观镇诸由南村和诸由北村东侧的官道口附近。

综前所述，与"莱岳具瞻"坊表和"莱山耸翠"櫺门一样，淳于故里、淳于髡故里、淳于髡故墟、淳于村所在之处皆为明末的柞杨铺，

① 《汉书》卷92《游侠传第六十二·陈遵》，清乾隆武英殿刻本，第15页a。
② 参见《史记》卷126《滑稽列传第六十六·淳于髡》，清乾隆武英殿刻本，第3页a。

即今龙口市诸由观镇的诸由南村和诸由北村。据相关方志记载，[①] 其具体的名称变化为，（明代末期）柞杨铺→（清康熙年间至清乾隆年间）作羊铺、柞杨铺、诸由店铺（俗称）→（清同治年间）柞杨铺、诸由铺→（清光绪年间）柞杨铺→（民国）诸由店→（1930）诸由观→（1948—1970）诸由南村和诸由北村→（1970—1981）南村和北村→（1981年至今）诸由南村和诸由北村。具体的沿革为，明代中期至清初，柞杨铺隶属于黄县平山都诸由社，清乾隆至清光绪年间，亦隶属于黄县平山都诸由社，亦称为诸由店。1930年，属黄县第二区。1948年，以横贯诸由观村的东西大街为界，据南北方向，将诸由观村分为诸由南村和诸由北村，属黄县第二区（耀光区）。1953年，属黄县二区诸由乡。1958年，属黄县羊岚人民公社。1970年，属诸由人民公社。今属龙口市诸由观镇。

第三节　黄河（黄水）、"太史遗风" 坊表

（六月）初四日，晴。（自登州发行）渡黄河至黄县，宿赵姓人家，是日，行六十里。

（十月）初五日，晴，大风，日气甚寒。过黄县，渡黄河，历太史遗风、淳于古里、蓬莱仙观、莱岳具瞻。夕，入登州，宿开元寺。是日，行九十里。

——安璥《驾海朝天录》

上面分别是安璥在来程和归程中，途经此段驿路时的记载。其中记载的黄河是朝鲜使臣往返黄县时的必经之处。在来程时安璥还写有《题迟快手扇》一诗。诗中描述了安璥所见的黄县黄河之景。

---

① 参见泰昌《登州府志》卷6《地理志二·乡都》，明泰昌元年刻本，第41页b；康熙《黄县志》卷1《图考疆域志·都社》，清康熙十二年刻本，第15页b；乾隆《黄县志》卷2，《疆里志·都社》，清乾隆二十一年刻本，第16页b；光绪《增修登州府志》卷17《乡都》，《中国地方志集成·山东府县志辑》，凤凰出版社2008年影印本，第48册，第165页；龙口市人民政府地名办公室编《山东省龙口市地名志》，1992年版，第9—59、125页。

题迟快手扇

晚渡黄河水，初疑天上来。

千年一清后，到海何时回。

——安璥《驾海朝天录》

天启元年（1621）六月四日，安璥在途经黄河时，为伴送朝鲜使臣团的明朝官员迟快手题写扇诗。快手，旧时衙署中负责缉捕的差役或善射的士兵。据《驾海朝天录》六月三日的记载，护送安璥一行往返京师的明朝官员为"伴送张指挥，名弘骠也。迟快手，名国升也"①。全诗化用李白《将进酒》中的名句"君不见黄河之水天上来，奔流到海不复回，"又自然地融入黄河水"千年一清"的传说，感慨岁月变迁，光阴易逝，应珍视现在的时光。千年一清，古称黄河水每千年会变得清澈一次，比喻时机的难遇。伴送和快手为护送朝鲜使臣往返京师的官员，在长达近半年的朝夕相处后，与朝鲜使臣安璥也结下了较为深厚的感情。如果在《题迟快手扇》一诗中，这样的情感表达较为委婉，那么在《赠迟快手》一诗中则更加明显。天启元年九月三日，在北京的玉河馆内，迟快手，即迟国升恳请安璥说："伴送则屡赠瑗章，独于俺何惜一联？不能无憾。"安璥回答道，"但看酒有无，莫评诗好恶"②，并为其赋诗一首。对此，迟国升非常高兴。

赠迟快手

颀颀八尺丈夫身，护送朝鲜两使臣。

万里归来同作伴，三生缘分更相亲。

玉河夜雨对愁久，蓬岛秋云入梦频。

白马金鞭明日去，沧波难别泛槎人。

——安璥《驾海朝天录》

---

① ［朝鲜］安璥：《驾海朝天录》，美国哈佛大学燕京图书馆藏本，第 26 页 b。

② 同上书，第 57 页 a。

在此诗中，安璥描述迟国升"颀颀八尺"，尽职尽责地"护送朝鲜两使臣"。在往返的路途中"同作伴"，这是"三生缘分"，且在路途之中，彼此相互了解而"更相亲"。众人雨夜在玉河馆内"对愁久"，"蓬岛秋云"也常常出现在梦中。不久之后，众人将踏上归途，在登州乘船归国时，"难别泛槎人"。颀颀，身高。蓬岛，即蓬莱山，指仙境。金鞭，一作"金鞍"。泛槎，指乘木筏登天。见证安璥与迟国升友谊的黄河，并不是中国的第二大河，而是黄县境内的黄水。对此，郑斗源在《朝天记地图》中记述："（自登州府）行五十里，涉黄水。黄水者，与浲水合流，北入于海者。"① 郑斗源对黄水的记载与方志一致。具体而言，明泰昌《登州府志》记载："黄水在县东十余里，发源蚕山之下，经东黄城西北流入于海。浲水在县东南二十里，源发浲水，漫散北流，合黄水。"② 清同治《黄县志》亦记载："黄水河为县之大川，在县东十里，发源栖霞之蚕山，北流至赵家村入县界，行六十里至黄河营入海。"③ 换言之，黄水是黄县内的大河，位于黄县东十里。此河发源于栖霞的蚕山，河流自南向北流入黄县界，与绛水（郑斗源所说的"浲水"）合流后，在黄县黄河营处入海。据相关方志记载，④ 安璥所说的黄河，抑或郑斗源所说的黄水，明末称为黄水，清康熙、乾隆、嘉庆年间称为黄水河，清光绪至民国初称为黄水或黄水河。今为龙口市诸由观镇境内的黄水河。

据《龙口市地名志》记载，⑤ 黄水河为龙口市境内最大的河流，流经龙口市东部。黄水河发源于栖霞市蚕山，进入龙口市境内后流经丰仪、田家、七甲、石良、文甚、兰高、诸由观、羊岚等地后注入渤海。干流总长 55 千米，龙口市内长 32 千米，河宽 150—200 米，总流域面积 1005 平方千米，属常年河流。黄水河之名，历来众说纷纭，始终无定论，但多数说法是以河水浑黄而得名。

① ［朝鲜］郑斗源：《朝天记地图》，韩国成均馆大学尊经阁藏本。

② 泰昌《登州府志》卷 6《地理志二·山川》，明泰昌元年刻本，第 17 页 a。

③ 同治《黄县志》卷 1《疆域志·山川》，清同治十年刻本，第 6 页 b—7 页 a。

④ 参见泰昌《登州府志》卷 6《地理志二·山川》，明泰昌元年刻本，第 17 页 a；嘉庆《大清一统志》卷 173《登州府》，上海古籍出版社 2008 年影印本，第 445 页。

⑤ 参见龙口市人民政府地名办公室编《山东省龙口市地名志》，1992 年，第 287 页。

图 4 - 6　今龙口市诸由观镇西南侧黄水河之上的黄水河桥

　　此外，如上文所记，天启二年（1622）十月五日，安璥一行自黄县返回登州的途中还路过了"太史遗风"坊表。遗风，前人遗留下来的风俗教化，即故里之意。"太史"为东汉末年、三国时期将领——太史慈。据《三国志》记载，[①] 太史慈，字子义，为东莱黄（黄县）人。[②] 身高七尺七寸，美须髯，猿臂善射，弦不虚发。太史慈年少好学，曾任职郡奏曹史。当时北海国相孔融"闻而奇之，数遣人讯问其母，并致馈遗"。因孔融被黄巾军围困，太史慈只身前往，并成功化解了围城之困，报答了孔融厚待其母之情。在战乱中，"遁于芜湖，亡入山中，称丹杨太守"。太史慈晚年，跟随孙策，因极重信义，成为吴国的信臣。太史慈去世于建安十一年（206），时四十一岁。康熙《黄县

　　① 参见《三国志》卷 49《吴书四》，百衲本景宋绍熙刊本。
　　② 史书中虽记载太史慈出生地为黄县，但没有具体讲述是黄县哪个地方。据孙建义主任介绍，民间认为太史慈故里在今龙口市诸由观镇羊沟营村。关于"太史遗风"坊表的记载，分别出现在清康熙《黄县志》、乾隆《黄县志》、同治《黄县志》中，但是依据安璥的记载（1622），可以将"太史遗风"坊表出现的时间从清代初期提前到明代末期。这对于黄县地方志和太史慈故里的研究有十分重要的参考意义。

志》、同治《黄县志》等方志①中关于"太史遗风"坊表的记载一致，即"太史遗风"坊表，在县东十里。此处，正是黄县通登州的东十里铺——南王铺。黄县南王铺为今龙口市兰高镇大堡村和镇沙村。据孙建义主任介绍，龙口市兰高镇大堡村和镇沙村②位于黄县东北十里，曾有"十里堡"一称。据相关方志中的记载，③ 具体的名称及沿革变化如下：明代末期至清光绪年间，称南王铺，隶属黄县平山都义乐社。民国时，称十里铺（十里堡），属黄县二区。1948 年，称为大堡村和小邹家村，隶属黄县城东区。1953 年，称为大堡村和小邹家村，属黄县二区（耀

图 4 - 7　龙口市兰高镇大堡村村碑

①　参见康熙《黄县志》卷 2《建置志·墩铺坊表》，清康熙十二年刻本，第 16 页 a；同治《黄县志》卷 2《营建志·坊表》，清同治十年刻本，第 10 页 b。
②　明朝弘治年间（1488—1505），邹姓兄弟二人从小云南迁来居住，哥哥邹真定居十里堡大邹家村（今龙口市兰高镇大堡村）；弟弟邹容定居于十里堡大邹家村南，取名十里堡小邹家村，后简称小邹家村（今龙口市兰高镇镇沙村）。曲长征：《龙口市村庄志》，农业出版社 1991 年版，第 852 页。
③　参见泰昌《登州府志》卷 5《地理志一·官署》，明泰昌元年刻本，第 12 页 b；嘉庆《大清一统志》卷 173《登州府》，上海古籍出版社 2008 年影印本，第 439 页；龙口市人民政府地名办公室编《山东省龙口市地名志》，1992 年版，第 9—59、177 页；龙口市人民政府地名办公室编《山东省龙口市地名志》，1992 年版，第 9—59、177 页。

图 4 - 8　龙口市兰高镇镇沙村村碑

光区）镇沙乡。1958 年，称为大堡村和小邹家村，属黄县火箭人民公
社。1970 年，称为大堡村和小邹家村，属黄县孙家人民公社。1981 年，
小邹家村更名为镇沙村，此后大堡村和镇沙村一直隶属龙口市兰高镇。
换言之，朝鲜使臣安璥所说的"太史遗风"坊表应在黄县南王铺，即
今龙口市兰高镇的大堡村和镇沙村。此外，前文提及的原诸由观村
东——官道口的"太史故里"石碑并不是坊表。这说明朝鲜使臣进入
黄县见到的"太史遗风"坊表并不是位于诸由南村和北村东侧的"太
史故里"石碑。但是为何"太史故里"坊表的位置由明末十里铺——
南王铺变为二十里铺——柞杨铺，待考。

第四节　黄县城①

在此之后，朝鲜使臣到达黄县县城，亦称黄城。"黄县东至蓬莱县

---

① 使行文行中亦记载为黄县、县北馆、黄县东馆驲。北馆，即为"北关"，为通假字标记。

界二十三里；西至招远县界八十里；南至招远县界三十里；北至海十八里。广一百三里，袤四十八里。"① 据相关方志记载，② 黄县，夏商属青州域，周属莱子国，秦属齐东郡，西汉置黄县，属东莱郡。东汉时为东莱郡治所在，省徐乡县入。南北朝刘宋时，属东莱郡。元魏孝昌四年，割属东牟郡。后齐废东牟入长广郡，乃并惚县。隋开皇初，郡废，属牟州。大业二年（606），州废属东莱郡。唐隶河南道登州东牟郡。神龙三年（707），将黄县之蓬莱镇分出并升为蓬莱县，将蓬莱县作为登州府的治所地。先天元年（712），又将蓬莱县的东黄城分出，另置黄县。开元十一年（723），迁东黄城至今治所。宋初，属京东路登州东牟郡。元代，属山东东道益都路登州。元至正二十四年（1364），属般阳路。明洪武九年（1376）属山东承宣布政使司登州府，清代因之。1912 年，黄县属山东省胶东道。1928 年废道，黄县直属山东。1946 年，在黄县境内设黄县、龙口市，属北海专属。1950 年，龙口市并入黄县，隶莱阳专署。1959 年，合并蓬莱、黄县、长岛三县，称为蓬莱县。1961 年，黄县恢复原治，隶烟台地区行政公署。1983 年，仍名黄县，属烟台市。1986 年，国务院批准撤销黄县，建立龙口市（县级市），行政区域为原黄县行政区域，由烟台市代管。

关于黄县，李民宬在《癸亥朝天录》来程中有着这样整体性的描述，即"黄县距登州东北六十里，汉属东莱郡，后魏于县东中朗故城，置东牟郡，唐宋元俱属登州，本朝因之。南北商货，皆自此而达于登州，故最为殷富"③。这说明地处内陆至登州沿海的必经之地的黄县，至少从明代起，就已成为当时商品货物的中转站，经济发达，人民富裕。

① 泰昌《登州府志》卷 6《地理志二·疆域》，明泰昌元年刻本，第 1 页 b。
② 参见《史记》卷 6，清乾隆武英殿刻本；《元和郡县志》卷 13，清武英殿聚珍版丛书本；《明一统志》卷 25《登州府》，文渊阁四库全书本；乾隆《黄县志》卷 2，《疆域志·沿革》，清乾隆二十一年刻本；嘉靖《山东通志》卷 3《建置沿革下》，《天一阁藏明代方志选刊续编》，上海书店 1990 年影印本，第 51 册，第 247 页；山东省龙口市史志编纂委员会编《龙口市志》，齐鲁书社 1995 年版，第 41—42 页；龙口市人民政府地名办公室编《山东省龙口市地名志》，1992 年版，第 4—6 页。
③ ［朝鲜］李民宬：《癸亥朝天录》，《敬亭集续集》卷 1，韩国首尔大学奎章阁藏本，第 37 页 a。

据相关方志记载，① 明代之前，黄县县城为土城。洪武五年（1372），守御千户韦胜因旧城池"宽大辽阔"难以守御，将原城池一分为二，在南半城的基础之上，修筑了黄县县城。其城围二里许（1.2 千米），高二丈四尺四（7.59 米）。在东南西北有四门，分别为正东门、朝景门、振武门、镇海门，其上各有用于瞭望和防御的楼台。正德十一年（1516），由于水灾，知县周淳于黄城建水门用于泄洪。嘉靖二十二年（1543），知县贾璋重建城墙，城墙厚八尺，高二十四尺，并在黄城四周挖建护城河。万历二十一年（1593），因倭寇进犯朝鲜，知县张汇选用石裹砌城墙，将城墙增高三丈二尺，城墙顶宽二丈五尺，底宽三丈，并增加一千两百六十个砖垛。在四门外，用砖砌筑四座瓮城。这应当是朝鲜使臣经过黄县时所看到的黄县城外观。崇祯十三年（1640），知县任中麟、邑绅范复粹倡捐增高城垣一米，顶底加厚并增建四角敌台四座，南门瓮城一座为朝阳，东门瓮城一座为光表。清康熙七年（1668 年），黄县城门楼因地震而损坏。康熙十一年（1672），知县李蕃重修四门楼，掘池壕。此后，乾隆、嘉庆、道光年间，数次修葺黄县城，至清末城墙保护尚好。1914 年，县知事郭光烈因圩墙年久失修及兵乱所毁，重新修补。1920 年，县知事金城令第一保卫团倡捐修葺。1938 年围墙拆除。1948 年春，城墙被逐渐拆除。今黄县的古城墙仅保存有清代所建外城墙（东南端）的一小部分。明末黄县城的范围大致在今龙口市东市场街以西，南大街以北，东莱街以东，北大街以南。

天启三年（1623）九月二十五日，朝鲜使臣吴允谦自归程途中，夜宿黄县城外店时，留有《次副使韵，是时，苦雨得乍晴》一诗。此诗是正使吴允谦与副使边瀹②的和诗。在诗中，吴允谦表达了完成出使任务，即将到达登州并乘船归国的喜悦之情。

---

① 参见泰昌《登州府志》卷5《地理志一·城池》，明泰昌元年刻本，第 2 页；乾隆《黄县志》卷3《建置志·城池》，清乾隆二十一年刻本，第 1 页 b—2 页 a；光绪《增修登州府志》卷7《城池》，《中国地方志集成·山东府县志辑》，凤凰出版社 2008 年影印本，第 48 册，第 74—75 页；山东省龙口市史志编纂委员会编《龙口市志》，齐鲁书社 1995 年版，第 50—51 页。

② 边瀹（1568—1644）朝鲜原州人。朝鲜宣祖三十六年（1603）武科及第，朝鲜光海君九年（1617）任钟城府使。朝鲜光海君十四年（1622），以武将的身份，随吴允谦出使大明。归国后，历任朝鲜庆尚道兵马节度使、黄海道兵马节度使、两西巡边使、京畿道水军节度使、三道水军统制使、五卫都总管等职。

图 4 - 9　位于龙口市东莱街道南大街上的清代城墙遗存

次副使韵，是时，苦雨得乍晴

渐近登州府，难便一席风。

寸心悬阙下，孤棹滞洋中。

苦见云归北，欣迎日出东。

安安随所遇，何必恨途穷。

——吴允谦《海槎朝天日录》

　　此诗主要是讲离登州城越来越近，吴允谦感叹虽在来程海路途中经历了磨难，但此次使行，诸事较为顺利，终于快要到达登州乘船归国。如此这样，随遇而安，何必要抱怨不称心的事呢？苦雨，久下成灾的雨。安安，指安于环境。在归途中，吴允谦一行备受长时间的秋雨之苦，但在到达黄县城外店时，雨过天晴，吴允谦有感而发创作了此诗。诗中表达了吴允谦随遇而安的乐观生活态度和将要到达登州起航回国的欢喜之情。换言之，黄县作为归途中到达登州城的最后一处停歇处，不仅见证了朝鲜使臣完成使行使命，即将从登州乘船归国的喜悦，更见证了朝鲜使臣之间的友谊。天启六年（1626），圣节兼陈奏使臣团正使金尚宪和书状官金地粹在到达登州后，先后启程。关于黄县，两人留有两首唱和诗，分别为《发登州日，书奉清阴》和《次去非留别韵》。

发登州日，书奉清阴

挂席千余里，波涛共远舟。

三秋遗水国，九月在登州。

客路有先后，他乡分去留。

那堪黄县夜①，落叶听寒楼。

——金地粹《朝天录》

　　清阴，即金尚宪。首联和颔联是讲自朝鲜挂帆行船千余里到达登州，一起经历了海路使行途中种种磨难。作者一行在秋季乘船前往登州，并在九月踏上了登州的土地。挂席，挂帆。三秋，指秋季。七月称孟秋，八月称仲秋，九月称季秋，合称三秋。水国，水乡，此处指登州。诗的前半部分讲述了金地粹一行从朝鲜出发、到达登州的时间以及水路使行的不易。颈联和尾联是说使行路途中，两人先后出发。在异国他乡，两人不得不暂时分别，一人先行，一人随后出发。作者自己独身一人，怎能熬过黄县寒冷、孤独的秋夜？只能在冰冷的住宿处，孤寂地听着叶落之声。客路，指使行路途。那堪，怎能禁受。

次去非留别韵

不愁故乡远，魂伤沧海舟。

无端今日别，心折古齐州。

子去须相待，吾行岂久留。

清秋望岳好，同上济南楼。

——金尚宪《朝天录》

　　去非，即金地粹。这首诗不仅说明了金尚宪和金地粹二人的深厚友情，还说明，以东岳泰山为首的齐鲁美景，在朝鲜使臣心中有较高的地

---

①　此句在金尚宪的《朝天录》中记载为"那堪黄县夕"。

位。首联和颔联是面对金地粹所表现出的离别之愁，金尚宪劝解其不要因远离故土而忧愁。海路使行让人惊心动魄，难以忘怀。对于今日的离别无可奈何，但踏上登州的土地，心中不由得赞叹齐鲁大地的美景。心折，佩服。齐州，古时指中国，一说指今济南一带，此处，是指济南。颈联和尾联是讲，金地粹先行出发，但一定要等待"我"（指金尚宪）！"我"怎么能长时间滞留登州不前往北京呢？明净爽朗的秋天正是远望泰山的好时节，到时让"我们"一同登上济南的楼阁欣赏美景吧！清秋，明净爽朗的秋天。望岳，典出杜甫《望岳》："岱宗夫如何？齐鲁青未了。造化钟神秀，阴阳割昏晓。荡胸生层云，决眦入归鸟。会当凌绝顶，一览众山小。"济南楼，泛指济南府城内的历山亭及位于趵突泉和大明湖畔的诸楼亭。金代元好问对此称赞："济南楼观，天下莫与为比。"① 崇祯元年（1628），金地粹被任命为朝鲜钟城府使，在履任前与金尚宪作别时，金尚宪为其写有一首名为《赠钟城府伯，公补外钟城时，清阴》的送别诗。在自注中提及此诗的创作背景，即"去年与公朝天，到登州先后发，公有：那堪黄县夕，落叶听寒楼之白，而今又远别，更觉悠悠之怀而感作"② 换言之，以"黄县夕"或"黄县夜"为意象的友谊表述，深深地打动着金尚宪。

赠钟城府伯，公补外钟城时，清阴

> 黄城落叶听寒楼，异域秋声搅别愁。
> 今日青门分乎处，天涯怀抱更悠悠。

一二句是讲黄县城落叶的声音传入寒冷的楼阁内，异国他乡的秋风声、落叶声等扰动着作者心中离别的忧愁。秋声，指秋天里自然界的声音，如风声、落叶声、虫鸟声等。三四句是说今天两人就要分离，在京城（指朝鲜汉城，今韩国首尔）的东门相互作别。彼此之间的友情不会因相隔两地而疏离远。青门，泛指京城东门。悠悠，久长；久远。

---

① （金）元好问：《遗山集》卷34《济南行记》，四部丛刊景明弘治本，第14页a。
② ［朝鲜］金地粹：《朝天录》，《苔川集》卷2，韩国韩学中央研究院藏书阁藏本，第13页b—14页a。

此外，需要补充一点的是，李民宬在《癸亥朝天录》的来程中记载："（六月）二十四日。……夕。抵黄县东馆䭴。宿张姓人家。黄县距登州东北六十里"[①] 中的"黄县东馆䭴"。䭴为驿站之意。即，黄县东馆䭴为黄县东馆驿。据相关方志记载，[②] 明洪武九年（1376），在黄县的西关及距县城六十里的干山都，即在黄县境内的一东一西，分别设置了龙山驿和黄山馆驿。龙山驿原在黄县西关。明洪武九年（1376），县丞杨顺祖建。正统十年（1446）县丞马隆增建龙山驿鼓楼。嘉靖十三年（1534）知县程显重修龙山驿并建仪门。清同治年间，龙山驿被

图 4－10　1920 年的黄县城东门外的绛水河桥[③]

---

① ［朝鲜］李民宬：《癸亥朝天录》，《敬亭集续集》卷 1，韩国首尔大学奎章阁藏本，第 36 页 a—37 页 b。

② 参见泰昌《登州府志》卷 5《地理志一·官署》，明泰昌元年刻本，第 11 页 b—12 页 a；同治《黄县志》卷 2《营建志·公廨》，清同治十年刻本，第 4 页 a；光绪《增修登州府志》卷 14《驿传》，《中国地方志集成·山东府县志辑》，凤凰出版社 2008 年影印本，第 48 册，第 147 页上栏。

③ 陈麻编著：《美国镜头里的中国风情》，中国文史出版社 2011 年版，第 16 页。

图 4 – 11　今龙口市东莱街道花木兰街东端的绛水河桥

裁为里甲,① 马号②移至黄县县衙西。清光绪年间,龙山驿被裁。换言之, 李民宬主观上将龙山驿称为黄县东馆驲或当时民间称呼龙山驿为黄县东馆驲。这两种假设的可能性都很大,不论如何,李民宬应当到过龙山驿。龙口市史志办公室主任孙建义介绍,龙山驿原址在今龙口市北巷小区南部,龙口市中医院以北处。结合明泰昌《登州府志》记载,③ 李民宬在到达黄县城前,亦会途经黄县城东北三里的绛水河桥。孙建义主任介绍,绛水河桥是蓬黄驿道进入黄县城东门的必经之处。自绛水河桥向西,就会到达黄县的东关村。在雨季虽时有被冲毁,但是绛水河桥一直存续到民国初年。明清时期的黄县绛水河桥今为龙口市东莱街道花木兰街东端的绛水河桥。

综前所述,按照明代的称谓,朝鲜使臣从黄县东界到达黄县城所经

① 里甲为明代州县统治的基层单位。
② 马号为公家或大户人家养马的地方。
③ 参见泰昌《登州府志》卷6《地理志二·桥梁》,明泰昌元年刻本,第65页a。

地名依次为 1. "莱山耸翠" 櫺门（"莱岳具瞻"坊表）；2. "淳于故里"里门（淳于髡故墟、"淳于髡故里"坊表、淳于古里、淳于村、柞杨铺）；3. 黄河（黄水）；4. "太史遗风"坊表（南王铺）；5. 绛水河桥；6. 黄县城（黄县、县水馆、黄县东馆驲）。按照考证及实地考察，现在的称谓或位置，依次是 1. 龙口市诸由观镇诸由南村和诸由北村附近；2. 龙口市诸由观镇诸由南村和诸由北村；3. 龙口市诸由观镇境内的黄水河；4. 龙口市兰高镇大堡村和镇沙村；5. 龙口市东莱街道花木兰街东端的绛水河桥；6. 龙口市区（今龙口市场街以西，南大街以北，东莱街以东，北大街以南）。

第五章　黄县城至黄山馆驿

朝鲜使臣从登州六十里到达黄县，一般会在黄县过夜。第二天早上从黄县出发，行六十里，夜宿黄县的黄山馆驿。翌日，向莱州府的朱桥驿进发。

> （六月）初八日，晴。发黄县，未时，到黄山驿，六十里，以夫马之故留宿。……自黄县至黄山驿六十里，皆平原、广野，田谷甚茂，间有村舍夹在道傍，园林、果树方列成行，十里或二十里有店舍、市肆，官道百里皆杨柳。盖自登州城至黄山驿林间，时时望见海汀，官路距海不远矣。
>
> ——吴允谦《海槎朝天日录》

上文是天启二年（1622）六月八日来程中，朝鲜使臣吴允谦关于此段路途的记载。黄山驿，即黄山馆驿。在此段黄县城至黄山馆驿的路途中，吴允谦看到了不同于蓬莱县境内的景象。驿道两旁，人烟稠密，农业和商业发达。近百里的驿道两旁都种植着杨树和柳树，为往来的行人遮阳挡雨。这说明，明末黄县经济繁荣，人民安居乐业。此外，这也从侧面说明，相较于蓬莱境内驿道崎岖难行，在黄县城至黄山馆驿段的路途中，朝鲜使臣可以少受劳顿之苦。李民宬在《黄山驿途中有感》一诗中就描述了当时的场景。

黄山驿途中有感

挥汗黄尘六月天，笋舆伊轧担夫肩。

殊邦忽讶乡山近，驿路槐阴处处蝉。

——李民宬《燕槎唱酬集》

在诗中，李民宬描述了天启三年（1623）六月二十五日途经此段驿道时的经历。"挥汗黄尘六月天，笋舆伊轧担夫肩"是讲在炎热的六月，朝鲜使臣团所过之处尘土飞扬。入耳之声是轿夫抬轿时所发出的吱呀声。笋舆，亦作竹舆，竹轿。伊轧，象声词，轴状物体等发出的声音，此处指竹轿在行进过程中发出的声响。"殊邦忽讶乡山近，驿路槐阴处处蝉"是说在异国他乡，李民宬突然非常惊讶地听到道路前面的山与故乡山岳的名字相同。他们在驿道的槐树荫中，朝着黄山馆驿的方向行进，耳边蝉声阵阵。乡山，家乡的山，借指故乡。李民宬（1570—1629），字宽甫，号敬亭，出生于朝鲜庆尚道。位于庆尚道的黄山，"一云黄梅山，（山阴）东北五十里——三嘉境"①。山东黄县的黄山在县西南六十里，"与招远接界，黄山驿之名本此，亦名鲁基山"②。此黄山，为今招远市西北的黄山。黄山驿即因黄山而得名，关于黄山馆驿，将在后文详述。换言之，李民宬在前往黄山馆驿的途中，忽然听闻前方将要到达黄山，非常惊讶，有感而发写下了此诗。

自黄县城至黄山馆驿段的路程中，朝鲜使臣所记载的地名整理如下："古士乡城"坊表（古士乡城）、"卢仙胜迹"坊表（卢仙胜迹、卢仙古里、卢仙遗踪、卢仙故里）、稚乃河、北马铺（"北马重镇"坊表、北马镇、北马镇铺、北马店、白马铺）、"麻姑仙里"坊表（麻姑故里、麻姑仙迹）、徐乡城、广河、黄山驿（黄山驲）、陈仲子旧庄。

第一节　"古士乡城"牌榜③、"卢仙胜迹"坊表④、稚乃河

（三月）十九日，晴。晓发（莱州府朱桥驿），行六十里，到黄山驲朝饭。……近县西九里，有"古士乡城"牌榜，到县北馆

---

① ［朝鲜］古山子编：《大东地志》卷8《庆尚道》，韩国首尔大学奎章阁藏本。
② 同治《黄县志》卷1《疆域志·山川》，清同治十年刻本，第6页a。
③ 使行文献中亦记载为"古士乡城"、士乡城。
④ 使行文献中亦记载为卢仙古里、卢仙遗踪、卢仙故里、芦仙故里。

贾姓人家宿。

——尹暄《白沙公航海路程日记》

　　士乡城在（黄县）西北，汉书：齐有士乡，越有君子里，谓此。

——金德承《天槎大观》

　　如尹暄所述，天启四年（1624）三月十九日，尹暄自莱州府掖县朱桥驿出发，行六十里到达登州府黄县黄山馆驿，并在驿馆内吃早饭。在黄县西九里的地方，见到了"古士乡城"牌榜。牌榜，即坊表。如金德承所说，士乡城在黄县的西北，是《汉书》"齐有士乡，越有君子里"①中的齐国士乡城。进一步而言，二人记述有些许差别，即尹暄记载的是"古士乡城"坊表，金德承记载的是古士乡城。二者是否指同一处地点？春秋末期，齐国的治国之策为非"周法"的"二十一乡"制。齐国吞并东莱国，齐国宰相管仲，将齐国人分为四民，即士、农、工、商，并定二十一乡为四民之居所，其中"工、商之乡六"及"士与农共十五乡"②。在东莱国旧地，即明代黄县境内设立了"士与农共十五乡"之一的士乡，故后世称为士乡城或古士乡城。此外，赵濈在《燕行录一云朝天录》亦提及经过古士乡城。

　　　　（十月）初十日，丁卯，阴，洒雨。朝发，过古士乡城，过卢
　　　　仙胜迹，到北马铺中火，过麻姑仙里，到黄山馆林店宿。鸡鸣犬吠
　　　　相闻，达境人物之盛，一何壮哉。今日，行六十里。

　　天启三年（1623）十月十日，赵濈从黄县城出发，途经古士乡城，卢仙胜迹后，在黄县急递铺之一的北马铺内午休用饭，其后经麻姑仙里，

---

　　①　君子里，一为"郡子军"。"昔齐置士乡。管仲相桓公制国为二十一乡，工商乡六，士乡十五，以居工、商、士也，事见《国语》也。越有郡子军，皆异贤之意也。吴越相攻，越王勾践乃中分其师为左、右军，以其私卒君子六千人为中军，注云，君子，王所亲近有志行者，见《国语》。"〔（南北朝）范晔撰，（唐）李贤注：《后汉书》卷3《张曹郑列传第二十五》，景宋绍熙刻本〕

　　②　《国语》卷6《齐语》，世界书局1936年版，第77—79页。

停宿于黄山馆，即黄县黄山馆驿。此处的古士乡城、卢仙胜迹、麻姑仙里皆为坊表之名。据泰昌《登州府志》记载，① 黄县急递铺的总铺在西边外城，至招远县分别为九里店铺、南栾铺、北马铺、官庄铺、界首铺、黄山馆铺。结合同治《黄县志》与光绪《增修登州府志》的相关记载，② 可知从黄县县城西关出发至黄山馆驿的驿道，从明代中后期至清末一直没有改变。换言之，驿道应是从黄县西关的急递铺总铺出发，往西九里到九里店铺，再往西二十里到南栾铺，往西三十里到北马铺，往西四十里到官庄铺，往西五十里到界首铺，再往西六十里至黄山馆铺，即黄山馆驿。关于"古士乡城"坊表，康熙《黄县志》中的记载③与尹暄和赵溉的记述一致，即"古士乡城"（坊表）在县西十里。另据《明一统志》记载："士乡城在黄县西北一十里，《汉书》'齐有士乡，越有君子里'，谓此。"④ 换言之，黄县城至黄山馆驿的驿道，在明末至清末期间，并未经过士乡城。尹暄应是自黄山馆驿，沿驿道向东北方向行进，在黄县西九里店铺附近，见到了"古士乡城"坊表。而赵溉则是在来程中，自黄县城西行九里，在九里店铺附近，见到了"古士乡城"坊表。但金德承所说的士乡城则是位于黄县城西北十里的士乡城。

据相关方志记载，⑤ 明末，黄县急递铺——九里店铺，今为龙口市东江街道的九北村与九南村。因村距黄县县衙九里，驿道从村中穿过，往来客商常在此宿店，村民开店甚多，故名九里店。1958 年，以驿道

---

① 参见泰昌《登州府志》卷 5《地理志一·官署》，明泰昌元年刻本，第 13 页 b。

② "其铺城甲有总递铺。西关外为杨官铺、西十里为九里店铺、又西十里为南栾铺、又西十里为北马铺、又西十里为官庄铺、又西十里为界首铺、又西十里为黄山馆铺。"（同治《黄县志》卷 2《营建志·墩铺》，清同治十年刻本）"急递铺总铺，在城中。抵招远，曰杨官、曰九里店、曰南栾、曰北马、曰官庄、曰界首、曰黄山馆。"（光绪《增修登州府志》卷 14《驿传》，《中国地方志集成·山东府县志辑》，凤凰出版社 2008 年影印本，第 48 册，第 147 页下栏）

③ 参见康熙《黄县志》卷 2《建置志·坊表》，清康熙十二年刻本，第 16 页 a。

④ 《明一统志》卷 25《登州府》，文渊阁四库全书本。对于齐国士乡城是否在黄县境内，清代叶圭绶在《续山东考古录》中提出了"管仲制国为二十一乡，士乡十五是通国之制，非独有一士乡城"的质疑，并认为"士即徐音略转耳，以此附会于士乡"（《续山东考古录》卷 11《登州府上》，清咸丰元年刻本）。

⑤ 参见泰昌《登州府志》卷 6《地理志二·乡都》，明泰昌元年刻本，第 39 页 a；嘉庆《大清一统志》卷 173《登州府》，上海古籍出版社 2008 年影印本，第 439 页；龙口市人民政府地名办公室编《山东省龙口市地名志》，1992 年，第 9—59、164 页；曲长征：《龙口市村庄志》，农业出版社 1991 年版，第 749—753 页。

（当地人称为"东西街"）为界，划为南、北二村，路北称为九里店北村，路南称为九里店南村。简称为九北村和九南村。自明末至民国初年，九里店的名称一直未曾改变。九里店村的沿革具体如下：1871 年，属黄县杨官庄社。1917 年属黄县第四区杨官庄社。1930 年，属黄县第七区。1948 年，属黄县位庄区。1958—1970 年，属黄县智家人民公社。1992 年属龙口市东江镇。此外，据孙建义主任介绍，明末，黄县县城的西关应在今龙口市东莱街道西关社区居民委员会一带，此处是朝鲜使臣从黄县城前往黄山馆驿的出发点。

如前所述，赵澂在《燕行录一云朝天录》记载，在途经"古士乡城"坊表所在地，即黄县九里店铺后，会经过"卢仙胜迹"坊表。

> 晋卢童子九岁食茯苓升仙，县西南卢山是也。山下延真宫，亦得道之所。其所降之地，自鸠浮海之村，营一室表遗址，以卢仙间门，揭卢仙胜迹。
>
> ——金德承《天槎大观》

据金德承所记，晋代黄县境内有一卢姓童子九岁时，食茯苓，后成为神仙。卢山的延真宫是卢童子成仙之处。这样的记载与方志中的记载相同，[1] 即晋代"有卢姓童子，幼有至性，九岁离俗，居于县之西南卢山，辟谷食茯苓，后骑白鹤升仙"。延真宫在卢山之阳，隋曰升天观，唐曰仙君观。宋僖宁间，郡守李良辅因岁旱，屡祷有应，疏请，封号"卢仙"，曰冲禧真君，赐额曰"延真宫"。换言之，作为黄县的民间信仰之一——卢仙，在漫长的岁月中一直延续着。金德承更为详细地记述了当地人在卢仙降生的村中，修建了一座庙堂来纪念卢仙。在庙堂处，建有卢仙间门，即卢仙里门或卢仙坊表。

> （九月）十三日，甲子。（自黄县发行）宿黄山驿。所经有陈仲子旧庄、麻姑仙迹、卢仙古里，各立红门，刻以某所居云。我国

---

① 参见康熙《黄县志》卷 6《仙释》，清康熙十二年刻本，第 36 页 a；乾隆《黄县志》卷 8，《人物下·仙释》，清乾隆二十一年刻本，第 42 页 b—43 页 a。

人惟能读古书者，但知某为某代人而已，及至此历览其所居里间，仍想其事迹，宛与其人相接于千载之下亦云，奇哉。卢名谊，古之童子，而升仙者或云卢敖，非是。是日行六十里。

　　　　　　　　　　——李德泂《朝天录一云航海日记》

图5-1　《黄县图》局部

位于中间偏右的坊表即为朝鲜使臣所说的"卢仙古里"坊表，左侧远处为卢仙塔，右侧远处为卢山（载《朝天图》，韩国陆军博物馆藏本）。

　　上文为天启四年（1624）九月十三日，李德泂在前往黄山馆驿途中的记载。相较于金德承和方志中的记载，李德泂在途经"卢仙古里"红门，即"卢仙古里"坊表时，从明朝伴送官员或当地人口中得知，卢童子名为卢谊，在卢山升仙之人是卢敖。而李德泂认为"升仙者或云卢敖"是错误的说法。宋苏轼《送乔仝寄贺君六首》之一中有"结茅穷山啖松腴，路逢逃秦博士卢"，宋王十朋集注"卢敖，秦始皇召以为博士，使求神仙，一去而不返"①。松腴，为茯苓的别称。换言之，官方纂修的方志中，言及在卢山升仙者为卢童子，而非卢敖，而民间或许是因为秦代仙人卢敖更为有名，故当地人讹传为卢敖。这也从侧面说

①　（宋）苏轼撰，（宋）王十朋集注，（宋）刘辰翁批点：《东坡诗集注》卷4，《四部丛刊》景宋本。

明，朝鲜使臣对中国历史十分熟悉。李德泂认为朝鲜人中只有能读懂古汉文并熟知相关典故者才能看懂红门之上所书的内容，并感叹以坊表作为文化传承的方法，令其惊奇。

此外，郑斗源在《朝天记地图》的《黄县图》中记载："芦山在县西南二十里。晋卢童子九岁居此，饵茯苓升仙，唐（实为宋代，笔者注）封'冲禧真君'。有櫺门，书之曰，'芦仙故里'。"①（此处"芦"通"卢"）李德泂所说的"红门"与郑斗源所述的"櫺门"实为同一种建筑物，即明代的坊表（牌坊）。这证明在黄县城至黄山馆驿的驿道旁，曾立有"卢仙故里"的坊表。同治《黄县志》记载："'卢仙胜迹（坊表）'在（黄县）县西南二十里。"②结合"南栾铺"位于黄县县城西二十里，可以推断明代"卢仙故里"坊表应是方志中所提及的"卢仙胜迹"坊表，只是朝鲜使臣在表述时，添加了主观色彩。据此可知，明末，在南栾铺附近有"卢仙故里"坊表，沿着通过此坊表的小路可以到达卢山。虽对于"卢仙胜迹"的表述，朝鲜使臣多有不同，主要有卢仙古里、卢仙遗踪、卢仙故里等，但往来于同一驿道，因此所指代皆为同一地点。简言之，明代"卢仙故里"坊表所在地为黄县西二十里的急递铺——南栾铺。

据曾多次参与龙口市地方史志编纂工作并对黄县驿道十分了解的龙口市黄山馆镇大泊子村村民孟健（男，70岁）介绍，自黄县城沿驿道出发，会经过位于黄县县城西二十里的南栾铺，俗称官道栾家。官道栾家村分为前栾村和后栾村。明朝初年，由云南迁来的村民在官道南侧建村定居，又因为以栾姓居多，因此被称为官道前栾村，现简称前栾村。即明末朝鲜使臣所经的黄县急递铺——南栾铺为今龙口市芦头镇前栾村。据相关方志记载，③南栾铺的名称及沿革变化如下：明末至民国初，称南栾铺，隶属黄县卢山都南栾社。1917年，称官道栾家村，属黄县第

① ［朝鲜］郑斗源：《朝天记地图》，韩国成均馆大学尊经阁藏本。
② 同治《黄县志》卷2《营建志·坊表》，清同治十年刻本，第10页b。
③ 参见泰昌《登州府志》卷6《地理志二·乡都》，明泰昌元年刻本，第40页b；嘉庆《大清一统志》卷173《登州府》，上海古籍出版社2008年影印本，第439页；龙口市人民政府地名办公室编《山东省龙口市地名志》，1992年版，第9—59、153页。

图 5 - 2　龙口市芦头镇前栾村村碑

图 5 - 3　自南栾河桥远眺卢山

十四区。1930 年，官道栾家村、前栾村两种称谓并存，属黄县第五区
（汶南区）。1948 年，称前栾村，属黄县汶南区。1950 年至 1953 年，
称前栾村，属黄县第八区香坊乡。1958 年，称前栾村，属黄县火炬人
民公社。1970 年至 1984 年，亦称前栾村，属黄县芦头人民公社。1984
年至今，称前栾村，属龙口市芦头镇。

图 5 - 4　今 S302 省道的南栾河桥

位于前栾村西侧。

　　安璥在《驾海朝天录》中还记载："（七月）初五日，早发，西距
二十里，涉大川，名曰'稚乃河'……"[1] "稚乃河"之名并没有出现
在相关的地方志[2]中，但是根据西距黄县县城二十里，应为黄县境内的
南栾河。南栾河，在黄县"西二十里，源发林家口山，合永文河入
海"[3]。从明代末期至今，作为永文河支流的南栾河，其名称未曾改变

　　① ［朝鲜］安璥：《驾海朝天录》，美国哈佛大学燕京图书馆藏本，第 26 页 b。
　　② 泰昌《登州府志》、康熙《登州府志》、光绪《增修登州府志》、康熙《黄县志》、乾
隆《黄县志》、同治《黄县志》等。
　　③ 康熙《黄县志》卷 1《山水》，清康熙十二年刻本，第 7 页 a；泰昌《登州府志》卷 6
《地理志二·山川》，明泰昌元年刻本，第 17 页 a。

过。据《龙口市志》记载，① 南栾河位于龙口市北马镇南宋堡东，发源于招远市美秀顶，流经芦头镇、大陈家镇、北马镇入泳汶河，全长 18 千米，市内长 13 千米，河道平均宽 80 米，属季节性河流。

第二节 "北马重镇"坊表②

> （七月）初五日，晴。早发（黄县城），西距二十里涉大川名曰：稚乃河。路中题门曰：卢仙胜迹。三十里立碑曰：登州—莱州界。南有黄山，北滨于海，广野极目，大概川多近海，而未见潮汐之痕。百沙、平原处处，林树之间必有村庄矣。又题门曰：东牟首邑、北马重镇。行六十里，是为黄山驲，递马。……暮，入朱桥驲，宿翰林客馆。是日，行百二十里云。
>
> ——安璥《驾海朝天录》

天启元年（1621）七月五日，安璥自黄县出发，行二十里，途经黄县南栾铺——"卢仙胜迹"坊表（今龙口市芦头镇前栾村）、稚乃河（今龙口市南栾河）后，行三十里，见到了"登州—莱州界"石碑。望见南边远处的黄山，此地地势平坦，且位于海滨之地，人烟稠密。在此处，安璥还见到了"东牟首邑"和"北马重镇"两座坊表。行六十里后，安璥一行到达了黄山馆驿。在黄山馆驿内，更换驿马后继续前行。傍晚时，到达莱州府掖县朱桥驿。此处需要注意的是"登州—莱州界"石碑、"东牟首邑"坊表、"北马重镇"坊表是否在同一处，即这三者是否在黄县西三十里的急递铺——北马铺附近？

首先，"北马重镇"坊表的内容明确意指北马铺。明泰昌《登州府志》记载，明末，除了黄县城附近的集市外，北马铺所在的北马集是黄县城外三大集之一。也就是说在明代末期，北马铺附近的地区就已人口众多，经济发达。这也与安璥"林树之间必有村庄"的记述相一致。

---

① 参见山东省龙口市史志编纂委员会编《龙口市志》，齐鲁书社 1995 年版，第 62 页。
② 使行文献中亦记载为北马铺、北马镇、北马镇铺、北马店、白马铺。

其次，"登州—莱州界"石碑并不在黄县北马铺内。依安璥所言，从黄县城西行三十里见"莱州—登州界"石碑。但，西距黄县城三十里的地点正是北马铺。《龙口市志》记载，① 金天会年间，齐刘豫在黄县西南境和掖县东境置招远县于罗锋镇，此举割去黄县界河以西，黄山蹲犬山、卢山、石城山诸山西南及黑山以南的地区。此后至民国时期，黄县境域基本稳定，西、北濒临渤海，南、东南与招远县和栖霞县为邻，东与蓬莱县接壤。换言之，从沿革来看，黄县的境域在明、清时期未曾有较大的变动。沿登莱（登州府至莱州府）驿道，朝鲜使臣要到达登州—莱州界，即莱州府掖县与招远县交界的新城，应自黄县城西去一百一十里。② 最后，据康熙《黄县志》记载，③ "东牟首邑"坊表位于界河东崖，而黄县界河位于县西六十里，发源招远县黄山北分水岭，从黄县黄山馆西入海。即，"东牟首邑"坊表位于黄县西南六十里——登州府黄县和招远县交界的界河东岸，此处距黄县黄山馆驿较近，相关内容在后文详述。简言之，"登州—莱州界"石碑、"东牟首邑"坊表、"北马重镇"坊表三者并不是指代同一处地点，西距黄县的里程分别为一百一十里、六十里、三十里。

进一步而言，安璥为何将"莱州—登州界"石碑的位置记述为黄县北马铺？原因应是安璥并不是在当天完成使行记录。由于使行途中，车马劳顿，公务繁忙，安璥仅仅将关键的地名记下，待各方面条件成熟时，再进行整理汇总。在此过程中，不可避免地会出现些许误记。即天启元年（1621）七月五日当天，安璥途经了登州府黄县的北马铺和黄山馆驿、登州府招远县北部、莱州府掖县朱桥驿。在此长达一百二十余里的路程中，仅记录下主要地理标识。即，安璥主要记载了"登州—莱州界"石碑、"东牟首邑"坊表、"北马重镇"坊表。以李民宬和金地粹为代表的朝鲜使臣亦称登州为东牟。在之后整理的过程中，安璥将"东牟首邑"坊表标示的方位（即进入登州的门户）、"北马重镇"坊表的方位（即黄县西三十里）、"登州—莱州界"石碑的方位（即距黄

---

① 参见山东省龙口市史志编纂委员会编《龙口市志》，齐鲁书社 1995 年版，第 42 页。

② "黄县西至招远县界八十里"，"招远县西至掖县（属莱州，与招远县接壤）界六十里"（泰昌《登州府志》卷 6《地理志二·疆域》，明泰昌元年刻本，第 2 页 b）。

③ 参见康熙《黄县志》卷 1《疆域志·山川》，清康熙十二年刻本，第 7 页 a；康熙《黄县志》卷 2《建置志·坊表》，清康熙十二年刻本，第 16 页 b。

县西一百一十里的莱州府掖县与招远县交界）混淆，将"登州—莱州界"石碑的位置误记为黄县北马铺。但不论怎样，安璥关于北马铺的记载，丰富了明末黄县北马镇的记载，且证明了至少从明中后期开始，黄县北马镇即为重要的战略要冲。

天启元年（1621）七月五日，安璥在途经此段驿道时，听到当地人说"六月洒雨，蝗虫蔽野"，见到沿途庄稼遭受虫灾，当地民众在"田亩之上，挥旗驱之，或掘坎火埋，或官令捕之，或捕而食之"①。当天，安璥在为明朝友人题写的扇诗中，描述了当时的所见所想。

题人扇

蟊贼害心根，田野无所食。

天灾岂偶然，夷狄侵中国。

——安璥《驾海朝天录》

蟊贼，此处为双关语，一指吃禾苗的害虫，一指侵扰大明的后金。在安璥看来，蝗灾虽然可恨，但非人力可控，而后金攻打明朝，致使辽东百姓举家逃难，流离失所，其可恨更甚于蝗虫。如前所述，天启元年二月，刘鸿训作为"登极诏使"出使朝鲜。三月，后金军队先后攻占了辽东重镇沈阳和辽阳。伴随着辽东局势岌岌可危，此前在辽东从事农业、矿业、商业的汉人纷纷渡过渤海海峡，前往登莱等地避难，"蹈海者众之数万"②。五月，因归途受阻，刘鸿训与包括安璥在内的朝鲜使臣不得不利用淘路回国。在归程中，刘鸿训"沿途收难民、舟重而败，跳浅沙入小舟，飘泊三日夜"③后，到达登州。目睹黄县蝗灾的安璥联想到辽东难民逃亡的惨象，不由得感叹造成黄县今不复昔的原因，绝非仅因蝗灾之天灾，更因后金侵扰大明之人祸。天启二年（1622）三月四日，安璥在返程途中，夜宿北马铺时，亦留下了《口占》一诗。

① ［朝鲜］安璥：《驾海朝天录》，美国哈佛大学燕京图书馆藏本，第 27 页 a。

② 《明实录·明熹宗实录》卷 10，天启元年五月十四日乙卯，台湾"中研院"历史语言研究所 1962 年校印版，第 521 页。

③ 《明史》卷 251《列传第一百三十九·刘鸿训》，中华书局 1974 年影印本，第 6481 页。

口占

朱桥还渡入徐城，欲访麻姑问里名。

北马镇中沽酒肆，行人来听踏歌声。

——安璥《驾海朝天录》

口占，即作诗文不起草稿，随口而成。此诗前两句"朱桥还渡入徐城，欲访麻姑问里名"是讲自莱州府掖县朱桥驿出发，横渡招远县和黄县之间的界河，到达了黄县的徐乡城，其后还要拜访仙姑——麻姑，询问其故里的名称。徐城和麻姑，指黄县徐乡城和"麻姑仙里"坊表，相关内容将在后文详述。"北马镇中沽酒肆，行人来听踏歌声"是说作者完成使行任务，马上将要到达登州乘船回国，此时心中较为轻松，故在黄县北马铺的酒肆内买酒畅饮。饮酒后的朝鲜使臣团成员手牵着手，边唱边跳，北马铺的行人被此歌声吸引，纷纷驻足观看。踏歌，一作蹋歌，拉手而歌，以脚踏地为节拍。典出唐李白《赠汪伦》："李白乘舟将欲行，忽闻岸上踏歌声。"

需要注意的一点是，关于白马铺的记载。除了申悦道在《朝天时闻见事件启》中提到白马铺以外，未在其他朝鲜使臣的记录中有发现，且在相关方志中，均未找到有关白马铺的记载。龙口市史志办主任孙建义介绍，按照龙口（黄县）本地的发音，白马铺发音为 bómǎ pù。这与北马铺的龙口方言发音 bó mǎ pù 相一致。也就是说在龙口市（黄县）的方言中，北与白的发音皆为 bó。故朝鲜使臣团随行译官在向申悦道翻译北马铺时，因当地人的方音，将北马铺转述为白马铺的可能性极大。除此之外，朝鲜使臣所记载的北马镇铺和北马店皆指北马铺。据孟健介绍，以前从蓬莱至黄县的驿道从北马镇中间穿过。现在北马镇的北马大街即为在原来驿道基础之上，拓宽固化而来。

据相关方志记载，[①] 黄县西三十里的北马铺名称变化和沿革如下：（明末—清中期）北马铺，属黄县乾山都北马社→（1817 年）北马铺，

---

① 参见泰昌《登州府志》卷6《地理志二·乡都》，明泰昌元年刻本，第41页b；嘉庆《大清一统志》卷173《登州府》，上海古籍出版社2008年影印本，第439页；龙口市人民政府地名办公室编《山东省龙口市地名志》，1992年版，第9—59、143页。

属黄县乾山都北马社→（1917 年）北马铺，属黄县第十五区→
（1930—1943 年）北马镇，属黄县第六区→（1948 年以方位划分为五
个村）北马西村、北马南村、北马东南村、北马北村、北马东北村，
五村总称北马，属黄县北马区→（1953 年）亦为五村，属黄县六区北
马镇→（1958—1986 年）五村简称为东南村、西村、北村、东南村、
东北村，属黄县北马人民公社→（1986 年至今）五村亦称北马西村、
北马南村、北马东南村、北马北村、北马东北村，属龙口市北马镇。

图 5 - 5 Y058 公路

在孟健的带领下，笔者一行找到了 Y058 公路（靠近北马镇）中的一段。此段道路亦是在
古代驿道上修筑而来。

第三节 "麻姑仙里"坊表①、广河、徐卿城

朝鲜使臣在经过黄县北马铺后，会经过"麻姑仙里"坊表。同治

---

① 使行文献亦记载为麻姑故里、麻姑仙迹、麻姑仙里。

《黄县志》记载："麻姑仙里（坊表），在县西四十里。"① 换言之，"麻姑仙里"坊表应在黄县西四十里的官庄铺。结合孟健的介绍和古今地图，官庄铺为今龙口市龙岗街道的官道丁家村。

　　麻姑者，女仙也。少时婚定，而婿夭，父母欲适他，矢死不许。归事舅姑至孝，汲远井以养。有行叟请饮马其汲，女拒之。叟曰：马饮免汲，仍赠一鞭置于瓮，而水溢用裕。逾数月，女去无处，舅姑怪而视瓮，有鞭无水，忽一村成渊。后见修道于姑余山，骑羊而叟从，叟是前日饮马者，而乃女之王父也。宋政和中封真人，元《夷坚志》云：刘氏鲤堂前，有大槐，忽梦一女官，称麻姑，乞此树修庙，刘谩②许之。后数日，风雷大作，失槐所在，诸麻姑庙，槐卧其前。重和初，赐额曰：显异。今表其乡曰：麻姑仙里。

——金德承《天槎大观》

　　大崑嵛山（宁海）州东南四十里，嵎夷岸海名山也。秀拔为群山之冠。《仙经》云：姑余山，麻姑于此修道上升，余趾犹存，因名姑余。后世以"姑余"、"崑嵛"声相类而讹为崑嵛。……宋政和六年，封仙姑虚妙真人。重和元年，赐号显异观。元遗山《续夷坚志》：崑嵛山石落村刘氏，尝于海滨得百丈巨鱼，取骨为梁，构屋曰：鲤堂。堂前一槐，荫蔽数亩。忽梦女冠，自称麻姑，乞此树修庙，刘滂许之。后数日，风雷大作，昏晦如夜，失槐所在，相与求之麻姑庙中，树已卧庙前矣。

——《齐乘》

　　麻姑，或云建昌人，修道于牟州东南姑余山。宋政和中，封真人。元《夷坚志》云，刘氏鲤堂前有大槐，忽梦一女官自称麻姑，乞此树修庙，刘谩③许之，既寤异。其事后数日，风雷大作，失槐

---

① 同治《黄县志》卷2《营建志·坊表》，清同治十年刻本，第10页b。
② 此处"谩"为误记，应为"漫"。参见（金）元好问《续夷坚志》卷3《麻姑乞树》，清刻本，第8页b。
③ "谩"应为"漫"。此字的误记也从侧面说明金德承创作《天槎大观》时，很有可能参照了《明一统志》。

所在，即诣麻姑庙，槐已卧其前矣。重和初，赐额曰：显异。

——《明一统志》①

　　上文分别是《天槎大观》《齐乘》《明一统志》中，关于登州府境内麻姑传说的记载。《齐乘》《明一统志》中的记载较为一致，麻姑修道于姑余山，即明代登州府宁海州的"大崐嵛山"。《齐乘》中解释，由于麻姑在此修道升仙，遗迹尚存，因此称为"姑余"。后世由于"姑余"与"崐嵛"发音相似，"而讹为崐嵛"。《明一统志》中提及"麻姑或云建昌人"，也就是说麻姑出生地在何许，官方的史书没有确切的表述，仅仅说或许为"建昌人"（豫章郡建昌府人，今江西省抚州市人）。金德承中关于麻姑的记述，更像是民间传说与官方记载的混合版本。具体而言，金德承记载明末黄县当地人认为麻姑的出生地在黄县，成仙之前身世较为坎坷。麻姑虽在姑余山修道成仙，但当地人在其降生之处建立坊表，以示纪念。麻姑为中国古代神话中的仙女，在许多地方都存在着麻姑信仰。这造成因地域不同，麻姑传说的内容也不同的情况。仅就黄县而言，相关方志中，对于麻姑的记载仅为"麻姑仙里"坊表的内容。这或许从侧面说明，撰修方志的黄县官方对于民间的传说并不认同。但不论怎样，在黄县西四十里处的官庄铺附近，曾有"麻姑仙里"的坊表，且朝鲜使臣途经此处时见到过。朝鲜使臣李民宬和郑斗源的记载，也佐证了明末"麻姑仙里"坊表的存在。

　　自黄县，西至黄山驿，六十里程也。……行四十里，有欄门，书之曰："麻姑仙里"。昔麻姑修道于牟州升仙。宋政和间，封真人，重和初，赐额曰：显异。有庙存焉。

——郑斗源《朝天记地图》

　　（六月）二十五日，甲申，到黄山驿。早发黄县，做中火于北马镇铺。过麻姑故里，抵黄山驿。麻姑修道于牟县之姑余山，即此地云。驿属黄县，距县治六十里。

——李民宬《癸亥朝天录》

①　《明一统志》卷25《登州府》，文渊阁四库全书本，第17页 b。

图 5 - 6 《黄县图》局部

图片右侧即为朝鲜使臣所说的麻姑仙迹，即"麻姑仙里"坊表抑或石碑，中间
较矮的建筑应为郑斗源所说的麻姑庙（载《朝天图》，韩国陆军博物馆藏本）。

郑斗源、李民宬皆记载麻姑修道成仙于姑余山，这与前文方志中的
记载相一致。但是李民宬认为"麻姑仙里"所在之处就是牟县的姑余
山。姑余山，即大崑嵛山，今为烟台市牟平区的崑嵛山。崑嵛山与黄县
即今龙口市相去甚远。故李民宬关于"牟县之姑余山，即此地云"的
记载应为误记。据官道丁家村不愿透露姓名的村民介绍，现在村中并未
流传关于仙姑即麻姑的传说。由此可以推测，自清末民国初年开始，当
地有关麻姑的传说或信仰已经渐渐地消失在历史的长河之中。据官道丁
家村的村民介绍，在官道丁家村的西南，至今还保留一段老官道。此段
道路是自黄县至掖县最早的老官道。据实地考察，此段驿道位于官道丁
家村西南 300 米处，长度约 300 米，宽约 3 米左右，为夯土路面，大致
呈东西走向。此外，据阎家店村村民阎家桂（男，91 岁）介绍，自其
记事时，并未听说过有关麻姑的传说。但阎家桂老人告诉笔者，在今官

道丁家村西南的八里沙河东岸曾有一座龙王庙。该龙王庙毁于 20 世纪 70 年代。在新中国成立初期,此庙香火还极旺。从位置上来看,阎家桂老人所说的龙王庙与郑斗源所说的麻姑庙吻合,但两庙是否为同一庙宇,待考。

图 5－7　位于官道丁家村西南的古驿道原址

据相关方志记载,[①] 黄县西四十里的官庄铺名称变化和沿革如下:(明末至 1817 年) 官庄铺,属黄县乾山都官庄社→ (1817—1917 年) 官庄铺、官道丁家,属黄县第二十二区→ (1930—1943 年) 官道丁家,属黄县第十区→ (1948 年) 官道丁家,属黄县龙南区→ (1953 年) 官道丁家,属黄县七区官道乡→ (1958 年) 官道丁家,属黄县阎家店人民公社→ (1970 年) 官道丁家,属黄县海岱人民公社→ (1986—1992 年) 官道丁家,属龙口市海岱镇→ (2001 年) 官道丁家,属龙口市黄山馆镇→ (2005 年至今) 官道丁家村,属龙口市龙港街道。

----

① 参见泰昌《登州府志》卷 6《地理志二·乡都》,明泰昌元年刻本,第 41 页 a;嘉庆《大清一统志》卷 173《登州府》,上海古籍出版社 2008 年影印本,第 439 页;龙口市人民政府地名办公室编《山东省龙口市地名志》,1992 年,第 9—59、138 页。

图5-8　龙口市龙港街道官道丁家村村碑

　　据《朝天记地图》记载①，朝鲜使臣在经过"麻姑仙里"坊表所在的黄县官庄铺之后，会渡过广河。依郑斗源的记载，广河应位于黄县西五十里的界首铺，但自明末，界首铺附近仅有一条河流，即界河。康熙《黄县志》记载②，界首河位于黄县西四十五里，发源于黄山，经马停寨入海。换言之，郑斗源所说的广河应为界首河，今为龙口市八里沙河，位于官道丁家村西南约800米处。八里沙河发源于招远市马格庄东南山，自南流经市内北马镇和龙港街道境域，北入渤海。全长15千米，市内长9千米，河平均宽30米，属季节河。据实地考察的结果，官道丁家村西南的古驿道西侧尽头处即为八里沙河。

　　安璥在《驾海朝天录》返程中记载："（十月）初四，晴。早发过朱桥驲……过徐卿城、麻姑故里，夕抵北马镇，宿刘姓家。是日行百十里。"③依安璥所述，从莱州府掖县朱桥驲至登州府黄县的北马镇依次

　　①　"（自黄县城西）行五十里，涉广河，河之大如黄水。"（［朝鲜］郑斗源：《朝天记地图》，韩国成均馆大学尊经阁藏本）
　　②　康熙《黄县志》卷1《疆域志·山川》，清康熙十二年刻本，第7页a。
　　③　［朝鲜］安璥：《驾海朝天录》，美国哈佛大学燕京图书馆藏本，第68页b—69页a。

历经徐卿城与麻姑故里。安璥应是见到位于黄县西五十里的"徐侯封境"坊表①后，留下了"过徐卿城"的记载。徐卿城，即徐乡城，"在黄县界内，汉置县，属东莱郡。武帝封胶东共王子为徐乡侯，即此，东汉省。"②对于徐乡城名称的由来有两种表述，"盖以徐福求仙为名"③或"徐乡城即士乡城，士与徐为音转"④。徐乡城具体位置的表述亦有三：其一，"徐乡城，在黄县界内"⑤；其二，"徐乡城，西南五十里"⑥；其三，"徐乡城，在县西北五十里"⑦。因徐乡城的历史过于久远，相关地方志认为"今遗址无考"⑧。现在的学者根据考古发掘的情况，普遍认为徐乡城"西南五十里"与"在县西北五十里"的记录有误，当为"西北十五里"⑨。也就是说现在学界普遍认为徐乡城即士乡城，在今龙口市徐福镇北乡城村南。暂且不论徐乡城的所指，仅就地名方位而言，依据安璥和方志中的记载可以肯定的是，明末在黄县西南五十里确曾有"徐侯封境"坊表。从黄县县城沿驿道往西五十里至界首铺。因位于界首河旁，因此称为"界首铺"。以此为基础，结合实地采访，界首铺为今龙口市龙岗街道阎家店村。换言之，安璥一行所经过的"徐卿城"，即"徐侯封境"坊表，应在黄县西五十里的界首铺，即今龙口市龙岗街道阎家店村。据阎家店村村民阎家桂（男，91 岁）介绍，今阎家店村内的大街就是在以前老官道的基础上加固拓宽而成。

---

① 参见康熙《黄县志》卷 2《建置志·坊表》，清康熙十二年刻本，第 16 页 a。

② 参见嘉靖《山东通志》卷 22《古迹》，《天一阁藏明代方志选刊续编》，上海书店 1990 年影印本，第 52 册，第 63 页。

③ 《齐乘》卷 4《考证·城郭》，中华书局 2012 年校释本，第 436 页。

④ 《续山东考古录》卷 11《登州府沿革上·黄县》，清咸丰元年刻本。

⑤ 泰昌《登州府志》卷 6《地理志二·古迹》，明泰昌元年刻本，第 66 页 a；嘉靖《山东通志》卷 22《古迹》，《天一阁藏明代方志选刊续编》，上海书店出版社 1990 年影印本，第 52 册，第 63 页。

⑥ 乾隆《黄县志》卷 2《疆域志·古迹》，清乾隆二十一年刻本，第 8 页 a；康熙《黄县志》卷 1《古迹》，清康熙十二年刻本，第 8 页 a。

⑦ 光绪《增修登州府志》卷 4《古迹》，《中国地方志集成·山东府县志辑》，凤凰出版社 2008 年影印本，第 48 册，第 60 页下栏。

⑧ 同上。

⑨ 参见《徐福籍贯学术研讨会纪要》，载山东省龙口市史志编纂委员会编《龙口市志》，齐鲁书社 1995 年版，第 873—874 页。

图5-9　阎家店村内的古驿道原址旁历史悠久的民宅

虽未能确定建造的具体年代，但此民宅的建筑样式与前文所述的《朝天图·黄县图》所描绘的麻姑庙在外观上较为相似。

　　据相关方志记载，[1] 黄县西五十里的界首铺名称变化和沿革如下：（明末—1817年）界首铺，属黄县乾山都官庄社→（1817—1917年）界首铺、阎家店，属黄县第二十二区→（1930—1943年）阎家店，属黄县第十区→（1948年）阎家店，属黄县龙南区→（1953年）阎家店，属黄县七区阎家店乡→（1958年）阎家店，属黄县阎家店人民公社→（1970年）阎家店，属黄县海岱人民公社→（1986—1992年）阎家店，属龙口市海岱镇→（2001年）阎家店，属龙口市黄山馆镇→（2005年至今）阎家店村，属龙口市龙港街道。

　　此外，孟健告诉笔者，以前的驿道经过阎家店村后，会经过今龙口市龙港街道大泊子村的村南。大泊子村东距黄县县城26千米，因村西侧有一水泊，[2] 取名大泊子村。大泊子村的村民，现已整体搬迁至黄山

---

　　① 参见泰昌《登州府志》卷6《地理志二·乡都》，明泰昌元年刻本，第41页a；嘉庆《大清一统志》卷173《登州府》，上海古籍出版社2008年影印本，第439页；龙口市人民政府地名办公室编《山东省龙口市地名志》，1992年，第9—59、139页。

　　② 曲长征：《龙口市村庄志》，农业出版社1991年版，第942页。

馆新安新区。在孟健的带领下我们找到了位于旧大泊子村村南古驿道。据实地考察，此段古驿道呈东西走向，路面为夯土路面。因道路两旁的农田侵占，路宽约两米，长度约1千米。大泊子村1930年属大泊子乡，1936年属环海乡，1945年属黄山区，1953年属臧格庄乡，1958年属阎家店人民公社臧格庄管理区，1966年属黄山人民公社，1984年属黄山馆乡，1989年至今，属黄山馆镇。

图5-10　龙口市龙港街道大泊子村村碑

图5-11　大泊子村南侧的驿道原址

第四节　黄山驿（黄山驲、黄山馆）

> （六月）初八日，晴。发黄县，未时，到黄山驿，六十里，以
> 夫马之故留宿。驿里有士人赵逢吉、刀学伊来见馆舍。行揖毕，
> 问："北京前路，有明经秀士否乎？"旁有一年少人应声言，此乃
> 其人，何必求他云。译官不能言，无以酬酢，可叹。辞出后，两人
> 送酒、肉、卤鸡、子鱼、卵等物，以白纸、笔、扇答礼。
>
> ——吴允谦《海槎朝天日录》

上文是天启二年（1622）六月八日来程时，朝鲜使臣吴允谦夜宿黄山驿留下的记载。六月八日，吴允谦一行自黄县城出发，下午两点左右到达黄县黄山驿，即黄山馆驿。一般而言，朝鲜使臣到达黄山馆驿要更换驿马和役夫，前往莱州府掖县朱桥驿，但因黄山馆暂时不能解决役夫与车马的问题，吴允谦一行只能留下住宿。在驿馆内两位明朝儒生——赵逢吉、刀学伊前去拜访吴允谦，询问吴允谦，在前往北京的使团中是否有通晓儒家典籍之人。因旁边的少年语出不谦之言，认为朝鲜使臣中并无满腹才学的人，这让朝鲜使臣团的译官和吴允谦无法与两儒生进行更为深入的交流。两儒生与吴允谦辞别后，为吴允谦送去了酒、肉、卤鸡、鲻鱼（俗称乌头、彼时黄县应季海鲜）、鸡蛋等丰盛的食物。作为答谢，吴允谦也赠送给两位儒生朝鲜的土产——纸、笔、扇等礼物。这从侧面说明两个问题：其一，朝鲜文人或朝鲜使臣熟知各儒家经典，这样的认知应当广泛地存在于当时登州府知识分子阶层之中。换言之，两位儒生想与吴允谦进行更为深入的交谈，但因旁人的唐突，并未实现。为表歉意，两人辞别后，为吴允谦送去价值不菲且丰盛的食物。其二，同属汉字文化圈的朝鲜使臣也非常希望同明朝熟读儒家经书的知识分子进行交流。因未能实现，心中对此深感惋惜。故在收到两位明朝儒生的厚礼后，吴允谦将朝鲜的特产作为回礼，赠送给二人。换言之，儒家经典和汉字为两国知识分子的文化认同和无障碍交流架起了桥梁。

赵濈在《燕行录一云朝天录》的归程中记载："（三月）十八日，

壬申，晴。早发，过新城千户所，到黄山馆中火，自此沿海而行海近五
里。夕，到黄县宿。今日行一百二十里。"① 即，天启三年（1623）三
月十八日，赵溅一行从莱州府掖县朱桥驿出发，途经掖县与招远县交界
的新城千户所（今莱州市新城镇新城村，相关内容在后文详述），在黄
山馆内午休用饭。此后沿距海五里的驿道向黄县而行，在日落时分，到
达黄县。赵溅在途经黄山馆时，留有《黄山馆》一诗，诗中主要表达
了作者的思乡之情。

黄山馆

黄山馆里客来投，古驿萧条古木稠。

青鱼却似吾乡味，白酒堪消易地愁。

东枕沧溟波浩浩，西连京国路悠悠。

明到登州嗟不晚，天教风便稳归舟。

——赵溅《燕行酬唱录》

　　首联是说作者一行完成使行任务，自北京返程，入宿黄县黄山馆。
阳春三月，历史悠久的黄山馆驿略显冷清，但驿馆内的古树却枝叶繁
茂。据泰昌《登州府志》记载，② 黄山馆驿始建于明洪武九年（1376），
弘治元年（1488）知县范隆增建驿馆后厅。在赵溅途经黄山馆的天启
三年（1623），黄山馆驿的历史已有二百四十余年。颔联是讲在黄山馆
内所吃青鱼的味道与家乡的味道相似，心中不禁泛起思乡之愁。青鱼为
黄县物产之一。赵溅原籍朝鲜扬州府丰壤县人，今韩国京畿道南扬州市
人。因丰壤县距海相对较近，故青鱼可能为赵溅常食之物。颈联是说黄
山馆驿靠近海边，远望大海，波光粼粼。横穿黄山馆驿的驿道向西连接
着明朝的京师，诗人回想往来京师的使行之路，顿生长久之感。京国，
京城。尾联是说明天就可以到达登州城了，但愿海路归途能够一帆风
顺。朝鲜使臣金尚宪亦在黄山馆内留有《黄山驿晓坐闻雁，寄先行诸

---

① ［朝鲜］赵溅：《燕行录—云朝天录》，［韩国］林基中编《燕行录全集》第12册，韩
国东国大学出版部2001年版，第427页。

② 参见泰昌《登州府志》卷5《地理志一·官署》，明泰昌元年刻本，第13页a。

君子》一诗，诗中表达了漫漫之夜的孤寂与思乡之情。

黄山驿晓坐闻雁，寄先行诸君子

（驿在黄县）

青灯照壁夜漫漫，旅思乡心着睡难。

何处孤鸣失群雁，一声凄断晓风寒。

——金尚宪《朝天录》

此诗写于崇祯元年（1628）九月八日，主要是说油灯的光线闪映在驿馆的墙壁上。漫漫长夜让作者心中充满了对故里的思念，辗转反侧，难以入眠。这时忽然听到"失群"之雁的"孤鸣"，这样的声音在拂晓的寒风之中，显得凄绝异常。如前文所述，崇祯元年（1628）八月，圣节兼陈奏使臣团正使金尚宪、书状官金地粹和冬至使臣团正使金南雄一同到达登州，但金地粹和金南雄分别先于金尚宪出发，故金尚宪在诗题中有"寄先行诸君子"的表述，这也是为何金尚宪在听到孤雁独鸣时，顿觉凄凉之感的原因。此外，在途经此段驿道时，金尚宪还留有名为《九日黄山途中感怀》一诗。金尚宪在九月八日夜宿黄山馆驿后，于九月九日前往莱州府掖县朱桥驿的途中写下了此诗。

九日黄山途中感怀

佳节重阳客里逢，故园回首海天东。

鱼书雁帛来无寄，菊佩萸囊倒并空。

江郡白衣穿五柳，龙山醉帽落西风。

征途苦乐谁相问，尽日驱车逐转蓬。

——金尚宪《朝天录》

首联是讲离乡在外恰逢九九重阳节这样一个美好的时节，在黄山回首海天的东尽头。客里，离乡在外期间。故园，故乡，这里并非指朝鲜故乡，而是指黄县的黄山馆驿。颔联是说自故国西来的大雁并未带来家书，身上打算盛放菊花和茱萸的口袋空空如也。鱼书和雁帛指书信。朝鲜亦有重阳节赏菊、登高、插茱萸的习俗。在今韩国，重阳节亦称为菊花节、重九节、赏菊日等。颈联中的江郡，指江郡刺史王弘，此处泛指黄县的官吏。白衣，特指送酒的吏人。五柳，指陶潜（陶渊明）家宅外的五棵柳树。"江郡白衣穿五柳"典出南朝檀道鸾《续晋阳秋》："王弘为江州刺史，陶潜九月九日无酒，于宅边东篱下菊丛中，摘盈把，坐其侧。未几，望见一白衣人至，乃刺史王弘送酒也。即便就酌而后归。"①"龙山醉帽"典出《晋书》："九月九日，温燕龙山，僚佐毕集。时佐吏并著戎服。有风至，吹（孟）嘉帽堕落，嘉不之觉。温使左右勿言，欲观其举止。嘉良久如厕，温令取还之，命孙盛作文嘲嘉，著嘉坐处。嘉还见，即答之，其文甚美，四坐嗟叹。"②后世常用"龙山醉帽、孟嘉落帽"等赞扬文人名士的宽宏大度，随性洒脱。颈联讲不知在此佳节，黄县的官员是否遣人送来菊花酒，让作者在劳顿的使行途中，像龙山上喝醉的孟嘉一样，暂时享受片刻随性洒脱之闲暇。尾联是讲使行途中所经历的苦与乐向谁去诉说，其中的酸甜只有自己知道，只能终日驱赶着马车，奔波于漫漫的使行路上。转蓬，语出《后汉书》："上古圣人，见转蓬始知为轮"③，随风飘转的蓬草。

此外，笔者在翻阅相关方志的过程中，发现同治《黄县志》卷十二《艺文志上》中收录了《黄山馆》一诗。在诗题的自注中记述，"崇贞末，地翠来贡，由登州航海归国过此（黄山馆驿）。金地翠，朝鲜人"④。虽然时间上，将"明天启六年（1626）"误记为"明崇祯末年"；人名上，将"金地粹"误记为"金地翠"，但据"（经登州）来贡""朝鲜人"的记述可以推断，出现在同治《黄县志》记录中的"金地翠"正是明天启六年，作为圣节兼陈奏使臣团书状官的"金地粹"。此诗并未收录在金地粹个人文集《苔川集》中，抑或金地粹所著的《朝天录》之中。据正使金尚宪的《九日黄山途中感怀》一诗，金地粹应是在天启六年九月初途经黄山馆驿前往北京，于天启七年（1627）春，自北京返程途中，经过黄山馆驿时写下了《黄山馆》一诗。此诗主要表达了金地粹对岁月的流逝和漫漫使行路的感叹

---

① （南朝）檀道鸾：《续晋阳秋》，清顺治三年刊本。
② 《晋书》卷98《列传第六十八·孟嘉》，清乾隆武英殿刻本，第30页a。
③ 《后汉书》卷119《志第二十九·舆服上》，百衲本景宋绍熙刊本，第4页a。
④ 参见同治《黄县志》卷12《艺文志上》，清同治十年刻本，第24页。

以及对故里的思念之情。

黄山馆

> 绿草原头归路赊，王孙作客送年华。
> 谁家有酒邀人醉，处处春风杨柳花。

前两句是说原野之上草色青青，但回国的路途依旧很漫长。与诸位君子一同往返于这异国他乡的使行路上，共同度过这难忘的时光。原头，原野；田头。赊，时间长久。作客，寄居异地。后两句是讲"谁家有酒"能够邀请我这异国的过客？驿道两旁的杨柳花随着春风不断地摇曳着。

这里需要注意的一点，即为何在途经黄山馆，即黄山馆驿时，朝鲜使臣所作的诗都带有浓浓的思乡之情？如果说，金尚宪是因为在九九重阳节的时候经过黄山馆驿，有感而发，那为何会有李民宬《黄山驿途中有感》的"殊邦忽讶乡山近"，赵濈《黄山馆》的"青鱼却似吾乡味，白酒堪消易地愁"，金尚宪《黄山驿晓坐闻雁，寄先行诸君子》的"旅思乡心着睡难"，金尚宪《九日黄山途中感怀》的"故园回首海天东"？长时间的使行不可避免地会产生思乡之情。但原因不仅如此。在彼时的朝鲜同样有一处驿站称为黄山驿，还有一座山称为黄山。换言之，黄山馆驿简称黄山驿，唤起了朝鲜使臣心中对故乡的思念。这也是大部分朝鲜使臣称黄山馆驿为黄山驿的原因。朝鲜时期的黄山位于庆尚道，"一云黄梅山，（山阴县）东北五十里——三嘉境"①，今为韩国庆尚南道陕川郡的黄梅山。黄县的黄山在县西南六十里，"与招远接界，黄山驿之名本此，亦名鲁基山"②。黄县的黄山驿与朝鲜的黄山驿相同，皆因黄山而得名。黄县的黄山，为今招远市西北张兴镇境内的黄山。位于黄县西六十里。背靠黄山的黄山馆驿始建于明洪武九年（1376）。朝鲜使臣金德承在《天槎大观》中称黄山馆驿"闾阎极侈"③。崇祯五年

① ［朝鲜］古山子编：《大东地志》卷8《庆尚道》，韩国首尔大学奎章阁藏本。

② 同治《黄县志》卷1《疆域志·山川》，清同治十年刻本，第6页a。

③ ［朝鲜］金德承：《天槎大观》，《少痊公文集》卷2，韩国国立中央图书馆藏本第25页a。

毁于兵火，知县任中麟重建，久颓废，嘉庆十八年知县周隽复建。从清同治年间开始，黄山馆驿亦称为（黄山）公馆，为"大吏往来驻节之

图 5 – 12　黄山馆驿的原址所在地

龙口市黄山馆镇黄山新安西区。

图 5 – 13　笔者一行与孟健在龙口市黄山馆镇政府
前合影留念

所"①。据孟健介绍，位于黄山馆城西外的黄山馆驿，伴随交通的日益发达，于清光绪二十九年（1903）被废止，存在了500多年。此外，据孟健讲述，在其幼年时黄山馆曾有一条一里多长的大街，当地人称为黄山馆老街。老街呈东西走向，两头各有一高大雄伟的城门，大街两侧店铺林立，门庭如市。大街的路面是用一些旧石磨盘铺成，在石磨的表面留有两道深沟。这些深沟是几个世纪以来，往来的木轮铁瓦大车辗出的车辙。现皆已无存。虽然黄山馆驿早已消失在历史的长河之中，但是在孟健的带领下，笔者一行找到了明清黄山馆驿原址，即今龙口市黄山馆镇的黄山新安西区。

据相关方志的记载②和孟健的讲述，黄县西六十里的黄山馆驿的名称变化和沿革如下：唐初，有一部分垦荒者来到黄山馆安家落户。宋代时，在黄山馆内落户者逐渐增多，形成一定规模的村庄。最早自元末起，始有"黄山馆"一名。从明初至清末，黄山馆之名未曾变更，隶属于黄县乾山都黄山馆社。清同治十年（1871），黄山馆被分为黄山馆东北村、黄山馆东南村、黄山馆西北村、黄山馆西南村，属黄县乾山都黄山馆社。1917年，黄山馆亦为东北、东南、西北、西南四村，属黄县第二十三区。1930年，黄山馆亦为四村，属黄县第十区。1948年，黄山馆亦为四村，属黄县黄山区。1953年，黄山馆亦为四村，黄山馆东北村和黄山馆西北村属黄县第七区馆北乡。黄山馆东南村和黄山馆西南村属黄县第七区馆南乡。1958年，黄山馆亦为四村，属黄县阎家店人民公社。1966年，黄山馆东北村、黄山馆东南村、黄山馆西北村、黄山馆西南村分别简称为黄山馆一村、黄山馆二村、黄山馆三村、黄山馆四村，属黄县黄山人民公社。1981年，更名为黄山一村、黄山二村、黄山三村、黄山四村，属黄县黄山人民公社。1984年，黄山一村、黄山二村、黄山三村、黄山四村属黄县黄山馆乡，1989年属龙口市黄山馆镇。2013年，在黄山一村、黄山二村、黄山三村、黄山四村的范围

①　光绪《增修登州府志》卷9《公署》，《中国地方志集成·山东府县志辑》，凤凰出版社2008年影印本，第48册，第82页下栏。

②　参见泰昌《登州府志》卷6《地理志二·乡都》，明泰昌元年刻本，第41页a；嘉庆《大清一统志》卷173《登州府》，上海古籍出版社2008年影印本，第439页；龙口市人民政府地名办公室编《山东省龙口市地名志》，1992年版，第9—59、139页。

内，建设黄山新安东区、黄山新安南区、黄山新安西区，亦属龙口市黄山馆镇。今为黄山一村、黄山二村、黄山三村、黄山四村、黄山新安东区、黄山新安南区、黄山新安西区，属龙口市黄山馆镇。

此外，李德泂《朝天录一云航海日记》、吴翿《燕行诗》、洪翼汉《花浦先生朝天航海录》中还提到在登州府黄县境内时，经过"陈仲子旧庄"。陈仲子，齐国人，"以兄之室，为不义之室而不居。辟兄离母处于于陵，身织屦，妻辟纑以易其食。齐国称廉士"①。"于陵城，在长山县西南，即汉于陵县。又长白山阿有石室，皆称陈仲子所居。"② 陈仲子曾居于汉时的于陵县，即明代济南府长山县境内。这与赵濈《燕行录一云朝天录》中关于"陈仲子"的记载相一致，即"（十月）二十日，晴。三十里过张店，四十里中火于店，舍乃青州益都，县西北九十里也。入长山县界，郭外五里有陈仲子故里，里有一井，匍匐食螬、李之处耶。墓亦在不远之地"③。作为谢恩使兼奏请使臣团的正使李德泂、副使吴翿、书状官洪翼汉等人在天启四年（1624）一同从登州出发赴京。吴翿与洪翼汉仅提及经过"陈仲子旧庄"，但李德泂在《朝天录一云航海日记》中有更为详细的记载："（九月）十三日，宿黄山驿。所经有陈仲子旧庄、麻姑仙迹、卢仙故里，各立红门，刻以某所居云，我国人惟能读古书者但知某为某代人而已。"④ 这说明朝鲜使臣应当是亲眼所见刻有"陈仲子旧庄"的红门，即坊表。换言之，仅依三位使臣的记载，不能推断明末从黄县县城至黄县的黄山馆驿之间的驿道旁曾立有"陈仲子旧庄"红门，但查阅各时期黄县方志都没有发现相关记载，待考。

综前所述，按照明代的称谓，朝鲜使臣自黄县城至黄山馆驿，所经地名依次为1."古士乡城"坊表（古士乡城、九里店铺）；2."卢仙

---

① 《明一统志》卷28，清文渊阁四库全书。

② 嘉靖《山东通志》卷28《人物一》，《天一阁藏明代方志选刊续编》，上海书店出版社2014年影印本，第52册，第293页。

③ ［朝鲜］赵濈：《燕行录一云朝天录》，［韩国］林基中编《燕行录全集》第12册，韩国东国大学出版部2001年版，第297—298页。

④ ［朝鲜］李德泂：《朝天录一云航海日记》《竹泉遗稿》，载［韩国］曹圭益《朝天录一云航海日记》，《韩国文学与艺术》2008年第2辑，韩国崇实大学韩国文学与艺术研究所，第310页。

胜迹"坊表（卢仙古里、卢仙遗踪、卢仙故里、芦仙故里、南栾铺）；3. 稚乃河（南栾河）；4. "北马重镇"坊表（北马铺、北马镇、北马镇铺、北马店、白马铺）；5. "麻姑仙里"坊表（麻姑故里、麻姑仙迹、官庄铺）；6. 广河（界首河）；7. 徐卿城（"徐侯封境"坊表、界首铺）；8. 黄山驿（黄山驲、黄山馆、黄山馆驿、黄山）。按照考证及实地考察，现在的称谓，依次是 1. 龙口市东江街道九北村与九南村；2. 龙口市芦头镇前栾村；3. 龙口市南栾河；4. 龙口市北马镇北马五村（北马西村、北马南村、北马东南村、北马北村、北马东北村）；5. 龙口市龙港街道处官道丁家村；6. 龙口市八里沙河；7. 龙口市龙岗街道阎家店村；8. 龙口市黄山馆镇黄山新安西区。此外，据实地考察和采访记录，自黄县城至黄山馆驿，依现代地名，朝鲜使臣还曾途径龙口市龙港街道大泊子村。

第六章　黄县黄山馆驿至莱州府
掖县东界

　　（六月）初九日，晴。自黄山（发行），酉时到朱桥，六十里。黄山以后，村舍尤似稠密，园林果木比黄县以前尤佳，官道尚沿海汀矣。

——吴允谦《海槎朝天日录》

　　依吴允谦的记载，自黄县的黄山馆驿出发，途经招远县北部时，看到"村舍尤似稠密，园林果木比黄县以前尤佳"，且此时的驿道依旧沿着海边延伸。此外，朝鲜使臣吴翻、申悦道、金尚宪三人亦留下了描写此段路途的诗作。虽诗的题目对此并未明确说明，但在诗中亦描写了此段路途的所见所想，故在此处予以收录。

朱桥驿

路出东牟县，秋残一夜间。

风沙行旅苦，场圃老农闲。

溪入平芜净，云随众鸟还。

谁知开眼处，一发露神山。（莱州山名）

——吴翻《燕行诗》

　　《朱桥驿》是吴翻在来程时，描写登州府黄县黄山馆驿至莱州掖县朱桥驿的场景。吴翻是天启四年（1624）谢恩兼奏请使臣团的副使。结合正使李德泂的《朝天录—云航海日记》和书状官洪翼汉的《花浦先生朝天航海录》中的记载，吴翻是天启四年九月十四日清晨自黄山

图6-1　寒同山远眺

馆驿出发，途经登州府招远县北部，在招远县和掖县交界的新城堡，即新城稍作休整后，落日时分到达朱桥驿。"路出东牟县，秋残一夜间"是说诗人一行沿着驿道离开了黄县，沿途两旁一夜之间就变成了萧条衰败的景象。黄县在元、魏时，属东牟郡，且在黄山馆驿西侧的界河东岸曾有安璥所说的"东牟首邑"的坊表。吴翻应是见到了此坊表，故在此将黄县称为东牟县。"风沙行旅苦，场圃老农闲"是讲与作者使行劳顿之苦形成对比的是园圃内老农夫的悠闲。"溪入平芜净，云随众鸟还"是说溪水流入平旷的原野，天空中的白云随着鸟儿南归而去。平芜，指草木丛生的平旷原野，语出南朝梁江淹《去故乡赋》"穷阴匝海，平芜带天"①。"谁知开眼处，一发露神山"是说在听到译官说前方进入莱州府界时，吴翻猛然抬头，看见远处模糊的莱州神山。一发，形容远山微茫。据民国《四续掖县志》记载："大基山在（掖县）城南二十里，掖水发源，古名掖山。……山脉南出为寒同山，即神山，为光水所发源。"②吴翻所说的神山，为大基山的支脉——寒同山，即今莱州

① 《江文通集》卷1《赋》，《四部丛刊》景明翻宋本，第2页b。
② 民国《四续掖县志》卷1《山川》，民国二十四年铅本，第19页。

市云峰山风景区内的寒同山。

自黄县黄山馆驿至莱州府掖县东界的路程中，朝鲜使臣所记载的地名整理如下：溪河、东牟首邑、新城（新店、新城千户所、新城堡、新城铺、新城店）。

第一节　"东牟首邑"坊表、溪河

安璥在《驾海朝天录》中记载，在天启元年（1621）七月五日，自登州府黄县城至莱州府掖县朱桥驿的行程中，还途经"东牟首邑"坊表。康熙《黄县志》记载，①"东牟首邑"坊表位于界河东崖。因元、魏时，黄县、蓬莱皆属东牟郡，故"东牟"一词常被用作黄县、蓬莱、登州的代称。界河，位于黄县西六十里，招远地界也，发源黄山北分水岭，由黄山馆西入海。即，"东牟首邑"坊表位于黄县西南六十里——登州府黄县和招远县交界的界河东岸。因年代久远，"东牟首邑"坊表的原址早已无处可考。因黄山馆镇境内的老烟潍公路，即今 G206 国道

图 6－2　位于 G206 国道——界河东岸的"龙口界"标识牌

---

① 参见康熙《黄县志》卷2《建置志·坊表》，清康熙十二年刻本，第16页 b。

是在古驿道原址之上修建的，故笔者一行找到了位于 G206 国道和龙口
市界河交汇处的"龙口界"标识牌，此界牌正好也位于界河的东侧。

> 黄山驿属黄县，自黄山，西至朱桥驿，六十里程也，行五里，
> 涉溪河，旱则干，潦则发源。
>
> ——郑斗源《朝天记地图》

郑斗源在《朝天记地图》中也有关于黄山馆驿的记载。依郑斗
源的记述，溪河位于黄山馆驿西侧五里，是季节性河流。此河为界
河，亦称东良河，"在（黄县）县西六十里，乃招、黄地界也。发源
黄山北分水岭，至馆西入海"①。换言之，郑斗源所说的溪河即明末泰
昌《登州府志》中记载的界河，今亦称界河。据《山东省龙口市地名志》

图 6-3 位于黄山馆驿原址西侧——G206 国道之上的界河大桥

---

① 泰昌《登州府志》卷 6《地理志二·山川》，明泰昌元年刻本，第 16 页 a；道光《招
远县续志》卷 1《山川》，清道光二十六年刻本，第 6 页 b。

记载，① 界河位于龙口市西南与招远市交界处，发源于招远市城区西南11.5千米的尖山南麓，流经黄山馆镇西南界入渤海。全长44.5千米，龙口市与招远市交界段长4千米，河宽平均100米，总流域面积572.5平方千米，属季节性河流。

第二节　新店②

在黄山馆驿夜宿后，朝鲜使臣会穿越招远县北部，前往莱州府掖县的朱桥驿。明代的招远县，即今天的招远市。据相关方志记载，③ 招远，古莱子国，《禹贡》："青州之域。"春秋时，齐侯迁莱国至倪地，始属齐国，汉为曲成县，属东莱郡。晋改东莱郡为东莱国。元魏时属光州。隋代属青州部。唐代为掖县罗峰镇，属河南道莱州。自金代起，始置招远县。明代属山东布政使司莱州府，洪武九年升登州为府，割莱州府之招远县、莱阳县属登州府。1913年属山东省胶东道，1925年改属东海道，1928年直隶山东省。1950年1月1日，合并招远、招北县，称招远县，属北海区。1950年5月，属山东省莱阳专区。1958年11月，属烟台专区。1983年11月，改为烟台市管辖。1992年，撤县设市，归山东省直辖，由烟台市代管。

关于招远县北部途经地的记载，朝鲜使臣几乎没有提及。除了在赵濈《燕行录一云朝天录》中记述途经招远县北部时，"行路甚艰"④ 外，朝鲜使臣对此再无更为详细的记载。关于招远县北部海滨地区的地形，顺治《招远县志》记载："《史记·夏本纪》：'海滨广泄，厥田斥卤'；《元中纪》：'天下之强者，东海之恶焦焉'；《太平寰宇记》：'土疏水阔，山高水深'；《元志》：'负海潟卤，其地瘠薄，蚕谷少，人民寡'；

---

① 参见龙口市人民政府地名办公室编《山东省龙口市地名志》，1992年版，第289—290页。

② 使行文献中亦记载为新城、新城千户所、新城堡、新城铺、新城店。

③ 参见山东省招远县志编纂委员会编《招远县志》，华龄出版社1991年版，第56—57页；顺治《招远县志》卷1《沿革》，清道光二十六年刻本，第9—10页。

④ "（十月）十一日，晴。行路甚艰，二十里到新城中火。新筑镇海城，置守备一人，以察海路者也。"［朝鲜］赵濈：《燕行录一云朝天录》，［韩国］林基中编《燕行录全集》第12册，韩国东国大学出版部2001年版，第290页。

《郡志》：'路多险阻，田半冈渠'。"① 即招远县北部多为近海的盐碱地，土地贫瘠，人烟稀少，且驿路多险阻，故朝鲜使臣并未详细记载此段驿道。故只能通过明代方志中急递铺的记载，推测朝鲜使臣的使行路线。

关于登州府招远县急递铺，泰昌《登州府志》记载："抵掖县，曰石城（石城斻）、曰钟离、曰老翅、曰马阜、曰曲城、曰湖汪、曰宅上、曰王徐。"② 距海较远且连接登州府与莱州府的招远县县城，与东北方向的黄县界、西北方向的掖县界呈倒三角之势，因此急递铺的分布与蓬莱县和黄县不同，呈放射状。处于朝鲜使臣经过的北部驿道上的急递铺为：湖汪铺、宅上铺、王徐铺。湖汪铺今为招远市辛庄镇湖汪村。宅上铺今为招远市辛庄镇宅上村。此外，朝鲜使臣亦会经过位于蓬莱县与黄县交界处的东良巡检司，即今招远市辛庄镇东良村。

图 6-4   招远市辛庄镇湖汪村村碑

① 顺治《招远县志》卷1《疆域》，清道光二十六年刻本，第12页。

② 泰昌《登州府志》卷5《地理志一·官署》，明泰昌元年刻本，14页 b。

图6-5　宅上村村碑

图6-6　招远市辛庄镇东良村的牌坊

　　王徐铺，即朝鲜使臣记载的新店（新城店）、新城、新城千户所、新城堡、新城铺。明洪武初年，倭寇大肆侵犯中国沿海地区，中国国内的地方军事割据残余势力勾结倭寇，亦不断侵入中国的沿海区域，"北自辽海、山东，南抵闽、浙、东粤滨海之区，无岁不被其害"①，山东沿海地区亦深受其害。对此，明洪武时期，军事上实行"卫所制度"②，在中国沿海地区设立了卫、所、寨、巡检司等相应的军事机构。明洪武、永乐年间，在莱州府境内设三卫八所七巡检司十六寨一百四十七墩堡。具体而言，明洪武二年（1369）置莱州卫，③ 明洪武二十三年（1390），莱州卫下设王徐寨、马停寨、灶河寨、马步寨、柴胡寨。④ 据朝鲜使臣赵濈的记载，⑤ 新城是千户所，为明代"新筑镇海城，置守备⑥一人，以察海路者也"，守备"手下兵六百余人"。这说明，朝鲜使臣在天启三年（1623）至崇祯元年（1628）之间，经过的"新城"应为卫所——千户所。与此相符的卫所为明代的莱州卫王徐寨。"王徐寨，在掖县东北八十里，城周二里。明初置百户所，嘉靖中改千户所。"⑦ 千户所，顾名思义，所辖军户以千为计数单位。王徐寨在当时的村镇中规模应不会很小。但是，明中期以后，中国北部沿海尤其是山

---

　　① （清）谷应泰：《明史纪事本末》卷55《沿海倭乱》，中华书局1977年版，第843页。

　　② 卫所制度包括卫、所、寨、司四级机构。"卫"是最高级别的军事单位，有固定的防卫区域，建有城池，筑有坚固的城墙，内屯重兵，兵民一体，由军事长官统一指挥，其下设所。"所"是次一级的军事单位，分布于沿海要害之地，归"卫"管辖，大所则称为直隶所。卫和所是海防建制中最主要的军事单位。沿海卫所的选址大多都面临大海，直接控扼海口，进可出击，退可守御，由此成为海防体系中的核心壁垒。"寨"是比"所"更小的兵营。"司"指巡检司，一般设于沿海村镇之间的空旷地带，通常只设少数弓兵，分区沿海岸线巡弋海疆。如果发现情况，便点燃烟墩，传报给卫所守军。卫、所、寨、司以点连线，大小呼应，构成紧凑的海上壁垒，形成了严密的海防体系（刘焕阳、陈爱强：《胶东文化通论》，齐鲁书社2015年版，第202页）。

　　③ 《明实录·明太祖实录》卷39，洪武二年二月壬辰，台湾"中研院"历史语言研究所1962年校印版，第799页。

　　④ 参见山东省莱州市史志编纂办公室编《莱州市志》，齐鲁书社1996年版，第11页。

　　⑤ 参见［朝鲜］赵濈《燕行录一云朝天录》，［韩国］林基中编《燕行录全集》第12册，韩国东国大学出版部2001年版，第290页。

　　⑥ "总镇一方者为镇守，独镇一路者为分守，各守一城一堡者为守备，与主将同守一城者为协守。又有提督……备倭等名。"（《明史》卷67《职官志五》，中华书局1974年版，第1866页）

　　⑦ 嘉庆《大清一统志》卷138《莱州府》，上海古籍出版社2008年影印本，第482页。

东沿海地区的卫所缺伍现象日趋严重，[①] 于是出现了手下仅六百余兵的千户所。

明洪武十八年（1385），因抵御倭患，莱州府掖县在县城北海岸，筑备倭城一座。[②] 民国《四续掖县志》记载："新城即备倭城。前为王徐寨，今属新城乡新城村。"[③] 缘明时海防筑城备倭，旧址在张家乡张家村北海岸，因风沙所尘，遂移城于王徐寨，故名新城，然久亦日倾倒圮。据此，王徐寨的称谓应当早于备倭城，即明洪武年间。由于备倭城筑海岸边，为风沙所侵，遂移城于王徐寨，故名新城，但何时移城并未言明。乾隆《掖县志》记载："备倭城，朱桥北二十里，俗呼新城，与招远接界。"[④] 万历《莱州府志》记载："朱桥驿在县东北六十里。"[⑤] 换言之，朝鲜使臣所经过的新城，即王徐寨（备倭城），应在东北八十里，处于莱州府的掖县与登州府的招远县的交界处。虽朝鲜使臣未留有关于新城的诗作，但是借助清代乾隆年间招远县县令李芝[⑥]的《新城观海》一诗，可以还原出彼时朝鲜使臣途经新城时所见到的壮美景象。

新城观海[⑦]

邑侯　李芝

百谷趋东溟，元涛逼青汉。

奇观昔有志，濆洞今骇见。

大欲占地尽，远恐浸星烂。

波浮日月出，浪混阴阳乱。

---

① 赵树国：《明代北部海防体制研究》，山东人民出版社 2014 年版，第 239—245 页。

② 山东省莱州市史志编纂办公室编：《莱州市志》，齐鲁书社 1996 年版，第 10 页。

③ 民国《四续掖县志》卷 1《古迹》，民国二十四年铅本，第 36 页 b。

④ 乾隆《掖县志》卷 2《海防》，清乾隆二十三年刊本，第 82 页 b。

⑤ 万历《莱州府志》卷 5《驿传》，民国二十八年永厚堂重刊本，第 20 页 a。

⑥ 李芝（生卒年不详），字端五，号吉山，富顺人。乾隆三年（1738 年）举人，十三年（1748）三甲第二十一名进士，任山东招远县知县，后调任湖北枝江、宜都知县，罢官回籍，四十一年（1776）与段玉裁合纂《富顺县志》，并任学易书院山长，著有《俟秋吟诗》《鸿爪集诗》《贤己堂文集》等。（四川省地方志编纂委员会编《四川省志》，四川科学技术出版社 2003 年版，第 66 页）

⑦ 道光《招远县续志》卷 4《艺文续》，清道光二十六年刻本，第 26 页 a。

岛惊巨鳌驾，烟看游蜃幻。

苍茫上下同，瞬定不可辨。

我来欣初霁，万里空青现。

淳为五色璃，碧叠千层练。

微微凉飙至，烈烈饥蛟战。

潮音大千涌，口噤发瞻健。

向晚波平贴，天容开新面。

临风揖安期，三山渺莫晌。

——道光《招远县续志》

　　王徐铺，今为莱州市金城镇新城村。据朝鲜使臣和相关的方志记载，[①] 王徐铺的名称变化为：（明初）王徐寨→（明中期）备倭城、王徐寨→（明末）王徐铺、王徐、新店（新城店）、新城、新城千户所、新城堡、新城铺→（1748 年）新城、王徐铺、王徐→（1928—1931年）新城、王徐→（1933 年至今）新城。王徐铺具体的沿革为：明清时期，招远县和掖县各管辖王徐乡（王徐寨、王徐铺所在地）一部分→1928—1931 年，属招远县五区→1933—1938 年，属招远县第七区新城乡→1941 年，属莱州掖县→今属莱州市金城镇。

　　在途经登州府招远县新店后，朝鲜使臣将穿越登州府招远县与莱州府掖县交界，进入莱州府境内。据今招远市官道村村民苏振刚（男，65 岁）介绍，以前的老官道（古驿道）从官道村的东侧经过。烟潍公路，即今 G206 国道官道村段的路就是在以前老官道的基础之上，取直修筑。此外，因莱州市与招远市的交界线在 1941—1958 年变化较大，莱州府掖县东界的具体位置已无法考证。

---

　　① 参见万历《莱州府志》卷 3《城池》，民国二十八年永厚堂重刊本，第 2 页 a；乾隆《莱州府志》卷 5《兵防》，清乾隆五年刻本，第 4 页 b；光绪《增修登州府志》卷 13《海防·兵事》，《中国地方志集成·山东府县志辑》，凤凰出版社 2008 年影印本，第 48 册，第 144 页；山东省莱州市史志编纂办公室编《莱州市志》，齐鲁书社 1996 年版，第 67 页。

图 6-7　今莱州市金城镇新城村村口的坊表

图 6-8　招远市辛庄镇官道村村碑

图 6－9　位于 G206 国道上的"莱州界"标识牌

　　综前所述，按照明代的称谓，朝鲜使臣自黄县黄山馆驿至莱州府掖县东界，所经地名依次为 1. "东牟首邑"坊表；2. 溪河（界河）；3. 东良海口巡检司；4. 湖汪铺；5. 宅上铺；6. 新店（新城、新城千户所、新城堡、新城铺、新城店、王徐铺）。按照考证及实地考察，现在的称谓，依次是 1. 龙口市黄山馆镇界河东岸；2. 龙口市黄山馆镇界河；3. 招远市辛庄镇东良村；4. 招远市辛庄镇湖汪村；5. 招远市辛庄镇宅上村；6. 莱州市金城镇新城村。此外，结合实地考察，自黄县黄山馆驿至莱州府掖县东界，依现代地名，朝鲜使臣还曾途经招远市辛庄镇官道村。

结　　论

本书以明末朝鲜使臣的海路使行文献为主要研究对象，考察了海路使行路线中山东登州府段部分。首先，本书结合明代、清代、民国和现代方志，分析相应地名的历时性变化，确定对应的当今地名及具体区域，初步确定使行路线。其次，对于仅出现在使行文献而未出现在明代方志中的地名，本书以初步确定的使行路线为基础，爬梳古今方志中的相关记载，选定地名备选名单。最后，通过实地考察，进一步把握与使行文献记载地名相关的地形、风景、民俗等人文地理方面的信息，获取较为难得的一手资料。综合各途经获得的信息后，将其与使行文献中的相关记载进行比对和确认，选定备选名单中与使行文献记载地名相符的当今地名。在此过程中，对初步确定的使行路线再次进行确认和修正。最终，本书较为详细地还原并重构了明末朝鲜使臣海路使行中登州府段的具体路线。作为研究结论，本书制作了表1《明末朝鲜使臣海路使行登州府境内途经地地名变化》。

综合来看，使行文献中记载的途经地地名大致采用了当时中国国内通用的名称，但使用通假字或异体字标记的情况也不在少数。途经地方志中未曾记载时，通过随行译官与当地居民的交流或依据沿途写有汉字标识的坊表，朝鲜使臣也详细地记录了使行途经地名。当然，也会存在方志中记载了地名，但使行文献中仅简单地记载了某段路程的距离，而未涉及具体途经地名的情况。不仅如此，还有因明、朝之间的文化差异，朝鲜使臣在单向接受相关地名信息时，有时会按照当时朝鲜国内的惯例记载相关的地名，如将演武场或校场记录为"训练院"或"训练厅"等。

如上所述，本书再现了朝鲜使臣的使行轨迹及活动场景。并通过人文地理学的视角较为全面地介绍了明末朝鲜使臣海路使行沿途各地的风俗与民众生活的样貌、明末的政治形势、朝鲜使臣外交活动的场景、朝鲜使臣同明朝文人进行酬唱等文化交流的实况、朝鲜使臣对明朝较为真实的认知等。

　　本书中"朝鲜使臣中国活动空间再构"的研究成果不仅可以用在人文地理视角下使行文献的探究，还可以广泛地应用于今后有关使行文献的研究中。具体而言，本书的研究成果可以对以往侧重文献考证的历史研究进行补充；在艺术学、文化学、社会学、政治学、外交学、民俗学等诸多领域中，提供利用使行文献的新方式。此外，期待本书的研究成果成为各种媒体素材的来源或用于新旅游景区的开发等文化产业领域之中。

表 1　明末朝鲜使臣海路使行登州府境内途经地名变化

序号	明代地名（坊表名称）	使行文献中记载的地名（坊表名称）	方位	现代地名或原址所在处	地名变化
1	乌湖海、千里海、黑海	黄城洋、黑水海、黄城、千里海、黑海、黄城之海、皇城大洋	不详	老铁山水道	不详
2	黄城岛、鸣呼岛、半洋山	黄城、皇城、皇城岛、鸣呼岛、黄城岛	蓬莱县北海中二百五十里	北隍城岛	（唐、宋时）乌湖戍→（明初）鸣呼岛、黄城岛、或半洋山→（明末）皇城岛、漠岛、半洋山→（今）渡岛、北隍城岛→（清康熙年间）漠岛、北隍城岛→（清雍正年间）北隍城岛
3	无记载	海潮寺、海寺、皇城庙堂	无记载	不详	不详
4	鼍矶岛	舵矶岛、舵碕岛、鼍矶、鼍矶岛、鼍矶、鼍机、鼍机岛、龟矶屿	蓬莱县北海中一百三十里	舵矶岛	（北宋）鼍矶岛、驼基岛、龟岛→（南宋）驼基岛→（元代）鼍矶岛、砣矶山、砣矶岛→（明代）鼍矶岛、舵矶岛、砣矶岛→（清代）鼍矶岛、砣矶岛→（民国）鼍矶岛、砣矶岛→（今）砣矶岛
5	无记载	珍珠门、珍珠	无记载	珍珠门水道	不详
6	沙门岛、庙岛	庙岛、沙门、黄岛、沙门岛	蓬莱县北海中六十里	庙岛	沙门岛（宋代）→（元、明）庙岛门岛→（明代至今）庙岛、沙门岛→（明代全今）庙岛
7	天妃庙、灵祥庙	天妃娘之庙、天妃庙、神女庙、娘娘庙、天妃娘娘庙、天妃娘之庙、观、天始圣母之庙、庙岛、圣母之神（庙）	蓬莱县北海中六十里	（庙岛）显应宫	（宋代）灵应庙→（元代）海神娘娘、香火院→（明代）天妃庙、神女庙、灵祥庙、龙女庙→（清代）天妃庙、天后宫、灵祥庙、龙女庙→（民国）显应宫→（今）显应宫

续表

序号	明代地名（坊表名称）	使行文献中记载的地名（坊表名称）	方位	现代地名或原址所在处	地名变化
8	（登州）水城、备倭城	水城、水门城、登州水城、东牟之水城、登州城、登州外城、北外城	登州城（蓬莱县城）北三里	水城、蓬莱水城	刀鱼寨（宋代）→备倭城、（登州）水城、（今）蓬莱水城（明代至1948年）→水城
9	蓬莱阁	蓬莱阁、蓬莱仙阁、蓬阁	登州城（蓬莱县城）北三里	蓬莱阁	始建于北宋嘉佑六年（1061），其后名称未有变化
10	（登州）大城	登州、登州城、登牟郡、东牟乡、齐东牟镇、登州府蓬莱县、（登州）府城	登州府治（蓬莱县治）所在地	烟台市蓬莱区市区	不详
11	登莱巡抚衙门	军门衙门、军门		原址应位于今蓬莱区戚继光故里景区西侧的居民区	登州卫署→登莱巡抚衙门
12	兵巡海防道、兵备道、海防道	兵备道、海防道、兵备道、兵备道衙门、海防兵备道、海防厅		原址应位于今烟台市蓬莱区糠市街（又称市街），即蓬莱区干道休养所第二干休所以南的小巷	新海道→兵巡海防道
13	郡治	知府衙门	登州城（蓬莱县城）内	原址应位于今烟台市蓬莱区紫荆山街道府门街北尽头处的后勤部队司令部所在地	不详
14	监军道署	监军衙门		原址位于今烟台市蓬莱区紫荆山街道万寿村内的大衙门口街（又称大衙门口、大衙口）附近	不详

续表

序号	明代地名（坊表名称）	现行文献中记载的地名（坊表名称）	方位	现代地名或原址所在处	地名变化
15	演武场	演武场、教场、训练院、训练厅	登州城（蓬莱县城）北门外、镇海门厅	原址大致范围应在今烟台市蓬莱区蓬莱阁街道北关村以北至海边沙滩，即今蓬莱区海滨文化广场一带	不详
16	开元寺	开元寺	登州城（蓬莱县城）内西南隅	原址大致范围应在今烟台市蓬莱区紫荆山街道"故里小区"的1至4号居民楼	开元寺→开元寺，西大寺
17	普净寺	普静寺、普净寺、城外寺	登州城（蓬莱县城）北门外	原址大致范围应位于今烟台市蓬莱区蓬莱阁街道办事处水城北关村南部的宏亮旅社处	不详
18	（登州城）北关	北关村（金家铺）	登州城（蓬莱县城）北关	原址大致应位于今烟台市蓬莱区蓬莱阁街道的北关村	不详
19	万寿宫	万寿宫	登州城（蓬莱县城）内	原址应在今烟台市蓬莱区紫荆山街道基督教堂东侧的高离地之上	（唐）祐德观→（明、清）万寿宫、道观庙
20	（登州）府学	文庙、登州文庙	登州城（蓬莱县城）府治南	原址大致应在今烟台市蓬莱区戚继光故里南侧，府门街东侧，府学前北侧的区域	不详

续表

序号	明代地名（坊表名称）	使行文献中记载的地名（坊表名称）	方位	现代地名或原址所在处	地名变化
21	（登州城）西关	无记载	登州城（蓬莱城）西关	烟台市蓬莱区紫荆山街道窑坊村	不详
22	无记载	无记载	无记载	烟台市蓬莱区紫荆山街道三里桥村	不详
23	杏花村	杏花村、陈尚书杏花村	登州城（蓬莱城）南三里	原址应在今烟台市蓬莱区紫荆山街道司家庄村杏花苑小区一带	不详
24	五里桥	无记载	登州城（蓬莱城）西五里	烟台市蓬莱区紫荆山街道五里桥村	（清）五里桥→（今）五里桥村
25	赤山铺、石门山	"叠石浦" 橛门	登州城（蓬莱城）西十里	原址应在烟台市蓬莱区北沟镇赤山附近	（明）赤山铺、石门山→（清）赤山铺、十里铺→（今）赤山
26	望海岭	"蓬莱仙观" 坊表、"蓬莱别区" 橛门	登州城（蓬莱城）西南十五里	原址应在烟台市蓬莱区紫荆山街道的民和生态园正门附近	不详
27	上口铺	无记载	登州城（蓬莱城）西二十里	烟台市蓬莱区北沟镇上魏家村	（明）上口铺→（清）二十里铺、上口铺、二十里店→（今）上魏家村
28	无记载	无记载	无记载	烟台市蓬莱区北沟镇草店村	不详
29	三十里铺、山头店	山店	登州城（蓬莱城）西三十里	烟台市蓬莱区北沟镇三十里店村	（明）山头店铺→（清至民国）山头店、三十里铺、三十里店→（今）三十里店村

续表

序号	明代地名（坊表名称）	使行文献中记载的地名（坊表名称）	方位	现代地名或原址所在处	地名变化
30	无记载	无记载	无记载	烟台市蓬莱区北沟镇西正楼下村	不详
31	无记载	无记载	无记载	烟台市蓬莱区北沟镇大姜家村	不详
32	无记载	无记载	无记载	烟台市蓬莱区北沟镇河润村	不详
33	无记载	荒莱铺	无记载	"荒莱铺"应位于登州至黄县东界之间，且靠近黄县东界的位置，待考	不详
34	柞杨铺	"莱岳具瞻"坊表、"莱山聳翠"坊门、淳于髡故垅、淳于髡故里、淳于古里、淳于村、黄县界铺	黄县东北二十里	（烟台）龙口市诸由观镇诸由南村和诸由北村	（明、清）柞杨铺、柞羊铺、诸由铺→（1948年）诸由观→（今）诸由南村和诸由北村
35	黄水	黄河、黄水	黄县东十里	（烟台）龙口市黄水河	（明末）黄水→（清康熙、乾隆、嘉庆年间）黄水河→（清光绪年间至民国初）→（今）黄水河
36	南王铺	"大史遗风"坊表	黄县东十里	（烟台）龙口市兰高镇大堡村和小堡村	（明末至清光绪年间）南王铺→（民国十里铺→（1948—1981年）大堡村和邹家村→（1981年至今）大堡村和小沙村

续表

序号	明代地名（坊表名称）	现行文献中记载的地名（坊表名称）	方位	现代地名或原址所在处	地名变化
37	绛水河桥	无记载	黄县东北三里	绛水河桥（今烟台龙口市东莱街道花木兰街东端）	不详
38	黄县、黄城	黄县、黄县城、县北馆、黄县东馆驿	黄县县治所在地	原址范围大致为今（烟台）龙口市东市场街以西、南大街以北、东莱街以东、北大街以南	（西汉）黄县→（唐神龙三年）黄县→（唐先天元年）黄城，黄县→（明清）黄县，黄城→（1986年至今）龙口市
39	九里店铺	"古土乡城"牌榜、古土乡城、土乡城	黄县西九里	（烟台）龙口市东江镇九里南村与九里北村	（明末至民国初）九里店→（1958年至今）九里店北村和九里店南村，简称九里北村和九里南村
40	南莱铺	"卢仙胜迹"坊表、卢仙古里、卢仙遗踪、卢仙故里、卢仙故里	黄县西二十里	（烟台）龙口市芦头镇官道前莱村	（明末至民国初）南莱铺→（1930年）官道莱家村、前莱村→（1948年至今）前莱村
41	南莱河	稚乃河	黄县西二十里	（烟台）龙口市南莱河	（明末至今）南莱河
42	北马铺	北马铺、北马镇、北马重镇、北马镇铺、白马铺	黄县西三十里	（烟台）龙口市北马镇北马五村，即北马西村、北马南村、北马北村、北马东北村	（明末至1943年）北马铺→（1948年至今）北马西村、北马南村、北马北村、北马东北村
43	官庄铺	"麻姑仙里"坊表、麻姑故里、麻姑仙迹、麻姑仙里	黄县西四十里	（烟台）龙口市龙港街道官道丁家村	（明末至1817年）官庄铺→（1817－1917年）官庄铺、官道丁家→（1930年至今）官道丁家

续表

序号	明代地名（坊表名称）	使行文献中记载的地名（坊表名称）	方位	现代地名或原址所在处	地名变化
44	界首河	广河	黄县西四十五里	（烟台）龙口市八里沙河	（明、清）界首河、广河→（今）八里沙河
45	界首铺、"徐侯封境"坊表	徐卿城	黄县西南五十里	（烟台）龙口市龙港街道陶家店村	（明末至1817年）界首铺→（1817-1917年）界首铺、陶家店→（1930年至今）陶家店村
46	无记载	无记载	无记载	（烟台）龙口市黄山馆镇大泊子村	不详
47	黄山馆铺、黄山馆驿	黄山驿、黄山驲、黄山馆、黄山、黄山夫	黄县西南六十里	（烟台）龙口市黄山馆镇的黄山新安西区	（元末至清末）黄山馆→（1871-1966年）黄山馆东南村、黄山馆东北村、黄山馆西南村→（1966年）简称为黄山馆一村、黄山馆二村、黄山馆三村、黄山馆四村→（1981年）黄山一村、黄山二村、黄山三村、黄山四村→（2013年至今）黄山一村、黄山二村、黄山三村、黄山新安南区、黄山新安东区、黄山新安西区
48	界河	溪河	黄县西六十里，乃招（招远县）黄（黄县）地界	（烟台）龙口市界河	不详
49	无记载	"东牟首邑"坊表	黄县西六十里	原址应位于今G206国道与（烟台）龙口市界河交汇处的界河东岸	不详

续表

序号	明代地名（坊表名称）	使行文献中记载的地名（坊表名称）	方位	现代地名或原址所在处	地名变化
50	东良巡检司	无记载	无记载	（烟台）招远市辛庄镇东良村	不详
51	湖汪铺	无记载	无记载	（烟台）招远市辛庄镇湖汪村	不详
52	宅上铺	无记载	无记载	（烟台）招远市辛庄镇宅上村	不详
53	无记载	无记载	无记载	（烟台）招远市官道村	不详
54	王徐寨、备倭城、王徐铺	新城、新店、新城千户所、新城堡、新城铺、新城店	莱州府掖县东北八十里	（烟台）莱州市金城镇新城村	（明初）王徐寨→（明中期）备倭城、新店（新城店）、新城千户所、新城堡、王徐铺→（明末）王徐铺、王徐（新城店）、新城、新城铺→（1748年）新城、王徐→（1928－1931年）新城、王徐→（1933年至今）新城

说明：①序1－33为明末登州府蓬莱县境域，即今山东省烟台市蓬莱区境内区域。

②序34－49为明末登州府黄县县境域，即今山东省烟台市龙口市境内。

③序50－54为明末登州府招远县境域，即今山东省烟台市招远市北部及莱州市东部部分地区。

④部分使行文献中将坊表记述为"牌门""牌榜"，为还原历史真实，本表依使行文献的记述，不做改动。

参考文献

使行文献

［朝鲜］安璥：《驾海朝天录》，美国哈佛大学燕京图书馆藏本。

［朝鲜］崔有海：《东槎录》，《默守堂集》，韩国国立中央图书馆藏本。

［朝鲜］高用厚：《朝天录》，《晴沙集》卷1，韩国首尔大学奎章阁藏本。

［朝鲜］洪翼汉：《花浦先生朝天航海录》，韩国国立中央图书馆藏本。

［朝鲜］金德承：《天槎大观》，《少痊公文集》卷2，韩国国立中央图书馆藏本。

［朝鲜］金地粹：《朝天录》，《苔川集》卷2，韩国韩国学中央研究院藏书阁藏本。

［朝鲜］金尚宪：《朝天录》，《清阴集》卷9，韩国国立中央图书馆藏本。

［朝鲜］李德泂：《朝天录一云航海日记》《竹泉遗稿》，载［韩国］曹圭益《朝天录一云航海日记》，《韩国文学与艺术》2008年第2辑，韩国崇实大学韩国文学与艺术研究所。

［朝鲜］李民宬：《癸亥朝天录》，《敬亭集续集》卷1—卷3，韩国首尔大学奎章阁藏本。

［朝鲜］李民宬：《燕槎唱酬集》，《敬亭集》卷6—卷8，韩国首尔大学奎章阁藏本。

［朝鲜］李庆全：《石楼先祖朝录》，韩国成均馆大学尊经阁藏本。

［朝鲜］李庆全：《朝天诗》，《石楼先生遗稿》，韩国首尔大学奎章阁藏本。

［朝鲜］李忔：《雪汀先生朝天日记》，韩国国立中央图书馆藏本。

［朝鲜］李忔：《朝天诗》，《雪汀集》卷1—卷3，韩国国立中央图书馆

藏本。

［朝鲜］闵圣徽：《戊辰朝天别章帖》，韩国庆南大学寺内文库藏本。

［朝鲜］南以雄：《路程记》，《市北遗稿》卷4，韩国首尔大学奎章阁
藏本。

［朝鲜］全湜：《槎行录》，《沙西集》卷5，韩国韩国学中央研究院藏
书阁藏本。

［朝鲜］全湜：《朝天诗（酬唱集）》，《沙西集》卷1，韩国韩国学中央
研究院藏本。

［朝鲜］申悦道：《朝天时闻见事件启》，《懒斋先生文集》卷3，韩国
国立中央图书馆藏本。

［朝鲜］佚名：《朝天图》，韩国国立中央博物馆藏本。

［朝鲜］佚名：《朝天图》，韩国陆军博物馆藏本。

［朝鲜］佚名：《航海朝天图》，韩国国立中央博物馆藏本。

［朝鲜］佚名：《燕行图幅》，韩国国立中央博物馆藏本。

［朝鲜］吴翻：《燕行诗》，《天坡集》卷2，韩国韩国学中央研究院藏
书阁藏本。

［朝鲜］吴允谦：《海槎朝天日录》，《楸滩集》，韩国首尔大学奎章阁
藏本。

［朝鲜］吴允谦：《朝天诗》，韩国首尔大学奎章阁藏本。

［朝鲜］尹暄：《白沙公航海路程日记》，［韩国］林基中编《燕行录全
集》第15册，韩国东国大学出版部2001年版。

［朝鲜］赵濈：《燕行录—云朝天录》，［韩国］林基中编《燕行录全
集》第12册，韩国东国大学出版部2001年版。

［朝鲜］郑斗源：《朝天记地图》，韩国成均馆大学尊经阁藏本。

［韩国］赵冕熙编：《海路使行北京纪行及酬唱诗》，韩国同光出版社
2002年版。

［韩国］赵冕熙编：《（韩字）朝天日乘及（汉文）燕行录及酬唱集》，
韩国同光出版社2002年版。

数据库

韩国国史编纂委员会，《朝鲜王朝实录》DB。

韩国国史编纂委员会，《承政院日记》DB。

韩国媒体韩国学株式会社，《韩国学综合》DB。

韩国历史综合信息中心，《韩国历史信息综合系统》DB。

韩国学中央研究院，《韩国历代人物综合信息系统》DB。

中国古籍

（吴）韦昭注：《国语》，世界书局 1936 年版。

（汉）孔安国：《尚书》，四部丛刊景宋本。

（汉）司马迁：《史记》，清乾隆武英殿刻本。

（晋）皇甫谧：《高士传》，中华书局 1985 年版。

（西晋）陈寿：《三国志》，百衲本景宋绍熙刊本。

（唐）房玄龄等：《晋书》，清乾隆武英殿刻本。

（唐）李吉甫：《元和郡县图志》，中华书局 1983 年版。

（唐）欧阳询辑：《艺文类聚》，文渊阁四库全书本。

（宋）乐史：《太平寰宇记》，中华书局 2007 年点校本。

（宋）欧阳忞：《舆地广记》，四川大学出版社 2003 年版。

（宋）欧阳修，宋祁等：《新唐书》，清乾隆武英殿刻本。

（宋）司马迁编著，（元）胡三省音注：《资治通鉴》，中华书局 1976 年
　　影印本。

（宋）苏轼：《苏文忠公全集》，明成化刻本。

（宋）苏轼撰，（宋）王十朋集注，（宋）刘辰翁批点：《东坡诗集注》，
　　四部丛刊景宋本。

（宋）佚名撰：《锦绣万花谷》，文渊阁四库全书本。

（宋）曾公亮、丁度等纂修，《武经总要前集》，四库全书本。

（金）元好问：《遗山集》，四部丛刊景明弘治本。

（元）脱脱等：《宋史》，中华书局 1977 年影印本。

（元）于钦：《齐乘》，中华书局 2012 年校释本。

（明）陈道、黄仲昭等：弘治《八闽通志》，明弘治刻本。

（明）李辅等：《全辽志》，辽海书社 2011 年版。

（明）李贤、万安等：《明一统志》，文渊阁四库全书本。

（明）龙文明等：万历《莱州府志》，民国二十八年永厚堂重刊本。

（明）陆釴等：嘉靖《山东通志》，上海书店出版社1990年影印本。

（明）茅元仪辑：《武备志》，华世出版社1984年影印本。

《明实录》，台湾"中研院"历史语言研究所1962年校印本。

（明）王世贞、云鹏：《神仙列传》卷之四，明万历二十八年刊本。

（明）徐溥、刘健、李东阳等：《大明会典》，明正德四年校正六年刻印本。

（明）徐应元等：泰昌《登州府志》，明泰昌元年刻本。

（明）严从简：《殊域周咨录》，明万历刻本。

（清）蔡永华等：康熙《蓬莱县志》，清康熙十二年刻本。

（清）陈国器等：道光《招远县续志》，清道光二十六年刻本。

（清）方汝翼等：光绪《增修登州府志》，凤凰出版社2008年影印本。

（清）傅维鳞：《明书》，清畿辅丛书本。

（清）谷应泰：《明史纪事本末》，中华书局1977年版。

（清）顾炎武：《山东考古录》，山东书局清光绪八年七月重刊本。

（清）顾祖禹：《读史方舆纪要》，中华书局2005年点校本。

（清）李蕃、范廷凤等：康熙《黄县志》，清康熙十二年刻本。

（清）李亨特、平恕等：乾隆《绍兴府志》，清乾隆五十七年刊本。

（清）龙文彬：《明会要》，中华书局1956年影印本。

（清）穆彰阿等：嘉庆《大清一统志》，上海古籍出版社2008年影印本。

《清实录》，中华书局1985年影印本。

（清）施闰章、杨奇烈、任浚等：康熙《登州府志》，清康熙三十三年刻本。

（清）史岳濬等：康熙《山东通志》，清康熙四十一年刻本。

（清）王文焘、张本、葛元昶等：道光《重修蓬莱县志》，清道光十九年刻本。

（清）许鸿盘：《方舆考证》，清济宁潘氏华鉴阁本。

（清）叶圭绶：《续山东考古录》，清咸丰元年刻本。

（清）尹继美等：同治《黄县志》，清同治十年刻本。

（清）游智开、史梦兰等：光绪《永平府志》，清光绪五年刻本

（清）于始瞻、张思勉等：乾隆《掖县志》，清乾隆二十三年刻本。

（清）袁中立、毛赟等：乾隆《黄县志》，清乾隆二十一年刻本。

（清）岳浚、杜诏等：雍正《山东通志》，文渊阁四库全书本。

（清）允祹等纂：《钦定大清会典则例》，清乾隆二十七年刻本。

（清）允祹等：《大清会典》，文渊阁四库全书本。

（清）张思勉等：乾隆《掖县志》，清乾隆二十三年刊本。

（清）张廷玉等：《明史》，中华书局 1974 年影印本。

（清）张云龙、张凰羽等：顺治《招远县志》，清道光二十六年刻本。

（清）郑锡鸿、江瑞采、王尔植等：光绪《蓬莱县续志》，清光绪八年
　　年刻本。

（民国）刘锦堂、刘国斌等：民国《四续掖县志》，民国二十四年铅本。

（民国）王明长等：民国《蓬莱县志》，台湾青年进修出版社 1961
　　年版。

（民国）杨士骧、孙葆田等：宣统《山东通志》，1934 年影印本。

（民国）袁式和：《蓬莱县地理讲义》，蓬莱县立初级中学校 1934 铅
　　印本。

（民国）翟文选、王树枏等：民国《奉天通志》，民国二十三年铅印本。

现代方志

长岛县北隍城乡志编委会编：《北隍城乡志》，2010 年版。

长岛县南隍城乡政府南隍城村委会编：《南隍城志》，烟台市新闻出局
　　1999 年版。

长岛县人民政府地名办公室编：《长岛县地名志》，山东省新闻出局
　　1989 年版。

江苏省地方志编纂委员会办公室编：《江苏省通志稿》，江苏古籍出版
　　社 1991 年版。

龙口市人民政府地名办公室编：《山东省龙口市地名志》，1992 年。

秦皇岛市地名办公室编：《河北省地名志·秦皇岛市分册》，河北省地
　　名委员会 1986 年版。

曲长征：《龙口市村庄志》，农业出版社 1991 年版。

山东省长岛县志编纂委员会编：《长岛县志，》山东人民出版社 1990
　　年版。

山东省科学技术委员会编：《山东省海岛志》，山东科学技术出版社
　　1995 年版。

山东省莱州市史志编纂办公室编：《莱州市志》，齐鲁书社 1996 年版。

山东省历史地图集编纂委员会编：《山东省历史文化村镇——烟台》，
　　山东省地图出版社 2009 年版。

山东省龙口市史志编纂委员会编：《龙口市志》，齐鲁书社 1995 年版。

山东省蓬莱市史志编纂委员会编：《蓬莱县志》，齐鲁书社 1995 年版。

山东省招远县志编纂委员会编：《招远县志》，华龄出版社 1991 年版。

四川省地方志编纂委员会编：《四川省志》，四川科学技术出版社 2003
　　年版。

烟台公路志编撰委员会编：《烟台公路志》，中国国际文化出版社 2008
　　年版。

烟台市地方史志编纂委员会办公室编：《烟台市志》，科学普及出版社
　　1994 年版。

招远县地名委员会办公室编：《招远县地名志》，1987 年版。

《中国海岛志》编纂委员会编：《中国海岛志·山东卷》（第 1 册），海
　　洋出版社 2013 年版。

朝鲜方志及古籍

［朝鲜］《朝鲜迎接都监都厅仪轨》，明天启元年刻本。

［朝鲜］古山子：《大东地志》，韩国首尔大学奎章阁藏本。

［朝鲜］韩致奫：《海东绎史》，朝鲜古书刊行会明治四十四年刊本。

［朝鲜］具允明：《典律通补》，朝鲜正祖十年刊行本。

［朝鲜］李荇：《新增东国舆地胜览》，韩国首尔大学奎章阁藏本。

［朝鲜］《通文馆志》，朝鲜古书刊行会大正二年刊本。

中文著作

安作璋：《山东通史》（明清卷），山东人民出版社 1994 年版。

白寿彝：《中国交通史》，上海书店出版社 1984 年版。

蔡锋编：《中国近海海洋》，海洋出版社 2013 年版。

陈麻编著：《美国镜头里的中国风情》，中国文史出版社 2011 年版。

陈尚胜等：《朝鲜王朝（1392—1910）对华观的演变》，山东大学出版社1999年版。

单兆英：《登州古港史》，人民交通出版社1994年版。

耿昇、刘凤鸣、张守禄主编：《登州与海上丝绸之路》，人民出版社2009年版。

顾松年：《山东公路交通运输史》（1），山东科技出版社1992年版。

顾松年：《山东交通史》（1），人民交通出版社1989年版。

李海霞、陈迟：《山东古建筑地图》，清华大学出版社2018年版。

李剑平等：《中国神话人物辞典》，陕西人民出版社1998年版。

李宗伟等：《山东省省级非物质文化遗产名录图典》第2卷，山东友谊出版社2012年版。

刘凤鸣：《山东半岛与古代中韩关系》，中华书局2010年版。

刘焕阳、陈爱强：《胶东文化通论》，齐鲁书社2015年版。

刘焕阳、刘晓东：《落帆山东第一州》，人民出版社2012年版。

刘书龙：《历下人文·历下名人游踪》（古近代卷），济南出版社2014年版。

刘晓东、马述明、祁山：《明代朝鲜使臣笔下的庙岛群岛》，人民出版社2014年版。

刘晓东：《明代朝鲜使臣胶东纪行诗探析》，山东人民出版社2015年版。

卢绳：《卢绳与中国古建筑研究》，知识产权出版社2007年版。

鲁东大学胶东文化研究院编：《胶东文化与海上丝绸之路论文集》，山东人民出版社2016年版。

蓬莱阁管理处编：《蓬莱阁碑刻诗文赏析》，文物出版社2013年版。

苏同炳：《明代驿递制度》，中华丛书编审委员会1969年版。

孙文良：《满族崛起与明清兴亡论稿》，辽宁民族出版社2016年版。

孙志敏等编：《交通百科词典》，航空工业出版社1993年版。

孙祚民等：《山东通史》，山东人民出版社1992年版。

王玉珉：《老黄县》（上、下），国防大学出版社2006年版。

王臻：《朝鲜前期与明建州女真关系研究》，中国文史出版社2005年版。

吴承洛：《中国度量衡史》，商务印书馆1937年版。

杨雨蕾：《燕行与中朝文化关系》，上海辞书出版社 2011 年版。

杨正泰：《明代驿站考》（增订本），上海古籍出版社 2006 年版。

杨志常：《影与思》，中国科技教育出版社 2004 年版。

张廷国、刘援朝、张红梅：《长山列岛的语言及民俗文化研究》，山东
　　大学出版社 2015 年版。

章巽：《古航海图考释》，海洋出版社 1981 年版。

赵炳武等：《山东省地方志联合目录》，中国文联出版社 2005 年版。

赵树国：《明代北部海防体制研究》，山东人民出版社 2014 年版。

郑红英：《朝鲜初期与明朝政治关系演变研究》，社会科学文献出版社
　　2015 年版。

邹昇华等：《登州古船与登州古港》，大连海运学院出版社 1989 年版。

［美］富路特、房兆楹等原主编，李小林、冯金朋主编：《明代名人传》
　　（3），北京时代华文书局 2015 年版。

韩文著作

이민성저，이영춘외옮김，《1623 년의북경외교》，대원사，2014.

임기중，《조천록과연행록의화답시》，연행록연구총서 5，학고방，2006.

정은주，《조선시대사행기록화》，사회평론，2012.

조규익，《17 세기국문사행록죽천행록》，도서출판박이정，2002.

——，《연행길，고통의길，그러나깨달음의길-국문사행록의미학》，역
　　락，2004.

——，《「죽천행록」연구》，연행록연구총서 5，학고방，2006.

조즙저，최강현옮김，《계해수로조천록》，신성출판사，2000.

中文论文

陈尚胜：《明朝初期与朝鲜海上交通考》，《海交史研究》1997 年第 1 期。

陈尚胜：《明清时代的朝鲜使节与中国记闻——兼论〈朝天录〉和〈燕
　　行录〉的资料价值》，《海交史研究》2001 年第 2 期。

葛兆光：《从"朝天"到"燕行"——17 世纪中叶后东亚文化共同体
　　的解体》，《中华文史论丛》2006 年第 1 期。

金柄珉、金刚：《对中国"燕行录"研究的历时性考察》，《东疆学刊》
　　2016 年第 1 期。

刘宝全：《明末中朝海路交通线的重开与中朝关系》，《陕西师范大学学报》2011 年第 4 期。

王禹浪、程功、刘加明：《近二十年中国〈燕行录〉研究综述》，《哈尔滨学院学报》2012 年第 11 期。

杨雨蕾：《明清时期朝鲜朝天、燕行路线及其变迁》，载《历史地理》2006 年总第 21 辑，上海人民出版社 2006 年版。

左江：《清代朝鲜燕行使团食宿考》，载张伯伟编《域外汉籍研究集刊》2007 年第 3 辑，中华书局 2007 年版。

韩文论文

권혁래, 《문학지리학의관점에서본등주(登州)》, 국어국문학 154, 2010.

——, 《「김영철전」의등주시절스토리텔링》, 온지논총 43, 2015.

——, 《문학지리학적관점으로서본등주》, 국어국문학 154, 2010.

김경록, 《17 세기초명·청교체와대중국사행의변화-대후금사행을중심으로》, 국어국문학 154, 2010.

김영숙, 《명말의중국사회와조선사신의외교활동：김육의조경일록과조천록의분석을중심으로》, 명청사연구 31, 2009.

김지현, 《17 세기초대명해로사행록서술의양상》, 한국문학과예술제 15 집, 2015.

——, 《이민성의「계해조천록」소고》, 온지학회추계학술대회, 2014.

김태준, 《중국내연행노정고》, 동양학 35 권, 단국대학교동양학연구소, 2004.

박경은, 《경정이민성의시문학-일상사및연행의체험을소재로한시를중심으로》, 한문교육연구 15 집, 2000.

박현규, 《17 세기전반대명해로사행의운항과풍속분석》, 한국한문학연구 48, 2011.

——, 《17 세기전반기대명해로사행에관한행차분석》, 한국실학연구 21, 2011.

——, 《天启元年（1621）조선·명사절의해로사행에관한실상과평가》, 동북아문화연구 36, 2013.

배주연, 《명청교체기조선문사이안눌의명사행시연구：조천록(1601)·조천후록(1632)을중심으로》, 비교문학 38, 2006.

서지원, 《鄭斗源의「朝天记地图」에나타난대외인식고찰》, 한국문학과예술 17, 2015

송기헌, 《이흘의연행과연행록조천日이기의관광학적고찰》, 관광산업연구제 3 권 1 호, 2009.

신선옥·유함함, 《「조천항해록」에서산동성의노선과그주변지역의산악문화고찰》, 동북아문화연구 38, 2014.

신춘호, 《연행노정영상콘텐츠와영상아카이브구현모델연구》, 한국문학과예술 16, 2015.

──, 《연행노정공간의역사문화콘텐츠활용방안일이고-「스토리테마파크」의스토리를

──, 《명청교체기해로사행노정의인문정보일이고「朝天记地图」의산동지역(등주-덕주)인문지리현황을중심으로-》, 한국고지도연구 8, 2016.

이성형, 《「천사대관」과「대명일통지」수용양상고찰-산동육로구간을중심으로》, 한문고전연구, 제 33 집, 2016.

──, 《"묘도(庙島)"와 "오호도(嗚呼島)"에대(對)한문학지리적(文学地理的)고찰(考察)-대명해로사행록(對明海路使行录)을중심(中心)으로》, 대동문화연구 90, 2016.

이성형, 《연행록의백이·숙제관련한시연구-임진수습기를중심으로》, 한문학논집 31, 2010.

이승수, 《고려말대명사행의요동반도경로고찰》, 한문학보 20, 2009.

──, 《1386 年 정몽주의 南京 使行, 路程과诗境》, 민족문화 46 집, 2015.

──, 《연행로중 潘陽~廣寧站구간의노정재구》, 민족문화제 42 집, 2013.

──, 《燕行路중의东八站 考》, 한국언어문화제 48 집, 2012.

이영춘, 《병자호란전후의조선명청관계와김육의조경일록》, 조선시대사학보 38 집, 2006.

──, 《인조반정후에파견된책봉주청사의기록과외교활동》, 조선시대사학보 59 집, 2011.

이정숙, 《설정이흘의「조천일이기」구두점과주해연구》, 청운대석사학위논문, 2010.

이학당·우임걸, 《17-8 세기중한문인간의문화교류와상호작용현상일

일고찰》, 한국실학연구 19 집, 2010.

임기중, 《水路燕行录과 水路燕行图》, 한국어문학연구 43 집, 2004.

——, 《수로연행록과수로연행도》, 한국어문학연구 43 집, 2004.

——, 《「항해조천도」의형성양상과원본비정-이덕형가문의항해日이
기와관련하여》, 한국실학연구 9 집, 2005.

임형택, 《조선사행의해로연행록–17 세기동북아의역사전환과실학》,
한국실학연구(韩国實学研究), 2005.

——, 《17~19 세기동아시아상황과연행·연행록》, 한국실학연구 20
호, 2010.

정영문, 《17 세기사행록의연구현황과나아갈방향-명·청교체기의사행
을중심으로》, 한국문학과예술 17 집, 2015.

정은주, 《명청교체기대명사행기록화연구》, 명청사연구제 27 집, 2007.

——, 《뱃길로간중국, 「갑자항해조천도」》, 문헌과해석 26, 2004.

——, 《조선시대명청사행관계회화연구》, 한국학대학원박사학위논
문, 2007.

조규익, 《「죽천행록」의사행문학적성격》, 국어국문학 129, 2001.

——, 《조천록일운항해일기(朝天录一云航海日记)》, 한국문학과예술
2, 2008.

——, 《使行路程으로서의登州, 그心象空間的性格과意味》, 어문연
구 38(4), 2010.

——, 《조선지식인의중국체험과중세보편주의의위기》, 온지논총 40
집, 2014.

조기영, 《설정이흘의「조천일이기」연구》, 동양고전연구 7 집, 1996.

——, 《이흘의「조천일이기」에나타난 17 세기문화양상》, 연행록연
구총 6, 학고방, 2006.

조창록, 《전식의사행록과해로사행의체험시》, 동방한문학 46 집, 2011.

——, 《1632 年의해로사행과홍호의「조천일기」》, 2014 년도온지
학회추계학술대회발표집, 2014.

——, 《전식의사행록과해로사행의체험시》, 동방한문학 46 집, 2011.

최소자, 《"연행록"연구를위한제언》, 명청사연구 30 집, 명청사학
회, 2008.

——, 《명청과조선, 조선과명청관계사연구현황과과제-수교 20 주년에

즈음하여》, 명청사연구 38 집, 2012.

최윤정, 《明·清교체기조선文士의사행체험-홍익한의「朝天航海录」

　을중심으로》, 한국고전연구 11, 2005.
최창원, 《「설정선생조천일록」에나타난사신들의행적》, 중국어문
　학논집 67 호, 2011.
활용한, "병자호란역사관광콘텐츠"기획을중심으로-》, 한문고전연구
　31, 2015.
허경진, 《水路朝天录과통신사행록의바다체험비교》, 한국한문학연
　구 43, 2009.
허경진·최해연, 《명청교체기최초의수로조천록-안경의「가해조천록」》,
　중국학논총 34 집, 2011.
황만기, 《청음김상헌「조천록」고찰》, 한국한문학연구 43 집, 2009.

后　记

　　本研究始于一次偶然的机会。五年前，笔者供职的潍坊学院为提升教师的科研水平，定期聘请国内知名学者举办学术研讨会，并创办了《潍坊学院学报》。当时，学报刊登了潍坊学院文学与新闻传播学院古代文学教研室赵红卫教授的《明代朝鲜使节汉诗里的潍坊名胜遗迹》一文。作为朝鲜语教研室教师的笔者第一次得知明代朝鲜使臣使行中国途经潍坊（明代称潍县），并留下数量众多的文献记录。据笔者的调查，当时韩国国内有关《朝天录》（《燕行录》）的论文多达五百余篇，这说明当时韩国学界早已对《朝天录》（《燕行录》）进行了广泛而深入的研究。但大部分研究聚焦途经辽东地区的清代陆路使行文献，而针对明末海路使行的研究相对较少，特别是结合实地探查和文献考证，从人文地理学角度对明末海路使行文献的研究还有较大的发展空间。为此，笔者联合潍坊学院古代文学教研室赵红卫教授（苏州大学中文系博士后）、汉语教研室主任陈金芳、朝鲜语教研室特聘外国专家韩钟镇教授（韩国首尔大学中文系博士）、韩国建国大学中文系唐润熙教授（北京大学中国语言文学系博士）、南昌工程学院影像媒体系金宝镜教授（北京大学影视学系博士）组成了研究团队，并制订了研究计划。

　　虽然研究计划书有许多不足之处，但潍坊学院所在地正是明末朝鲜使臣使行途中所必经的潍县，故在实地考察和收集当地文献等方面有着明显的优势。本研究团队提出的"地域特色型韩国学研究"的主张得到了相关专家学者的好评，入选 2017 年度"海外韩国学萌芽"项目。首先，本研究团队对明代末期从朝鲜半岛的平安道海岸出发，途经中国渤海并在山东登州登陆的朝鲜使臣进行了深入的调查，搜集、整理了朝鲜使臣遗留的全部文献资料，按照使臣使行路线，对文献资料进行了爬梳。在此过程中，不仅明确了朝鲜使臣使用多种称谓指代同一地名，而且还确认了各使行团的使行路线并不相同，在某一区间有三至四条分支线路等。其次，结合使行文献与明清时期方志，对明末朝鲜使臣的海路使行路线与经由地进行了详细的考证。最后，通过实地调查，不断地比对、修正路线的考证结果。在此过程中，本研究团队得到了当地居民和各位文史专家的鼎力相助。

朝鲜使臣利用的使行道路一般是明清时期由官方修筑和管理的驿道（民间称为官道或老官道）。20世纪以来，这些明清驿道大多被取直硬化，修建成了现代化的国道，亦有部分因地处偏僻而被世人遗忘，甚至寻无所踪。故需要寻求当地专业研究人员的帮助。但有时因地名的变迁，也会出现连专业研究人员都未曾听说或不知所踪的情况。在此情况下，本研究团队通过不懈的努力，采访了世代居住于当地的居民，在他们的介绍或带领下，实地确认了朝鲜使臣的使行途经路线。在实地考察过程中，本研究团队追寻着明末朝鲜使臣的足迹，重新见证了使行沿途山川的壮美，体验了代代传承的当地民俗，品尝了历史悠久且极具地方特色的美食。朝鲜使臣留下的诗文生动地复活，让团队成员心中充满无以言表的奇妙之感。此外，在采访操着当地口音的高龄老人时，团队对使行文献中出现较多通假记述的内容，有如醍醐灌顶，对历史文献有了更清楚明白的认识。

本研究的顺利完成离不开各方面专家、学者的大力支持，在此表示衷心的感谢。如若没有韩国学中央研究院韩国学振兴事业团为期三年的科研经费支持，本研究每年所要进行的十余次实地考察，定期的国际学术研讨会，在中韩两国刊登和出版相关学术作品等诸事都难以实现。笔者供职的潍坊学院也从各个方面给予本研究团队以莫大的支持和帮助。在此还要特别感谢以韩泽亭院长为首的潍坊学院外国语学院的各位领导对本研究团队无微不至的关心和帮助。山东省烟台市蓬莱区政府地方史志办公室的高波科长、山东省烟台市蓬莱区蓬莱阁景区管理处文物科的袁晓春科长、山东省龙口市政府地方史志办公室的孙建义主任、山东省龙口市黄山馆镇的地方史研究者孟健、陈其学的后人陈顺学等友人将自己珍藏的稀有地方文献无偿地赠予本研究团队，甚至还陪同本研究团队一起前往相关地点，向本研究团队做详细的介绍。在此还要由衷地感谢中国社会科学出版社的刘芳编辑，正是由于她的认真负责，使本书可以减少一些不必要的错误，并得以尽快出版。韩国建国大学历史系的韩承贤教授、韩国学中央研究院的郑恩主教授、韩国檀国大学东洋学研究所责任研究员张裕升教授等专家、学者不但提供了许多私人收藏的宝贵文献资料，还为本研究提供了宝贵的意见。此外，我们还要对在实地采访的过程中，抽出自己宝贵时间接受采访，并热情带领笔者一行前往相关遗存或地址处的当地居民表示深深的感谢。